एक कदम माँ बनने की राह पर

गर्भावस्था एवं प्रसव ज्ञान

▪ डॉ. श्रीमती राजेश्वर जैन
MS, FAIS

▪ श्रीमती रितिका ए. गाँधी

- ✻ दादी माँ के सरल घरेलू नुस्खे
- ✻ आसनों को करने से गर्भावस्था में लाभ
- ✻ सरल योगासन एवं व्यायाम के 38 श्वेत-श्याम चित्र

- ✻ दर्द रहित प्रसव कैसे?
- ✻ घरेलू नुस्खे सरल प्रसव के लिये
- ✻ स्टेम सेल देता है नया जीवन
- ✻ मनपसन्द संतान कैसे?
- ✻ गर्भवती को कितना पोषण चाहिए?

विशेष: ✻ गर्भावस्था के दौरान होने वाली सामान्य परेशानियाँ व निदान

P·B·D

पापुलर बुक डिपो

जयपुर

प्रकाशकः

पापुलर बुक डिपो

जी–15, धमाणी गली, चौड़ा रास्ता,
जयपुर–302003 (राज.)
Phones: 0141-2325965, 9829089555
email: pbdjpr@rediffmail.com
www.pbdbooks.com

द्वितीय संस्करण, 2013

मूल्य : ₹ **200/-**

पुस्तक में दिए गए नुस्खों से शत–प्रतिशत परिणाम की आशा न रखें। ये नुस्खे केवल पाठक की जानकारी हेतु मात्र ही हैं। सभी पाठकगण अपने स्वयं के विवेक से काम लें एवं अपने स्थानीय चिकित्सक की देख–रेख में ही नुस्खे अपनाएँ एवं योग–आसन इत्यादि करें। लेखकगण एवं प्रकाशक किसी भी रूप में किसी भी प्रकार से उत्पन्न लाभ–हानि के लिए जिम्मेदार नहीं ठहराया जा सकेगा। किसी भी स्थिति में उत्पन्न हुए विवाद की दशा में जयपुर न्यायालय का आदेश ही मान्य होगा।

70

was the age of Omkari Panwar, of India, when she delivered twins (boy & girl) in 2008, making her the world's oldest known birth mother

66

was the age of Bhateri Devi, of India, when she delivered triplets (2 boys & a girl) in 2010, making her the world's oldest known triplet mother

ISBN : 978-81-86098-07-3

HAVE A HEALTHY BABY & MAKE THEIR LIFE, HEALTHIER.

भूमिका

डॉ. श्रीमती राजेश्वर
M.S., FAIS
भारत हॉस्पिटल, अजमेर

श्रीमती रीतिका ए. गाँधी
अजमेर

प्रिय भावी पालक,

माँ बनना एक सुखद अनुभूति और एक खुशनुमा अहसास होता है, क्योंकि नारी पूर्ण ही तभी होती है जब वह माँ बनती है। वह क्षण अविस्मरणीय होता है। दुनिया में मातृत्व ही ऐसा खूबसूरत अनुभव व अहसास है जिसमें एक जिस्म में नव जीवन धड़कता है। स्त्री जब पहली बार शिशु को जन्म देती है तब उस शिशु को जन्म के साथ एक माँ का भी जन्म होता है। उसके इस स्वरूप ने ही सृष्टि सृजन का रहस्य भी आलोकित होता है। माँ बनना ना सिर्फ स्त्री जीवन की सबसे बड़ी जिम्मेदारी है, बल्कि एक नया जन्म भी है। क्योंकि उसे मातृत्व का सुख अपनी जिन्दगी और सेहत के प्रति कुछ जोखिम उठाक़र ही मिलता है। हालांकि अधिकतर मामलों में गर्भधारण एक सामान्य शारीरिक प्रक्रिया है जो प्रकृति के अनुसार चलती है लेकिन इसमें सावधानी बरतना आवश्यक है। इसमें थोड़ी–सी लापरवाही से कई जटिलताएँ पैदा हो सकती है।

सभी महिलाओं के मन में गर्भावस्था के बारे में प्रश्न होते हैं। गर्भधारण के बाद से ही शरीर के हार्मोन्स में कई तरह के परिवर्तन आने लगते हैं, जिनके चलते स्त्री को कई तरह की तकलीफों का सामना करना पड़ता है। गर्भकाल में गर्भस्थ शिशु एवं उसकी माता की देखभाल करना और इस संदर्भ में शिशु और माता के हित में उचित आचार–व्यवहार आदि की सलाह देना इस आधुनिक युग में एक समस्या है। प्राचीन समय में यह कार्य घर की बड़ी–बूढ़ी स्त्रियाँ करती थीं, पर आज परिवार छोटे हो गये हैं। घर में पति–पत्नी मात्र होते हैं और हर छोटी–बड़ी समस्या के लिये डॉक्टर से सलाह लेना सम्भव नहीं है। किसी आकस्मिक समस्या के उत्पन्न होने पर उसका तुरन्त निदान करना आवश्यक होता है। इसके लिए डॉक्टर से परामर्श करने का भी समय नहीं होता है। सामान्य कस्बों एवं गाँवों में किसी योग्य चिकित्सक की सेवायें उपलब्ध भी नहीं होती। पुस्तक इसी आवश्यकता को ध्यान में रखकर लिखी गयी है।

विभिन्न पृष्ठों में नव–विवाहित दम्पतियों की शंकाओं के समाधान एवं विभिन्न जिज्ञासाओं का उत्तर भी है। इस पुस्तक की सहायता से नव–विवाहित दम्पत्ति अपने दाम्पत्य जीवन की शुरुआत एवं मातृत्व की ओर पहला कदम सावधानीपूर्वक रख सकते हैं।

गर्भवती महिलाओं, गर्भस्थ एवं नवजात शिशुओं से सम्बन्धित सभी प्रकार के निर्देश, आहार, आचार–व्यवहार, समस्यायें एवं निदान के सरल उपाय संकलित किये गये हैं। गर्भावस्था के लक्षणों की पहचान, गर्भावस्था के दौरान स्त्री का पोषण, गर्भावस्था में न लेने योग्य खाद्य पदार्थ, गर्भावस्था के दौरान होने वाली सभी तकलीफों का निवारण इत्यादि का विवरण सरलता से दिया गया है। इसमें ये भी बताया गया है कि सन्तान के इच्छुक माता–पिता को मनपसन्द व उचित सन्तान की प्राप्ति के लिए क्या–क्या कदम उठाने चाहिए। गर्भावस्था के दौरान स्वस्थ, सुंदर और बुद्धिमान संतान का विकास कैसे सम्भव हो, इसका भी उल्लेख किया गया है। वांछित उद्देश्य की प्राप्ति के लिए पुस्तक में चिकित्सा के लिए ऐसी वस्तुओं का ही चुनाव किया गया है जो सरलता से प्रत्येक घर में मिल जाती है।

इस विषय से सम्बन्धित समस्त विस्तार को समेटने वाली यह पुस्तक आपके लिए बहुत जरूरी है अगर आप सन्तान की इच्छा रखती हैं या गर्भवती हैं। इस एक पुस्तक को अपने पास रखकर आप गर्भ में पल रहे अपने शिशु का स्वस्थ व समुचित विकास कर सकती हैं। साथ ही आप स्वयं शरीर से इतनी सक्षम तथा शक्तिशाली रह सकती हैं कि सुखपूर्वक, उचित समय पर, मन के अनुकूल, सर्वगुण सम्पन्न एवं स्वस्थ शिशु को जन्म दे सकें। इस पुस्तक की सहायता से आप गर्भकाल एवं नवजात शिशुओं से सम्बन्धित अस्सी प्रतिशत समस्याओं से स्वयं निपट सकती हैं।

आपाधापी के इस युग में समय का आभाव व्यवहारिक है। आज की युवतियाँ अपने अल्प समय में अधिक से अधिक जानकारियाँ इस पुस्तक से प्राप्त कर सकती हैं, जो उन्हें **एक युवती के 'स्त्री' बनने से पहले जानना बहुत जरूरी है।**

संयुक्त तथा एकल्य परिवार के अधिकांश युवा शर्म, हिचक और अज्ञान के अंधेरे में ग्रसित हैं। अपना नया विवाहित जीवन आरम्भ करने से पूर्व, उनका यह समझ लेना कि भविष्य में वे कैसी संतान चाहते हैं, कब चाहते हैं, परिवार नियोजन इत्यादि का सम्पूर्ण ज्ञान इस पुस्तक द्वारा प्राप्त किया जा सकता है। माता–पिता का यह दायित्व है कि वे एक स्वस्थ संतान को जन्म दें, भली–भांति पूर्ण परवरिश करें, उसे शिक्षा का अधिकार दें, जिससे एक स्वस्थ समाज का निर्माण किया जा सके।

आशा करती हूँ कि यह पुस्तक आपको खुशहाल व स्वस्थ गर्भावस्था प्राप्त करने में सहायक होगी।

शुभकामनाओं सहित।

डॉ. श्रीमती राजेश्वर
MS, FAIS; Reg. No.5123/9583
Ex. Consultant (M.O.H., Saudi Arabia)
भारत हॉस्पिटल, 14, शास्त्री नगर, अजमेर
Phone: (0145)-2622311

श्रीमती रितिका ए. गाँधी
अजमेर

चेतावनी : इस पुस्तक में दवाइयों एवं चिकित्सा पद्धतियों के संबंध में तथ्यपूर्ण जानकारी देते वक्त हमने पूर्ण सावधानी बरती है। फिर भी पाठकों से निवेदन है तथा यह चेतावनी दी जाती है कि किसी भी औषधि, खाद्य पदार्थ का सेवन या योग करने से पहले अपने स्थानीय वैद्य या चिकित्सक से परामर्श अवश्य लें।

Weights

1 pound = 453.6 grams 1 ounce = 28.35 grams

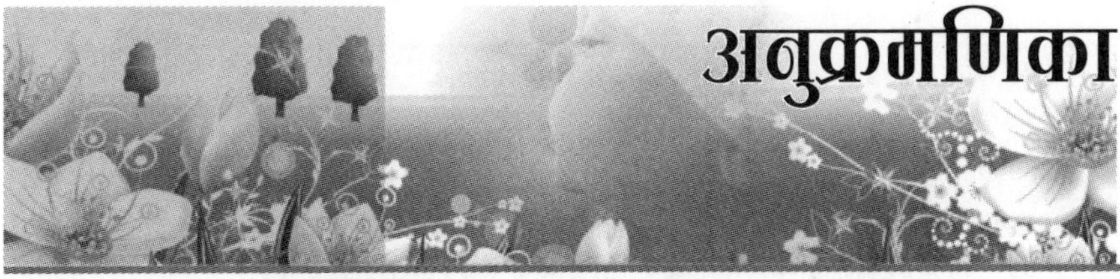

अनुक्रमणिका

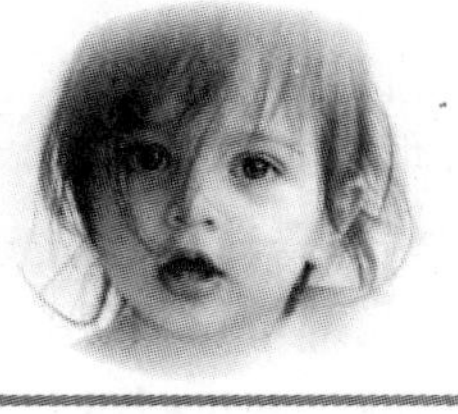

ALSO: LATEST UPDATES | Famous Personalities & their Siblings **Modern NAMES for Kids** | Important Dates | Handy Phone Nos.

एक कदम माँ बनने की राह पर

1

माँ बनना सबसे खूबसूरत एहसास है। बच्चे को जन्म देना ही महत्त्वपूर्ण नहीं होता उससे कहीं ज्यादा महत्वपूर्ण होता है उसका स्वस्थ होना। इसके लिए गर्भधारण से पूर्व यह जानना जरूरी है कि आप उसके योग्य हैं या नहीं। गर्भधारण करने से पूर्व स्त्री को अपने स्वास्थ्य और कुछ बातों पर गौर करना बहुत जरूरी है।

- गर्भधारण के समय लड़की की उम्र कम–से–कम 18 वर्ष होनी चाहिये।
- गर्भधारण से पूर्व स्त्री रोग विशेषज्ञ (Gynaecologist) से परामर्श अवश्य लें।
- गर्भधारण से पूर्व माता–पिता दोनों का ही शारीरिक और मानसिक रूप से तैयार होना बेहद जरूरी है।
- गर्भधारण के वक्त शरीर में कोई ऐसी बीमारी तो नहीं जो बाद में बच्चे को प्रभावित करे, यह जान लेना भी अत्यधिक जरूरी है।
- आप किसी आनुवांशिक बीमारी या संक्रमण से पीड़ित तो नहीं हैं।
- बाँझपन जैसी समस्या से ग्रस्त तो नहीं।
- स्त्री का हीमोग्लोबिन, ब्लड प्रेशर व यूरीन चैक किया जाता है और यूरीन सैम्पल के द्वारा शुगर, प्रोटीन और बैक्टीरिया का स्तर जाना जाता है। अगर यूरीन में प्रोटीन की मात्रा अधिक हो तो यूरीनरी ट्रैक्ट इंफेक्शन, किडनी या ब्लड प्रेशर की बीमारी हो सकती है।
- स्त्री को खाँसी, दमा या अन्य बीमारी तो नहीं है, जो माँ के शरीर से बच्चे में जाकर उसे अस्वस्थ बना देगी।
- एड्स और लीवर रोग हिपेटाइटिस जैसी घातक बीमारी से ग्रस्त तो नहीं है।

वंशानुगत रोग क्या है?

माता पिता के जीन्स द्वारा जो बीमारियाँ गर्भस्थ शिशु को मिलती हैं उन्हें वंशानुगत रोग कहते हैं।

पॉलिसिस्टिक ओवरी स्त्रियों के शरीर में यह बीमारी, मेटाबॉलिज्म या हार्मोन्स के असंतुलन की वजह से होती है।

हीमोफीलिया यह रोग बच्चे को माँ के जीन्स द्वारा मिलता है अर्थात् माँ या उसके परिवार में पहले किसी को अगर यह बीमारी हो तो वह बच्चे में आ सकती है। इस बीमारी में खून के बहने पर उसका थक्का नहीं बनता।

ब्रेस्ट कैंसर इस बीमारी में स्त्रियों के ब्रेस्ट या स्तनों में गाँठें पड़ जाती हैं, जो धीरे–धीरे कैंसर का रूप ले लेती हैं। पर ऐसा जरूरी नहीं है कि अगर खानदान में किसी को ब्रेस्ट कैंसर हुआ है तो बच्चे को भी जरूर होगा। सिर्फ इसकी संभावना मात्र रहती है।

थैलेसीमिया यह एक प्रकार का एनिमिया होता है। पति और पत्नी में अगर यह माइनर होता है तभी इसके बच्चे में मेजर होने की संभावना रहती है।

अपने और अपने पति के खून की जाँच आर एच फैक्टर, थैलेसेमिया, हीमोफीलिया तथा डायबिटीज और अन्य बीमारियों के लिए जरूर कराएँ। क्योंकि अगर आपके अन्दर कोई बीमारी या कमी है जो आपकी गर्भावस्था में बाधा डाल सकती है या डाल रही है, तो उसका समय पर इलाज होना संभव है। अतः अपने डॉक्टर से जरूर मिलें।

वजन पर गौर करें

आपका वजन, आपके गर्भवती होने में तथा गर्भावस्था के दौरान एक महत्वपूर्ण भूमिका निभाता है। आपका आपकी लम्बाई के अनुपात में ज्यादा मोटा होना, आपके गर्भवती होने में बाधक सिद्ध हो सकता है। इसलिए अगर आप मोटी हैं तो यही समय है वजन कम करने का। अधिक वजन प्रसव के समय भी मुश्किलें खड़ी कर सकता है। कहीं, अगर वजन सामान्य से कम यानि कि आपकी लम्बाई के अनुपात में कम है तब भी यही परेशानियाँ आ सकती हैं। इसलिए ऐसा आहार लें जो आपके वजन को संतुलित रखे।

पारिवारिक इतिहास जानें

अपने और अपने पति के परिवार में मौजूद बीमारियों के बारे में जानें। क्योंकि कई बीमारियाँ ऐसी होती हैं जो रिसेसिव जीन के रूप में पीढ़ी दर पीढ़ी चलती रहती हैं यानि कि दादा के बाद पोते या पोती में नजर आती हैं। ऐसी कोई भी बीमारी अगर परिवार में हो तो जाँच अवश्य कराएँ।

आपका आपकी लम्बाई के अनुपात में ज्यादा मोटा होना,
आपके गर्भवती होने में बाधक सिद्ध हो सकता है।
इसलिए अगर आप मोटी हैं तो यही
समय है वजन कम करने का।

अपनी और अपने पति की आदतों पर ध्यान दें

- जो महिलाएँ शराब व सिगरेट का सेवन करती हैं, उन्हें गर्भधारण से पूर्व इस आदत को छोड़ना होगा।
- सिगरेट का सेवन करने वाली महिलाएँ तथा अनायास सिगरेट का धुआँ ग्रहण करने वाली, यानि कि सिगरेट का सेवन करने वालों के पास उठती-बैठती हैं—दोनों ही स्थिति में वे सिगरेट का धुआँ अपनी साँसों में भरकर फेफड़ों के द्वारा, शरीर के अन्दर पहुँचाती हैं। ऐसी महिलाओं के गर्भस्थ शिशु के स्वास्थ्य पर बुरा प्रभाव पड़ता है। धूम्रपान की वजह से महिलाओं को समय से पूर्व प्रसव या कमजोर बच्चे होने की संभावना रहती है। अतः अगर आप धूम्रपान करती हैं तो उसे तुरन्त छोड़ दें और अगर आपके पति धूम्रपान करते हैं तो उन्हें इसके नुकसान के बारे में बताएँ तथा अपनी उपस्थिति में धूम्रपान करने से रोकें, क्योंकि अविकसित और विकृत बच्चे इसी धूम्रपान तथा शराब की देन होते हैं।
- चाय तथा कॉफी का सेवन भी कम कर दें।
- किसी भी प्रकार की दवाइयाँ बिना अपने डॉक्टर की सलाह के न लें। अगर आप कोई दवाई नियमित रूप से पहले से ले रही हैं तो गर्भधारण से पूर्व अपने डॉक्टर से इस बारे में परामर्श अवश्य लें।

जीवनशैली बदलिए—अगर आपकी जीवन शैली भागदौड़ से भरी है या आप डांस क्लास चलाती हैं, जिसमें सारा दिन आपको कड़ी मेहनत करनी पड़ती है तो गर्भवती होने से तीन-चार माह पहले ही जीवनशैली में बदलाव लाना होगा। ज्यादा भागदौड़, उछलकूद से गर्भावस्था के दौरान समस्याएँ आ सकती हैं, इसलिए व्यवस्थित जीवन जीने की आदत डालें।

पौष्टिक हो आपका भोजन—भोजन में पौष्टिकता का हमेशा ख्याल रखें। फॉलिक एसिड, प्रोटीन व विटामिन युक्त आहार व कैप्सूल लें। इसे कम से कम गर्भवती होने से तीन महीने पहले लेना शुरू कर दें। अपने भोजन में हरी पत्तेदार सब्जियाँ शामिल करें। ये आपके हीमोग्लोबिन के स्तर को बढ़ाने में मदद करेंगी।

उपरोक्त सभी बातों पर ध्यान देकर तथा अपनाकर आप पा सकती हैं एक स्वस्थ सन्तान। यह सभी विषय आपकी गर्भावस्था को आसान बनाने में मददगार साबित होंगे।

स्त्री-पुरुष के प्रजनन अंग एवं गर्भ प्रक्रिया

2

प्रकृति ने प्रत्येक जीवधारी में नर एवं मादा की उत्पत्ति की है। मनुष में भी नर एवं मादा का प्राकृतिक वर्गीकरण है, जिनकी शारीरिक संरचनाओं में अन्तर है। प्रत्येक अविवाहित या वयस्क स्त्री–पुरुष को इन अंगों एवं इसकी प्रक्रिया को जानना चाहिए। इसकी जानकारी न होने पर अनेक स्त्री–पुरुष स्वस्थ होते हुए भी सन्तानसुख से वंचित रहते हैं।

स्त्री के प्रजनन अंग एवं सम्बन्धित कार्य

ये उदर–गुहा में स्थित होते हैं। प्रत्येक स्त्री में निम्नांकित प्रजनन अंग होते हैं।

1. योनि (Vagina)
2. गर्भाशय (Uterus)
3. अण्डवाहिनी (Fallopion tubes)
4. अण्डाशय (Ovaries) या डिम्ब ग्रन्थियाँ

1. योनि—गर्भाशय का वह पतला सिरा जो एक छिद्र के समान होता है, एक पतली नली के समान गर्भाशय से योनि तक का 5 इंच लम्बा मार्ग होता है, से जुड़ा रहता है जिसको योनि कहते हैं। इसका कार्य पुरुष के शिश्न से निकले शुक्ररस से शुक्राणुओं को एकत्रित करना होता है। पुरुष का शुक्ररस इसी योनि–मार्ग से होकर गर्भाशय में जाता है। शिशु जन्म के समय गर्भाशय से इसी मार्ग द्वारा बाहर आता है। मासिक स्राव भी इसी रास्ते शरीर से बाहर आता है। यह वह मार्ग भी है जहाँ संसर्ग के दौरान पुरुष का शिश्न प्रवेश करता है।

2. गर्भाशय—प्रत्येक स्त्री में दोनों अण्डवाहिनियों के बीच लगभग तीन इंच का माँसपेशियों से बना एक थैला होता है। यह मलाशय और मूत्राशय के मध्य स्थित रहता है। इसका आकार ऊपर की ओर चौड़ा तथा नीचे की ओर पतला होता है। इसी गर्भाशय में भ्रूण पलता है और विकसित होकर बच्चा बनता है। गर्भाशय की दीवार लचीली होती है जो खिंचने पर बढ़ जाती है। इसी विशेषता के कारण बच्चे के बढ़ने के साथ–साथ गर्भाशय का आकार भी बढ़ता जाता है। गर्भाशय के नीचे का पतला भाग योनि से जुड़ा रहता है।

गर्भाशय ग्रीवा—(सरविक्स) यह गर्भाशय को योनि से जोड़ता है।

योनि का कार्य पुरुष के शिश्न से निकले शुक्ररस से शुक्राणुओं को एकत्रित करना होता है।

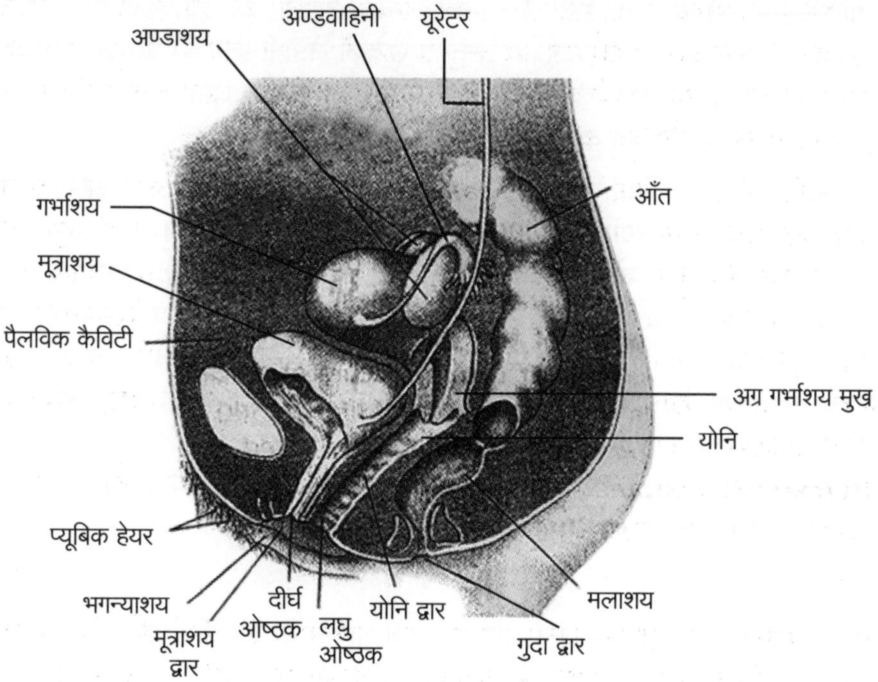

चित्र 1—स्त्री जननांग और उसके सम्बन्धित अंग (पार्श्व दृश्य)

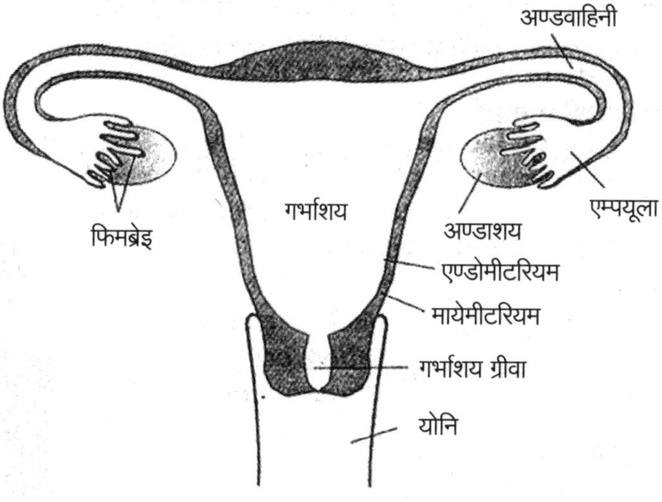

चित्र 2—स्त्री जननांग

3. अण्डवाहिनी—ये संख्या में दो होती हैं। इनकी लम्बाई लगभग चार इंच होती है। प्रत्येक का एक सिरा अण्डाशय से जुड़ा होता है और दूसरा गर्भाशय से। ये तन्तुमय ऊतकों से बनी होती हैं। प्रत्येक अण्डवाहिनी गर्भाशय के ऊपरी भाग में आकर खुलती है। यह अण्डे को डिम्ब की ग्रंथि से गर्भाशय तक ले जाने वाला मार्ग तथा वह स्थान है जहाँ पुरुष का शुक्राणु अण्डे से मिलकर निषेचित करता है।

4. डिम्ब ग्रन्थियाँ—डिम्ब ग्रन्थियाँ संख्या में दो होती हैं जो आकार में छोटी और अंडे की तरह होती हैं। ये क्षोणिगुहा (Pelvis) के अधोभाग में गर्भाशय के दोनों ओर एक-एक स्थित होती हैं। इनमें बहुत सारी छोटी-छोटी थैलियों नुमा अण्ड कोशिकाएँ होती हैं, जो तन्तुमय ऊतकों (Tissues) की बनी होती हैं। प्रत्येक के भीतर एक बड़ी कोशिका होती है जिसे अण्डाणु (Ovum) कहते हैं। ये अण्डाणु अण्डकोशों में वृद्धि पाते रहते हैं। एक अण्डाणु को परिपक्व होने में प्रायः 28 दिन लगते हैं। अण्डाणु के पूर्णरूपेण पक जाने पर अण्डकोष फट जाता है और अण्डाशय से बाहर निकलकर कीप की आकार की अण्डवाहिनी में प्रवेश कर जाता है। यह वह स्थान है जहाँ पुरुष का शुक्राणु अण्डे से मिलकर निषेचित (Fertilize) करता है।

झिल्ली (Hymen Memberane)—यह योनि के आरपार श्लैष्मिय झिल्ली की परत है, जो योनि को आंशिक रूप से ढकती है। यह शारीरिक क्रियाकलापों या संभोग के समय फट जाती है।

बाहरी अंग

मूत्रद्वार नली, योनिद्वार और गुदा—जनन अंगों के बाहरी भाग में ये तीन छिद्र होते हैं। मूत्रनली से पेशाब बाहर आता है। योनि छिद्र से मासिक स्राव बाहर आता है। गुदा प्रजनन तंत्र का भाग नहीं है, इसके माध्यम से मल बाहर आता है।

दीर्घ ओष्ठक और लघु ओष्ठक (Labia Majora & Labia Minora)—ये योनि के दोनों ओर पर्तों के दो जोड़ होते हैं। इनका कार्य भगशिश्न (Clitoris), मूत्र द्वार तथा योनि मार्ग की रक्षा करना है। भगशिश्न (Clitoris) मूत्र द्वार के ऊपर की ओर जहाँ ओष्ठक मिलते हैं, वहीं यह एक छोटा अंग स्थित होता है। यह उत्तेजना का मुख्य बिन्दु है, उत्तेजित किए जाने पर या छेड़े जाने की स्थिति में यह आनंद की अनुभूति कराता है।

पुरुष के प्रजनन अंग एवं संबंधित कार्य

संतानोत्पत्ति करने के लिए पुरुषों में स्त्रियों से भिन्न प्रकार के प्रजनन अंग होते हैं। पुरुष प्रजनन अंगों के अन्तर्गत निम्नांकित अंग पाये जाते हैं—

1. वृषण या शुक्र ग्रन्थियाँ (Testis or Testides)
2. वाहिनियाँ (Vessels)
   - i) एपीडिडिमिस (Epididymis)
   - ii) शुक्रवाहिनी (Vasa deferentia)
3. ग्रन्थियाँ (Glands)
   - i) शुक्राशय (Seminal Vesicles)
   - ii) प्रोस्टेट ग्रन्थि (Prostate Gland)
4. शिश्न (Penis)
5. नर मूत्र जनन अंग (Male Urinogenital Organ)

पुरुष के प्रजनन अंगों की संरचना एवं कार्य

1. वृषण या शुक्र–ग्रन्थियाँ—प्रत्येक पुरुष की उदरगुहा में मूत्रेन्द्रिय के मूल भाग के नीचे शुक्र–ग्रन्थियों (Testis) का एक जोड़ा लटका रहता है। शुक्र–ग्रन्थियों को मुलायम त्वचा द्वारा सुरक्षित रखा जाता है जिसे वृषणकोश या अण्डकोश (Scortem or Testicles) कहते हैं। इन ग्रन्थियों के भीतर कई त्रिकोणीय आकार के कोष्ठ होते हैं, जिनको शुक्र–नलिकाएँ (Seminiferous Tubules) कहते हैं। प्रत्येक ग्रन्थि में लगभग एक हजार नलिकायें होती हैं। प्रत्येक शुक्र प्रणाली का पहला भाग तो टेढ़ा–मेढ़ा होकर एपीडिडिमिस (Epididimis) बनाता है और इसका दूसरा भाग एक बड़ी तथा एक सीधी लम्बी नली में खुलता है। प्रत्येक शुक्र ग्रन्थि के कोष्ठों में हजारों की संख्या में शुक्राणु (Spermatozoids) बनते हैं।

प्रत्येक शुक्राणु के सिर पर एक गोलाकार कोशिका होती है, जिसमें केन्द्रक (Nucleus) और जीवद्रव्य (Protoplasm) होता है और नीचे एक लम्बी पूँछ होती है। इन ग्रन्थियों में शुक्राणु के अतिरिक्त एक और तरल पदार्थ का निर्माण होता है, जिसे शुक्ररस अथवा वीर्य (Semen) कहते हैं। इस द्रव्य पदार्थ में शुक्राणु अपनी पूँछ की सहायता से तैरते रहते हैं। एक बार के स्खलन में 10 से 30 करोड़ तक शुक्राणु निकलते हैं, किन्तु इनमें से केवल एक शुक्राणु ही महिला अण्डे को निषेचित करता है। प्रत्येक शुक्राणु का जीवनकाल लगभग दो से ढाई दिन का होता है। करोड़ों की संख्या में ये शुक्राणु स्त्रीलिंग में ही मर जाते हैं और कई संघर्ष करते हुए गर्भाशय में पहुँचकर मर जाते हैं। आगे सरकते जाते हैं और मरते जाते हैं। फिर डिम्ब नलिका (Fellopian Tube) में पहुँच जाते हैं, जहाँ स्त्री का डिम्ब इनकी राह देखता बैठा होता है। बचे हुए शुक्राणु स्त्री डिम्ब में घुसने का प्रयत्न करते हैं। यदि एक घुस गया तो अन्य शुक्राणु नहीं घुस सकते हैं क्योंकि एक के घुसने के तुरन्त बाद डिम्ब की दीवार बहुत सख्त हो जाती है।

2. शुक्रवाहिनी—प्रत्येक शुक्र ग्रन्थि से एक मोटी लम्बी नली निकल कर उदरगुहा में आ जाती है। इस नली को शुक्रवाहिनी कहते हैं। एक सिरा तो इसका शुक्र–ग्रन्थियों से जुड़ा होता है और दूसरा मूत्र मार्ग के पास, दोनों ओर स्थित छोटी आकृति वाली शुक्राशय (Seminal Vesicles) नामक थैलियों से होता है। यह शुक्राणुओं को वृषण से विक्षेपण नलिका तक पहुँचाती है।

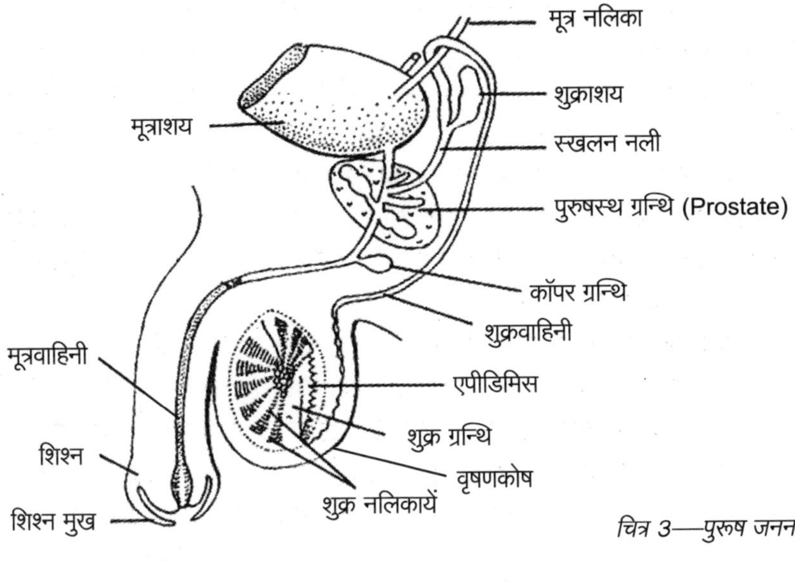

चित्र 3—पुरुष जननांग

3. शुक्राशय—यह मूत्र मार्ग के दोनों ओर एक–एक थैली आकारीय पुटिका है। इनका कार्य शुक्र–ग्रन्थियों से शुक्रवाहिनी द्वारा आये हुए शुक्राणुओं वाले शुक्ररस को जमा करना है। यह गाढ़ा दूधिया द्रव्य वीर्य का अंश होता है और शुक्राणुओं को पोषण प्रदान करता है।

4. प्रोस्टेट ग्रन्थि—यह सुपारी के आकार की ग्रन्थि होती है। यह मूत्राशय के ठीक नीचे स्थित होती है और मूत्र नलिका को दोनों ओर से घेरती है। इसको पुरुषस्थ ग्रन्थि भी कहते हैं। यह ग्रन्थि पतले दूधिया–सफेद स्राव का उत्पादन करती है। यह द्रव्य शुक्राणुओं को पोषण देता है और पुरुष की मूत्रेन्द्रिय तथा स्त्री की योनि में शुक्राणुओं की रक्षा करता है। यह वीर्य का कुछ अंश भी बनाता है तथा इसका कार्य शुक्राणुओं को गतिशीलता प्रदान करना है।

विक्षेपण नलिकाएँ—शुक्राशय से एक पतली नली निकलकर मूत्र मार्ग से मिलती है। इसका कार्य शुक्राशय में एकत्रित शुक्ररस और शुक्राणुओं को मूत्र मार्ग के उस भाग में ले जाना है जो कि प्रोस्टेट ग्रन्थियों से होकर निकलता है।

वीर्य का निर्माण—वीर्य का निर्माण शुक्राशय एपीडीमिस और प्रोस्टेट ग्रन्थि के स्रावों से होता है। इसकी एक बूँद में असंख्य शुक्राणु होते हैं।

मूत्र मार्ग या जनन अंग—इस अंग को शिश्न भी कहते हैं। साधारणतः इसकी लम्बाई 3 से 4 इंच होती है। पुरुषों में मूत्र निकालने, शुक्ररस निकालने तथा मैथुन का केवल यही एक अंग है। कामेच्छा उत्पन्न होने पर शिश्न का आकार रक्त प्रवाह बढ़ जाने के कारण बड़ा हो जाता है। यह लम्बा, मोटा, कड़ा और तना हुआ हो जाता है। संसर्ग करने पर वीर्य स्खलन हो जाता है। शिश्न का कार्य स्त्री की योनि में शुक्ररस व उसमें उपस्थित शुक्राणुओं को डालना है।

उत्थपन (Erection) वह प्रक्रिया है जिसमें स्वप्नचित्र, स्पर्श, लैंगिक उत्तेजना या तापमान के कारण शिश्न सीधा तन जाता है।

स्खलन (Ejaculation)—लैंगिक उत्तेजना के कारण लिंग से वीर्य निकलने को स्खलन कहा जाता है। प्रत्येक स्खलन में लगभग 8 से 10 करोड़ शुक्राणु होते हैं।

गर्भाधान या संसेचन क्रिया

ओवूलेशन पीरियड—इसका सम्बन्ध डिम्ब यानी अण्डे से है जिसे ओवम (Ovum) कहते हैं। यह स्त्री के शरीर में एक प्रजनन कोशिका (Female Reproduction Cell) होती है जो कि उस जाति के जीव के शरीर को विकसित करने में सक्षम होती है। जब यह डिम्ब (Ovum), डिम्बाशय के अन्दर स्थित डिम्ब पुटक यानी अण्डस्युनिका (Groafian Follide) के अन्दर विकसित और परिपक्व हो जाता है तो डिम्बाशय (Ovary) की बाहरी सतह पर एक उभार सा बन जाता है जिसके फटने पर यह डिम्ब (अण्डा) डिम्ब पुटिका से बाहर निकलकर डिम्बावाहिनी नली यानि फेलोपियन ट्यूब (Fallopion Tube) में पहुँचता है और यहाँ से गर्भाशय तक पहुँचता है। इस प्रक्रिया को डिम्बोत्सर्जन यानी ओवुलेशन (Ovulation) होना कहते हैं।

डिम्बाशय से गर्भाशय तक पहुँचने में डिम्ब को लगभग पाँच–सात दिन लग जाते हैं। सामान्यतः प्रति मास बारी–बारी से पहले दायें व फिर बायें अण्डाशय से एक परिपक्व डिम्ब बनता है। इसके परिपक्व होने की प्रक्रिया के दौरान गुणसूत्रों (Chromosomes) की संख्या 46 से घटकर 23 रह जाती है। एक परिपक्व डिम्ब का आकार लगभग 0.14mm होता है जो लगभग 48 घण्टे तक जिन्दा रहता है। यदि रजोस्राव/मासिक धर्म के रक्त बहाव के 7 से 15वें दिन महिला पुरुष संभोग करें तो अण्डाणु और शुक्राणु के मिलन की अधिक संभावनाएँ रहती हैं।

परन्तु आधुनिक चिकित्सा विज्ञान के अनुसार, गर्भधारण करने के लिए, गर्भाधान क्रिया उस वक्त करनी चाहिए, जब स्त्री को ओवूलेशन हो रहा हो अन्यथा गर्भ नहीं ठहरेगा। इस पीरियड की पहचान थर्मामीटर से, स्त्री के शरीर का तापमान प्रतिदिन देखकर और रिकॉर्ड नोट करके भी की जाती है। प्रतिदिन एक निश्चित समय पर स्त्री शरीर का तापमान देखकर नोट करना चाहिए। ऋतुकाल के दिनों में सामान्य तापमान 98.4ºC रहता है। जब भी तापमान एक डिग्री बढ़ा हुआ मिले वही ओवूलेशन पीरियड होता है। इस पीरियड में सहवास करने से गर्भाधान हो जाता है। यह ओवूलेशन पीरियड, अलग–अलग स्त्रियों को, अलग–अलग अवधियों में होता है।

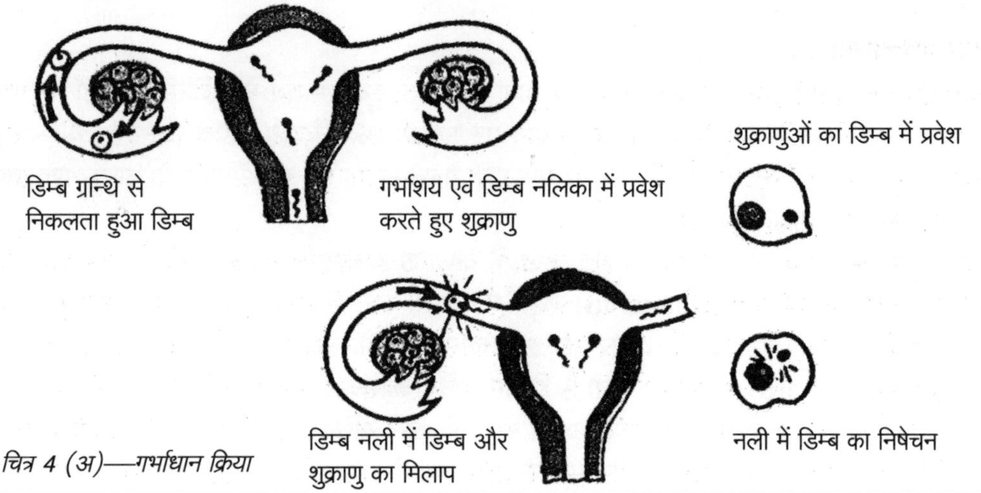

चित्र 4 (अ)—गर्भाधान क्रिया

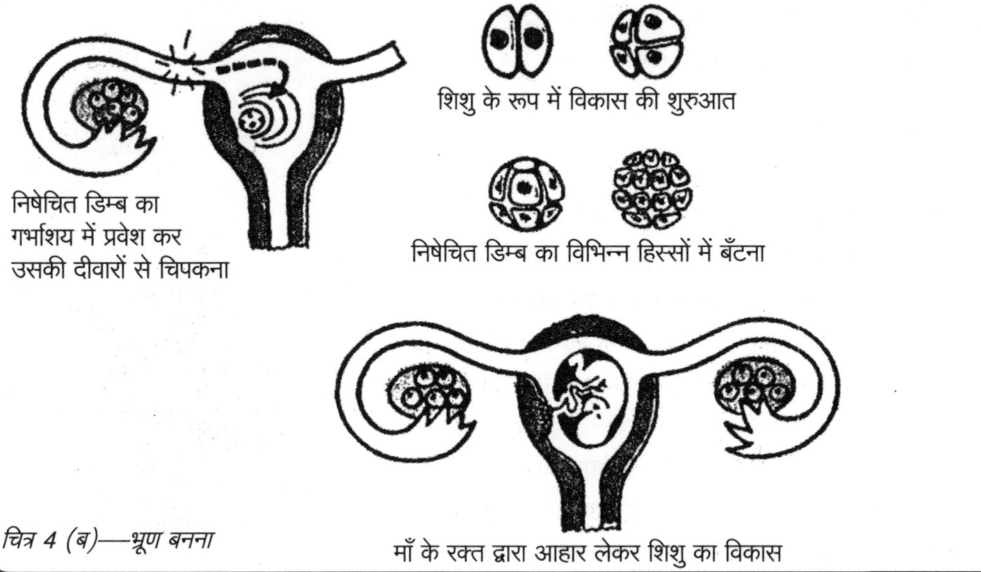

चित्र 4 (ब)—भ्रूण बनना

गर्भाधान या संसेचन क्रिया

संभोग के दौरान जब पुरुष लिंग से वीर्य निकलता है तब वीर्य में उपस्थित असंख्य पुरुष बीज महिला योनि में प्रवेश कर लगभग तीन दिन तक योनि मार्ग, महिला डिम्ब नलिका व गर्भाशय में तैरते रहते हैं। अण्डवाहिनी नलिका में उपस्थित महिला के अण्डाणु से शुक्राणु का संयोग होता है। शुक्राणु महिला अण्डाणु के केन्द्र में प्रवेश कर उसे निषेचित कर गर्भ ठहरा देता है। महिला अण्डाणु आकार में पुरुष शुक्राणुओं से बड़ा व गोलाकार होता है। महिला बीज में प्रवेश के समय पुरुष शुक्राणु की पूँछ व धड़ अलग हो जाते हैं। केवल सिर ही महिला अण्डाणु में प्रवेश कर गर्भफल या भ्रूण के रूप में बढ़ने लगता है। (चित्र 4 (अ) देखें।)

भ्रूण बनना व गर्भधारण

निषेचित बीज गर्भाशय की नली में सात दिन की यात्रा तय करते हुए गर्भाशय में पहुँचता है। यहाँ पर गर्भाशय की तैयार पर्त/दीवार में श्लैष्मिक झिल्ली से किसी एक स्थान पर संयोजी ऊतकों द्वारा चिपक जाता है। धीरे–धीरे भ्रूण के चारों ओर झिल्ली का आवरण बन जता है और उसमें भ्रूण वृद्धि करने लगता है। इस आवरण के अन्दर एक द्रव रहता है जो भ्रूण की रक्षा करता है। (चित्र 4 (ब) देखें।)

धीरे–धीरे भ्रूण जिस जगह से गर्भाशय से जुड़ा होता है वह भाग बढ़कर एक लम्बी थैली का रूप धारण कर लेता है। इस नली को अपरा या प्लैसेण्टा (Placenta) कहते हैं। अपरा द्वारा ही गर्भाशय की दीवार तथा भ्रूण की झिल्ली जुड़ी रहती है। इसकी संरचना गर्भाशय की दीवार और भ्रूण की झिल्ली के संयोजन से होती है। इससे एक लम्बी नली 'नाभिनाल' (Umbilical Cord) सम्बन्धित होती है जिसमें रुधिर कोशिकाएँ पर्याप्त मात्रा में होती हैं। इन कोशिकाओं के द्वारा ही माता का रूधिर भ्रूण के शरीर में आता जाता रहता है। इस रुधिर के द्वारा ही भ्रूण को आवश्यकता अनुसार भोजन, जल, वायु आदि पदार्थ प्राप्त होते हैं और भ्रूण से दूषित पदार्थ इन्हीं के द्वारा बाहर निकालकर माता के शरीर में पहुँचते रहते हैं, जहाँ से बाहर निकल जाते हैं। इस प्रकार माता के गर्भाशय की माँसपेशियाँ सिकुड़ने लगती हैं जिनके दबाव के कारण शिशु सिर के बल गर्भाशय से योनि के रास्ते जन्म लेकर अपना सांसारिक जीवन प्रारम्भ कर देता है।

लिंग निर्धारण कैसे होता है?

लड़की के जन्म के लिये अक्सर महिला को दोषी ठहराया जाता है। पर आधुनिक मत के अनुसार लड़का या लड़की होने के लिए पुरुष ही जिम्मेदार होता है। आइये समझें कि लिंग निर्धारण कैसे होता है?

हर मनुष्य (पुरुष या स्त्री) में 23 जोड़े अर्थात कुल 46 गुणसूत्र (Chromosomes) होते हैं। इन 23 जोड़ों में से एक जोड़ा लिंग निर्धारण करता है जिनको XX या YY गुणसूत्रों द्वारा जाना जाता है। एक महिला में XX का जोड़ा होता है और एक पुरुष में XY का जोड़ा होता है। यह प्रकृति प्रदत्त है। प्रजनन प्रक्रिया के दौरान महिलाओं में अण्डाणु व पुरुषों में शुक्राणु बनते हैं। अण्डाणु व शुक्राणु आधे गुणसूत्रों को लेकर बनते हैं जिनके मिलान से एक पूरा शिशु बनता है।

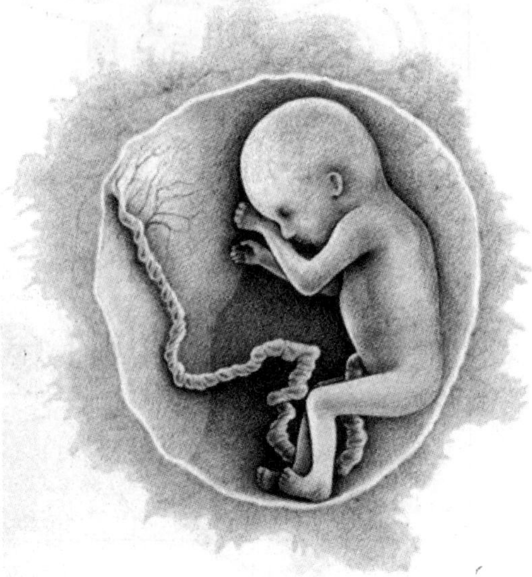

महिला के पास लिंग निर्धारित करने वाले दोनों XX गुणसूत्र होते हैं जबकि पुरुष के पास XY।

1. महिला के अण्डाणु X से जब पुरुष का X गुणसूत्र वाला शुक्राणु मिलता है तो लड़की जन्म लेती है।
2. महिला के अण्डाणु X से जब पुरुष का Y गुणसूत्र वाला शुक्राणु मिलता है तो लड़का जन्म लेता है।

इससे यह तथ्य स्पष्ट होता है कि यदि लड़की का जन्म होता है तो यही माना जाना चाहिए कि पुरुष के Y गुणसूत्र से महिला के X गुणसूत्र का सम्पर्क न हो सका। क्योंकि महिला में तो X और X ही होते हैं। ऐसी परिस्थिति में यह विचारणीय है कि क्या महिलाओं को इसके लिए दोष देना ठीक व न्यायसंगत है?

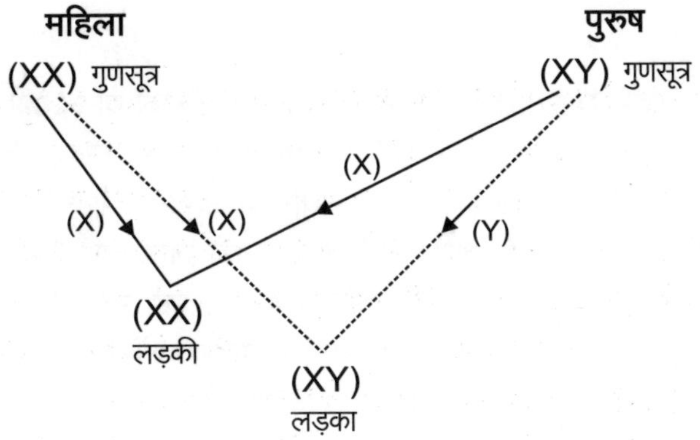

■■

मनपसन्द सन्तान कैसे हो?

3

आधुनिक युग में बदलती विचारधारा के अनुसार सन्तान का लड़का या लड़की होना महत्वपूर्ण नहीं है जितना यह कि जो भी सन्तान हो वह अच्छी, स्वस्थ, सुन्दर और मनपसन्द गुण व स्वभाव वाली हो। इसके लिए हमें पहले से ही मानसिक और शारीरिक रूप से तैयारी करनी होगी और गर्भाधान करते समय भी सतर्क रहना होगा।

यदि दम्पत्ति अच्छे संस्कार, स्वभाव और शरीर वाली सन्तान को जन्म देना चाहते हैं तो उन्हें गर्भाधान के लिए सहवास को सिर्फ यौन क्रीडा की तरह नहीं लेना चाहिए अपितु सहवास को एक संस्कार के समान, मन व शरीर को स्वस्थ, शुद्ध और पवित्र रखते हुए, अच्छे वातावरण में ही सम्पन्न करना चाहिए। श्रेष्ठ सन्तान उत्पन्न करने की इच्छा रखने वाले स्त्री–पुरुष के लिए आयुर्वेद के कुछ निर्देश प्रस्तुत किए जा रहे हैं—

1. शरीर को स्वस्थ एवं निरोग रखने के लिए उचित आहार–विहार और पौष्टिक पदार्थों का सेवन करना चाहिए। जब आपका शरीर पूर्ण रूप से स्वस्थ एवं निरोगी हो तभी गर्भाधान संस्कार करना चाहिए। अस्वस्थ शरीर और चिन्ताग्रस्त मानसिकता होने वाले शिशु के स्वभाव एवं स्वास्थ पर बुरा प्रभाव डालेगी। शरीर में पाचन शक्ति और पेट ठीक रखना ज्यादा महत्वपूर्ण है।
2. ऋतुस्राव के वक्त स्त्री को पूर्ण विश्राम करना चाहिए। मन को प्रसन्नचित्त रखें, सहवास न करें और विचार शुद्ध रखें। ऋतुस्राव के खत्म होने पर ऋतुस्नान करें और सर्वप्रथम अपने पति या फिर स्वयं को दर्पण में देखें। गर्भाधान के वक्त स्त्री का मन जिस तरह के विचार रखता है और जिस तरफ उसका रुझान ज्यादा होता है, उसकी होने वाली सन्तान उसी प्रकार के विचारों वाली होती है। गर्भाधान

सहवास को एक संस्कार के समान, मन व शरीर को स्वस्थ, शुद्ध और पवित्र रखते हुए, अच्छे वातावरण में ही सम्पन्न करना चाहिए।

और गर्भकाल के दौरान स्त्री का जैसा आचरण और भावनाएँ होती है उसी के अनुरूप उसकी होने वाली सन्तान के मन, स्वभाव और संस्कारों का निर्माण होता है। इसलिए पति–पत्नी को विशेष रूप से गर्भाधान के वक्त अपनी मानसिक स्थिति अच्छी और परस्पर प्रीतियुक्त रखना चाहिए।

3. गर्भाधान वाले दिन–रात और गर्भकाल के दौरान स्त्री को मन में उत्साह व खुश रहना चाहिए। आचार–विचार अच्छे व शुभ, पवित्र रखने चाहिए।

पुत्र प्राप्ति कैसे हो?

1. गर्भाधान के वक्त पुरुष का सूर्य स्वर चलना चाहिए (अर्थात् दाहिने नाक के छिद्र से साँस लेना), अगर चन्द्र स्वर चल रहा हो तो बायीं करवट से तब तक लेटे रहें जब तक सूर्य स्वर न खुल जाये।
2. पुत्र प्राप्ति की इच्छा से किया जाने वाला गर्भाधान आठवीं, दसवीं, बारहवीं, चौदहवीं व सोलहवीं रात्रि को ही किया जाना चाहिए। इन रात्रियों के समय शुक्ल पक्ष का पखवाड़ा भी हो और दिन रविवार, मंगलवार और गुरुवार ही हो। अगर ऋतुकाल के समय कृष्ण पक्ष चल रहा हो और मन में पुत्र प्राप्ति की कामना हो तो कृष्ण पक्ष वाली रातों में गर्भाधान की इच्छा से सहवास न करते हुए परिवार नियोजन के साधन अपनाने चाहिए। शुक्ल पक्ष में जैसे–जैसे तिथियाँ बढ़ती हैं वैसे–वैसे चन्द्रमा की कलाएँ बढ़ती हैं।

इसी प्रकार रात्रियों का क्रम जैसे–जैसे बढ़ता है वैसे–वैसे गर्भाधान होने की सम्भावनाएँ भी बढ़ती हैं। क्योंकि स्त्री ऋतुकाल के अन्तिम दिनों में यानि 10वीं से 14वीं रात के समय अत्यधिक प्रजनन सामर्थ्य रखती है जिसे ओवूलेशन पीरियड कहते हैं। (इस ओवूलेशन पीरियड के बारे में विस्तार से हम पहले ही लिख चुके हैं।) आधुनिक मत के अनुसार पुरुष के Y क्रोमोसोम्स (गुणसूत्र) पुत्र प्राप्ति के लिए आवश्यक व जिम्मेदार होते हैं। तो जब शुक्ल पक्ष के चन्द्रमा की कलाएँ बढ़ी हुई होती हैं और सम रात्रियाँ होती हैं तब पुरुष के वीर्य में Y क्रोमोसोम्स की मात्रा ज्यादा होती ही होगी। (वैसे यह एक विज्ञान द्वारा जाँचा हुआ तथ्य नहीं है। यह सिर्फ हमारा अनुमान ही है।) हो सकता है कि शुक्ल पक्ष की सम रात्रियों के समय में चन्द्रमा की कलाओं के प्रभाव से वीर्य में Y क्रोमोसोम्स की मात्रा ज्यादा अनिवार्य रूप से बनी रहती होगी। उसी प्रकार जैसे ओवूलेशन पीरियड में स्त्री का डिम्ब, अनिवार्य रूप से गर्भाशय में उपस्थित रहता है।

इस प्रकार आधुनिक विचारधारा को ध्यान में रखते हुए, जब शुक्ल पक्ष में चन्द्रमा की कलाएँ बढ़ी हुई हों और उन रातों में स्त्री के ऋतुकाल की आठवीं, दसवीं, बारहवीं या चौदहवीं रात्रि भी पड़ती हो, ऐसा संयोग बनाएँ। यदि ऋतुकाल और शुक्ल पक्ष का प्रारम्भ साथ ही साथ या 1–2 दिन आगे भी शुरू हुआ हो तो दसवीं और बारहवीं रात्रि की अपेक्षा चौदहवीं और सोलहवीं रात्रि गर्भाधान के लिए ज्यादा उपयुक्त होगी क्योंकि उस वक्त चन्द्रमा की कलाएँ भी बढ़ी हुई होंगी। जब ऐसा संयोग बन जाए तो पूरी मानसिक तैयारी से, दोनों पति–पत्नी मन में पुत्र प्राप्ति की कामना करते हुए प्रसन्नता और सफलतापूर्वक गर्भाधान की क्रिया सम्पन्न करें तो पुत्र उत्पन्न होने की सम्भावना निर्मित हो जाती है। यह पूरा प्रयास विधिवत ढंग से करने के बावजूद भी पुत्री उत्पन्न हो सकती है क्योंकि कई बार कर्म से भाग्य ज्यादा बलवान सिद्ध होता है।

ऋतु स्राव से लेकर

- ✡ चौथी रात्रि में गर्भ रहने से अल्पायु व दरिद्री पुत्र होता है।
- ✡ छठी रात्रि में गर्भ रहने से साधारण आयु का पुत्र होता है।
- ✡ आठवीं रात्रि में गर्भ रहने से ऐश्वर्यशाली पुत्र होता है।
- ✡ दसवीं रात्रि में गर्भ रहने से चतुर पुत्र होता है।
- ✡ बारहवीं रात्रि में गर्भ रहने पर उत्तम पुत्र होता है।
- ✡ चौदहवीं रात्रि में गर्भ रहने पर उत्तम–गुण–सम्पन्न पुत्र होता है।
- ✡ सोलहवीं रात्रि में गर्भ रहने पर सर्वगुण–सम्पन्न पुत्र होता है।

4 6 8 10 12 14 16

पुत्री की प्राप्ति कैसे हो

जैसे बिना पुत्र परिवार अधूरा होता है उसी प्रकार बिन पुत्री के भी परिवार और माँ अधूरी होती है। जो दम्पत्ति पुत्री की प्राप्ति की इच्छा रखते हैं उनके लिए यहाँ विधिवत् ढंग से किये जाने वाले गर्भाधान संस्कार का विवरण दिया जा रहा है।

1. पुत्री की उत्पत्ति के लिए पुरुष का चन्द्र स्वर गर्भाधान के समय चलना चाहिए। अगर सूर्य स्वर चल रहा हो तो दाहिनी करवट से तब तक लेटे रहें जब तक बायाँ (चन्द्र) स्वर खुल न जाए।
2. पुत्री के लिए शुक्ल पक्ष की विषम रात्रियों की गणना के साथ–साथ सोमवार और शुक्रवार के दिन ही गर्भाधान की क्रिया करें।

खान–पान या आहार द्वारा इच्छित संतान प्राप्ति

पेरिस, मांट्रियल और कनाडा के तीन अनुसंधानकर्ताओं के अनुसार भावी संतानों का लिंग निर्धारित करना अब कोई कठिन कार्य नहीं है। यदि गर्भवती महिलाएँ चाहें तो वे अपने खान–पान पर पूर्ण नियंत्रण रखकर मनचाही सन्तान प्राप्त कर सकती हैं।

पेरिस विश्वविद्यालय के प्रोफेसर जोजफ स्टोल काब्सकी, पोर्टशयल मैटर्निटी हॉस्पिटल के डॉ. हैमरियन और डॉ. पापा संयुक्त अध्ययन एवं विभिन्न प्रयोगों के बाद इस निष्कर्ष पर पहुँचे हैं कि नमकीन और मसाले अधिक मात्रा में सेवन करने वाली गर्भवती महिला शर्तिया पुत्र को ही जन्म देगी। परीक्षणों से पता चला है कि केवल गर्भावस्था के दौरान ही नहीं बल्कि उससे पहले 6 सप्ताह (3 माह) तक एक महिला जो खाना खाती है उसका बच्चे के लिंग के साथ गहरा सम्बन्ध है। नमकीन आहार से पोटेशियम और सोडियम उत्पन्न होता है। पोटेशियम और सोडियम के माध्यम से बच्चे का लिंग निर्धारित होता है। अगर इनकी मात्रा आपके शरीर में ज्यादा होती है तो पुत्र उत्पन्न होगा और अगर मात्रा कम होती है तो पुत्री उत्पन्न होगी।

पुत्र–प्राप्ति के लिए वर्जित आहार

डॉ. पापा के अध्ययनों के अनुसार अपनी इच्छा अनुसार सन्तान प्राप्ति के लिए किसी महिला को एक विशेष प्रकार की खाद्य वस्तुओं का त्याग करना होगा, उनमें से कुछ महत्वपूर्ण वस्तुएँ निम्न हैं—

- ✡ लड़के की इच्छुक माताएँ दूध (किसी भी रूप में), शक्कर, चॉकलेट, कोको, दूध से बनी सभी मीठी वस्तुएँ, आइसक्रीम, कस्टर्ड, अण्डे (मुख्य आहार के रूप में बिलकुल नहीं, हाँ एक सप्ताह में थोड़ी मात्रा में पकवान में इस्तेमाल किए जा सकते हैं।) घोंघा, मछली, डबलरोटी, दूध वाली डबल रोटी, पेस्ट्री, हरे सलाद की सब्जियाँ, कच्ची बन्द गोभी, फूल गोभी, शकरकन्दी, पालक, मूँगफली, अखरोट, बादाम, सरसों आदि वस्तु गर्भावस्था के 3 माह पहले तथा गर्भावस्था के तीन माह बाद तक न लें। मुख्य चीज है—दूध और दूध से बनी सभी वस्तुएँ और शक्कर यानि कि किसी भी प्रकार का मीठा न खाएँ।
- ✡ पुत्र प्राप्ति के लिए संभोग से पूर्व स्त्री को दो चम्मच सेंधा नमक, दो किलो पानी में घोलकर 'डूश' देकर योनि–प्रक्षालन करना चाहिए।
- ✡ सम्भोग में लिंग गहरा स्थापित करें तथा कुछ देर रुकें। स्त्री को दाहिनी ओर करवट लेकर कुछ देर वैसे ही लेटे रहना चाहिए।
- ✡ जिन स्त्रियों के कन्याएँ ही होती हैं, लड़का नहीं होता उन्हें जब तक गर्भधारण नहीं होता तब तक वे दाहिनी करवट सोकर ही रतिक्रिया करें।

चिकित्सा जगत में हो रहे अनुसंधानों से ज्ञात हुआ है कि जिन पुरुषों के वीर्य में शुक्राणु ज्यादा संख्या में होते हैं उनके ज्यादातर बेटे उत्पन्न होते हैं और जिन पुरुषों के वीर्य में शुक्राणु कम होते हैं उनके ज्यादा बेटियाँ होती हैं। बेटा पैदा करने के लिए पुरुष के शुक्राणुओं की संख्या बढ़ाई जानी चाहिए। कुछ संयम रखने से वीर्य में शुक्राणुओं की संख्या बढ़ जाती है।

पुत्री प्राप्ति के वर्जित आहार

लड़की की इच्छा रखने वाली माता नमक (किसी भी रूप में, पकने आदि में नहीं और न ही इसका कोई विकल्प इस्तेमाल में लेना चाहिए), दूध, दही, पनीर व मक्खन खायें परन्तु चाय, कॉफी, जैम व सॉस से परहेज रखें। आप बड़ी मात्रा में अण्डे व माँस खा सकती हैं परन्तु नमक के बिना। नमकीन, भुना गोश्त, मछली के टुकड़े, अचार, फलों का रस, शराब, बीयर, बिस्कुट, पीजा, सूखे मेवे, मक्की के भुने व मीठे दाने, आलू के चिप्स, पालक, धनिया, कच्चे टमाटर, मटर, सभी प्रकार की फलियाँ, चॉकलेट, सभी प्रकार की डबलरोटी, बन, अनन्नास, आलू बुखारा, आड़ू, चेरी, संतरे, तरबूज, खरबूजा, नीबू व अंगूर खाना वर्जित है (मना है)।

स्त्री का दाहिना स्वर चले अर्थात् दाहिने नथुने से साँस आ रहा हो तब सम्भोग करने से लड़का पैदा होने की सम्भावना अधिक होती है।

जिस स्त्री के कन्या ही जन्म लेती हों उसे मासिक धर्म में पलास (ढाक) का एक पत्ता दूध में पीसकर पिला दें। ऐसा करने के बाद जो सन्तान पैदा होगी, उसकी सम्भावाना पुत्र की अधिक होगी।

ऋतुकाल किसे कहते हैं?

4

जिस दिन–रात से रजःस्राव (मासिक धर्म) शुरू हुआ हो उससे लेकर सोलहवीं रात्रि तक के समय को ऋतुकाल कहते हैं। यह वह समय होता है जो गर्भधारण के लिए सबसे उपयुक्त माना गया है। इनमें से शुरू की चार रात्रियाँ मासिक स्राव होने के कारण छोड़कर बाकी रात्रियाँ उपयुक्त मानी गई हैं। जब तक ऋतुस्राव हो तब तक सहवास न करें।

सम और विषम रात्रि क्या हैं?

सम संख्या होती हैं—2, 4, 6, 8,10, 12, 14, 16। यानि जो 2 से पूर्ण भाजित (Divided) हो सकें।

विषम संख्या होती हैं—1, 3, 5, 7, 9, 11, 13, 15। जो 2 से पूर्ण भाजित न हों।

सम और विषम रात्रि का निर्णय—जिस दिन या रात में स्त्री का मासिक स्राव शुरू हुआ हो उसे पहली रात मानकर गणना की जाती है और सम और विषम रात्रि का निर्णय किया जाता है। रात्रियों की गणना करते वक्त यह ध्यान रखें कि उस वक्त स्त्री का ऋतुकाल चल रहा हो और शुक्ल पक्ष का समय हो।

पहली रात्रि का निर्धारण कैसे हो?

भारतीय पद्धति के अनुसार सूर्योदय के साथ दिन बदलता है जबकि अंग्रेजी पद्धति के अनुसार रात को 12 बजे दिन बदल जाता है। यहाँ हमें पहली रात्रि का निर्धारण करते वक्त भारतीय पद्धति के अनुसार चलना होगा। इस तथ्य को हम एक उदाहरण द्वारा ही समझेंगे।

जैसे आज दिन सोमवार और तारीख 8 अप्रेल है। आज सूर्योदय होने से लेकर कल यानि कि 9 अप्रेल, मंगलवार के सूर्योदय होने तक के बीच के समय में कभी भी एक स्त्री को मासिक स्राव शुरू हो सकता है तो 8 अप्रेल की रात उस स्त्री के संदर्भ में पहली रात मानी जायेगी। यहाँ एक बात ध्यान देने योग्य है कि मासिक स्राव सूर्योदय के दो घण्टे पहले

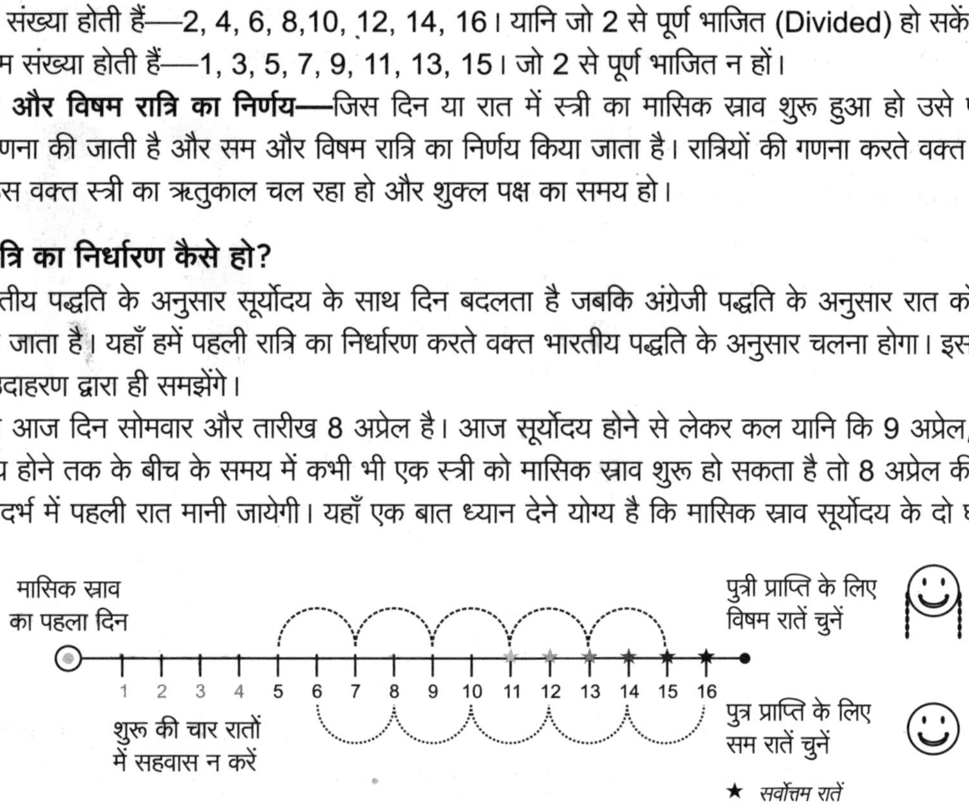

शुरू हो जाना चाहिए यानि सुबह के 4 बजे तक। तभी सोमवार को आप पहली रात्रि मानेंगे। अन्यथा अगर मासिक स्राव सुबह 4 से 8 बजे के बीच शुरू होता है तो फिर गर्भाधान का कार्यक्रम अगले माह के लिए टाल देना चाहिए। इस सूरत में इस ऋतुकाल का उपयोग न करके पूरे महीने परिवार नियोजन के साधनों का प्रयोग करें। इसका कारण यह है कि सूर्योदय से पहले और बाद के दो घण्टे दिन रात की समय सीमा के पास होने से ऋतुस्राव की गणना न तो सोमवार की रात में की जा सकती है न मंगलवार की रात में।

अब यह निश्चय करने के लिए कि ऋतुस्राव सुबह चार बजे से पहले हुआ या बाद में, मासिक धर्म की अपेक्षित तारीख से 4–5 दिन पहले से अलार्म वॉच में पौने चार बजे (तीन बजकर पैंतालीस मिनट) का अलार्म लगाकर सोने लगें। सुबह उठ कर यह देखे कि ऋतुस्राव शुरू हुआ है कि नहीं। अगर स्राव होता हुआ मिले तो सोमवार 8 अप्रेल की रात्रि पहली रात्रि मान ली लायेगी। अगर स्राव नहीं हुआ हो तो कोई निश्चय करने की जरूरत ही नहीं। आप इसके बाद आराम से सो सकती हैं। जब सुबह उठकर देखें कि ऋतुस्राव हो रहा हो तो इसका मतलब ऋतुस्राव 4 बजे के बाद शुरू हुआ है। अगर ऋतुस्राव 8 बजे के बाद कभी भी दिन में शुरू हो तो 9 अप्रेल की रात्रि को पहली रात्रि माना जायेगा।

इसी को आधार मानते हुए सम विषम रात्रि का निर्धारण करें।

अगर हम यह मानें कि 8 अप्रैल यानि कि सोमवार को सुबह 8 बजे से रात्रि 4 बजे के बीच ऋतुस्राव शुरू हुआ हो तो सोमवार को पहली रात्रि मानते हुए यहाँ से गणना करना शुरू करते हैं। 15 अप्रैल, सोमवार की रात 8वीं रात होगी। ऋतुकाल के शुरू के सात दिन सहवास के लिए उचित और निरापद नहीं होते हैं क्योंकि ऋतुस्राव बन्द होने के पश्चात भी योनि मार्ग पर ऋतुस्राव का प्रभाव बना रह सकता है, अम्लता हो सकती है, फिर से ऋतुस्राव शुरू हो सकता है।

पुत्र उत्पत्ति की कामना के लिए

ज्योतिष शास्त्र के अनुसार सप्ताह के सात दिनों में रविवार, मंगलवार और गुरुवार के दिन पुरुष ग्रह वाले होते हैं। इसलिए 15 अप्रेल, सोमवार, 8वीं रात्रि (यानि कि सम रात्रि) होने के बावजूद पुत्र प्राप्ति के अनुसार उपयुक्त नहीं है। इसके लिए आपको 14वीं रात रविवार की और 16वीं रात मंगलवार की उपयुक्त रहेगी।

पुत्री उत्पत्ति की कामना के लिए

विषम रात्रि यानी नवीं, ग्यारहवीं, तेरहवीं और पन्द्रहवीं रात्रि और ज्योतिष विज्ञान के अनुसार सोमवार और शुक्रवार भी होना चाहिए। इस हिसाब से 8 अप्रैल वाले ऋतुकाल पुत्री उत्पत्ति के अनुसार से उपयुक्त नहीं हैं क्योंकि सोमवार, शुक्रवार को सम रात्रि रहेगी।

बुधवार और शनिवार का उपयोग गर्भाधान के लिए नहीं करना चाहिए क्योंकि ज्योतिष विज्ञान के अनुसार बुध और शनि नपुंसक ग्रह होते हैं।

हमसफर करे आपकी राह आसान

5

आज के परिवेश में पति बिना किसी शर्म के गर्भवती पत्नी की देखभाल खुद करते हैं। गर्भावस्था के दौरान स्त्री को हर कदम फूँक-फूँक कर रखने होते हैं, क्योंकि गर्भ में एक जीव पल रहा होता है। हर समय ढेर सारी एहतियातों के बीच अगर पत्नी को पति का सहयोग मिल जाता है तो उस दौरान होने वाली आधी परेशानियाँ अपने आप खत्म हो जाती हैं।

शोधकर्ताओं के अनुसार, जिन बच्चों के पिता गर्भावस्था के दौरान सक्रिय भूमिका निभाते हैं व पत्नी को पूरा सहयोग देते हैं उन बच्चों का स्वास्थ्य कहीं ज्यादा अच्छा होता है और पिता के साथ उनका भावनात्मक जुड़ाव भी होता है। ऐसे बच्चे ज्यादा महत्वाकांक्षी होते हैं और तनाव में जल्दी नहीं आते। उनमें आत्मविश्वास होता है, जिससे वे आगे बढ़ते जाते हैं। वे काबिल ज्यादा होते हैं, उनका सामान्य ज्ञान और बच्चों की अपेक्षा ज्यादा अच्छा होता है। होने वाले पिता को समझना चाहिए कि किस तरह से गर्भावस्था में अपनी पत्नी का ख्याल रखा जाए, ताकि यह सफर उन्हें अकेले न तय करना पड़े।

आइए जानें कुछ जरूरी बातें

☺ आप अपनी पत्नी को यह एहसास दिलाएँ कि आप उनके गर्भवती होने के हर महीने को एन्जॉय कर रहे हैं। उनके शरीर में आए बदलाव को प्यार कीजिए तथा हर माह का फोटो खींचिए। क्योंकि आप तो गर्भवती नहीं हो सकते, लेकिन उन पलों के अनुभवों का हिस्सा जरूर बन सकते हैं।

☺ असावधानी गर्भपात का कारण बन सकती है अतः शुरुआती चार महीनों तक विशेष ध्यान दें। पत्नी पर सेक्स के लिए जोर न डालें।

☺ शराब-सिगरेट की आदत छोड़ दें। ये आपके शिशु को नुकसान पहुँचा रही होती हैं।

> एक स्वस्थ माँ ही स्वस्थ शिशु को जन्म दे सकती है।
> इसलिए अपनी पत्नी के खाने-पीने का ख्याल रखें।
> उसे पौष्टिक आहार दें ताकि गर्भस्थ शिशु को अच्छा पोषण मिल सके।
> खाना खाने के बाद साथ-साथ टहलने जरूर जाएँ।

- ☺ पत्नी को किसी भी बात से तनाव न हो इस बात का ख्याल रखें तथा उसको हमेशा खुश रखें।
- ☺ डॉक्टर से जब भी मिलना हो तब पत्नी के साथ जरूर जाएँ। अल्ट्रा साउंड के दौरान अपने शिशु की अस्पष्ट झलक जरूर देखें।
- ☺ पत्नी के पेट के पास कान रखकर बच्चे की हलचल को महसूस करें। बच्चे से बात करें, म्यूजिक चलाएँ।
- ☺ इस दौरान पत्नी की इच्छाएँ ज्यादा बढ़ जाती हैं, उसे बढ़ने दीजिए, क्योंकि वह भारी वजन उठा रही है, इसलिए उसके द्वारा की गई इच्छाओं को इग्नोर न करें।
- ☺ गर्भावस्था में मन कोमल व भावुक हो जाता है। पल-पल भावनाएँ बदलती हैं, पत्नी के इस भावनात्मक उतार-चढ़ाव को समझें और उसी के अनुसार अपना व्यवहार रखें।
- ☺ अगर आप ऑफिस में ज्यादा समय बिताते हैं तो कोशिश करें कि कुछ समय के लिए वहाँ से समय को कम करें और वह समय आप घर में साथ बैठकर गुजारें।
- ☺ नियमित व्यायाम में अपनी पत्नी की सहायता करें।
- ☺ प्रसव की अपेक्षित तारीख के आस-पास अस्पताल जाने के लिए बैग तैयार करें तथा प्रसव पीड़ा के शुरू होते ही अस्पताल ले जाने के लिए अपना वाहन या कोई और सुविधा का इन्तजाम करके रखें।

बाल-गोपाल का चित्र अपनी आँखों के सामने अवश्य रखें। इससे आपके मन में मातृत्व ममता का भाव उत्पन्न होता है।

चाइल्ड बर्थ क्लासेज जरूर जाएँ, ताकि आप अपने बच्चे के जन्म के समय उसका एक हिस्सा बन सकें।

6

गर्भधारण की सही आयु

माँ बनने अर्थात् **गर्भधारण** करने की सही आयु चिकित्सा विज्ञान के अनुसार बीस से पच्चीस वर्ष की मानी गई है। इससे पहले या बाद में माँ बनने वाली स्त्री को अनेक मुश्किलों का सामना करना पड़ सकता है।

कम उम्र में माँ बनने के खतरे—आमतौर पर लड़कियाँ दस से पंद्रह वर्ष की आयु के दौरान रजस्वला होने लगती हैं, यानि उनके शरीर में डिंब बनने लगता है, लेकिन इसका मतलब यह नहीं है कि वह मानसिक व शारीरिक तौर से माँ बनने लायक हैं।

असल में सोलह से उन्नीस साल की आयु में लड़की का शरीर प्रजनन योग्य नहीं होता क्योंकि इस अवस्था में प्रजनन अंग विकसित होने के बावजूद पूरी तरह पुष्ट नहीं होते। साथ ही वह माँ के दायित्व को भी पूरी तरह से निभाने में सक्षम नहीं होती है। इस आयु में माँ बनने से न केवल लड़की का स्वास्थ्य प्रभावित होता है, बल्कि शिशु भी पूर्ण रूप से स्वस्थ पैदा नहीं होता।

अल्पायु में गर्भपात के मामले भी अधिक होते हैं। प्रसव में भी मुश्किलें आती हैं।

अधिक उम्र में माँ बनने के खतरे—बढ़ती उम्र के साथ माँ बनने के खतरे भी बढ़ते जाते हैं। तीस वर्ष की आयु के बाद आमतौर पर स्त्रियों को उच्च रक्तचाप, मधुमेह, हृदय रोग की शिकायत होने लगती है, जिसका सीधा असर उनके गर्भधारण और प्रसव पर पड़ता है।

यही नहीं तीस के बाद उनके गर्भाशय में रसौली बनने की आशंका हो जाती है। पैंतीस से चालीस साल की आयु में गर्भावस्था 'हाई रिस्क प्रेगनेंसी' कहलाती है। इस आयु में स्त्रियों के प्रजनन अंगों का संकुचन प्रारंभ होने लगता है। यौनांग पहले की तरह लचीला नहीं रहता जिससे गर्भावस्था व प्रसव अत्याधिक खतरनाक हो जाते हैं। अड़तीस साल की आयु के बाद तो उनके अंडाणु भी कमजोर होने लगते हैं जिस वजह से गर्भधारण में दिक्कत आती है। वैज्ञानिक अध्ययनों के अनुसार अधिक उम्र में बच्चा पैदा करने से शिशु शारीरिक या मानसिक विकृति लिए पैदा होता है। चालीस की उम्र में महिलाओं में रजोनिवृत्ति हो जाती है। ऐसे में गर्भधारण संभावना ही खत्म हो जाती है।

बड़ी उम्र में माँ बनने में सावधानी

यदि आपकी शादी तीस के बाद हुई है तो आपको माँ बनने में देर नहीं करनी चाहिए। यदि आपने पैंतीस या उसके बाद गर्भधारण किया है तो अधिक सावधान और सतर्क रहिए। यदि आप रक्तचाप या मधुमेह से ग्रस्त हैं तो गर्भधारण से पूर्व डॉक्टर से परामर्श अवश्य करें। इन रोगों से ग्रस्त महिलाओं को गर्भधारण से पूर्व ही अपनी सम्पूर्ण जाँच एवं परीक्षण करा लेना चाहिए तथा गर्भधारण से प्रसव होने तक डॉक्टर की निगरानी में रहना चाहिए। डॉक्टर के कहे अनुसार स्पेशल ब्लड टेस्ट, अल्ट्रासाउंड आदि कराना चाहिए।

पुरुष लंबी रेस का घोड़ा नहीं

अभी तक यह माना जाता था कि पुरुषों को महिलाओं की तरह रजोनिवृत्ति (मेनोपाज) नहीं होती और वह सेक्स के मामले में लम्बी रेस का घोड़ा साबित होते हैं। परन्तु हाल ही में हुए एक अमरीकी अध्ययन के अनुसार बड़ी उम्र में पिता बनने वाले पुरुष अपने होने वाले बच्चे को क्षतिग्रस्त डीएनए देते हैं। पैदा होने वाले शिशु को डाउन सिंड्रोम होने की आशंका अधिक होती है।

गर्भावस्था के संकेत

7

यह संकेत निम्न प्रकार से हैं—

- मासिक धर्म न होना।
- सुबह की शिथिलता के साथ मिचली आना।
- दिन के किसी भी समय बार–बार पेशाब आना।
- स्तनों में टीस उठना, मुलायम होना, सूजन होना।
- कुचाग्रों के चारों ओर का रंग गहरा होना और निप्पल के चारों ओर छोटी ग्रंथियों का उठना।
- स्तनों पर त्वचा के अंदर नीली और गुलाबी रेखाएँ तथा बाद में उदर पर भी ऐसी रेखाएँ होना।
- खाने की इच्छा होना।
- नाभि से योनि के पास तक की रेखा गहरी होना।
- पेशाब के विशेष प्रकार के परीक्षण से भी गर्भावस्था का पता चल सकता है। यह व्यवस्था सरकारी अस्पतालों और निजी चिकित्सा संस्थानों में उपलब्ध है।
- शरीर में भारीपन और आलस्य मालूम होना।
- मुँह सूखा हुआ और फीका–फीका सा लगना और प्यास ज्यादा लगना।
- जंघाओं में पीड़ा सी मालूम होना और योनि के अन्दर फड़कन होना।
- शरीर के रोएं खड़े हो जाना और हृदय की धड़कन थोड़ी बढ़ी हुई सी लगना।
- धीरे–धीरे कुछ ही दिनों में भूख की कमी, भोजन में अरुचि, मुँह का स्वाद खराब लगना और लार का ज्यादा बनना।
- चटपटी और खट्टी चीजें खाने की तीव्र इच्छा होना।
- मन में एक अव्यक्त सी खुशी और तृप्ति की अनुभूति होना।

यदि गर्भधारण के बारे में संदेह हो तो अल्ट्रासाउंड विधि द्वारा पता लगाया जा सकता है।

- गर्भिणी गर्भधारण के लगभग साढ़े चार माह पश्चात् गर्भ में गर्भस्थ शिशु की हलचल अनुभव करती है। एक से अधिक शिशु यदि गर्भ में हों तो यह हलचल स्वाभाविक रूप से अधिक होती है।
- साधारणतः गर्भवती स्त्री के मुँह से लार अधिक बनने लगती है।

वस्तुगत लक्षण—इनका अनुभव डॉक्टर या नर्स परीक्षण द्वारा करते हैं। वे यह निश्चित रूप से बता सकते हैं कि गर्भावस्था आरम्भ हो गई है अथवा नहीं।

सामान्य लक्षण निम्न प्रकार हैं

1. **चेहरा**—सूक्ष्म अवलोकन द्वारा गर्भवती स्त्रियों की आँखों के नीचे व ऊपर, ओष्ठ के आस-पास रंग कुछ काला हो जाता है।
2. **पेट**—गर्भधारण के दो माह पश्चात् साधारण स्त्रियों की अपेक्षा इनका पेट अधिक चपटा हो जाता है। गर्भ बढ़ने के साथ-साथ पेट की स्थिति व आकार भी बढ़ने लगता है।
3. गर्भिणी की कोख अण्डाकार होती है। यदि कोख के दोनों ओर दोनों हाथों को रखा जाये तो गर्भ के बालक को इधर-उधर हिलाया जा सकता है।
4. स्टेथोस्कोप की सहायता से गर्भिणी के पेट की ध्वनि को सुना जा सकता है।

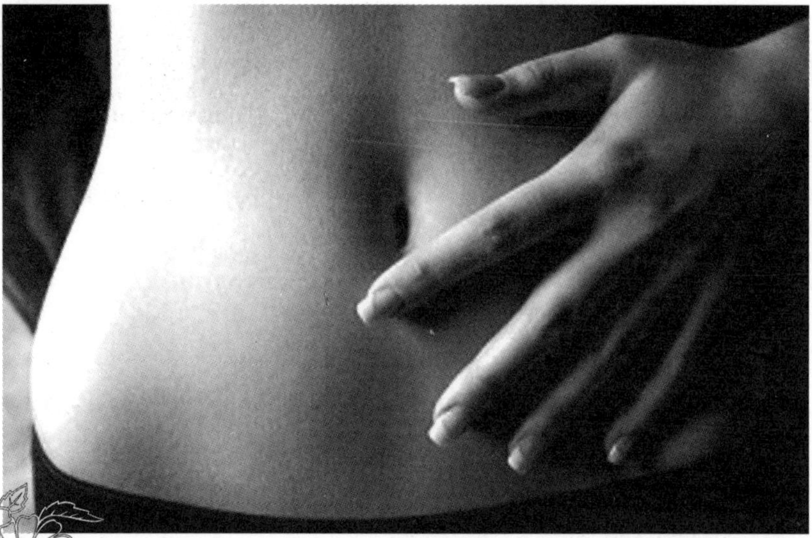

सामान्य जाँच

8

गर्भवती होने के पश्चात् स्त्री को सबसे ज्यादा चिंता अपने आने वाले शिशु के प्रसव को लेकर रहती है। शिशु के जन्म के समय प्रसव सामान्य होगा अथवा नहीं; इसके लिए गर्भवती स्त्री नियमित रूप से निम्न जाँच अवश्य करावाए। यह जाँचें शिशु के विकास के बारे में समय रहते अधिक जानकारियाँ प्रदान करती हैं।

☺ प्रत्येक माह वजन और रक्तचाप की नियमित जाँच कराएँ।

☺ हीमोग्लोबिन की जाँच करवाएँ।

☺ पेशाब की नियमित जाँच करवाएँ ताकि डायबिटीज और एस टी डी रोगों का पता चले और उपचार उनके अनुसार कराया जा सके।

☺ छह माह तक हर महीने एक बार चैकअप करवाएँ।

☺ छठे माह से आठवें माह तक 15 दिन में एक बार चैकअप करवाएँ।

☺ आखिरी माह में प्रति सप्ताह या डॉक्टर के कहे अनुसार चैकअप करवाना ठीक रहता है।

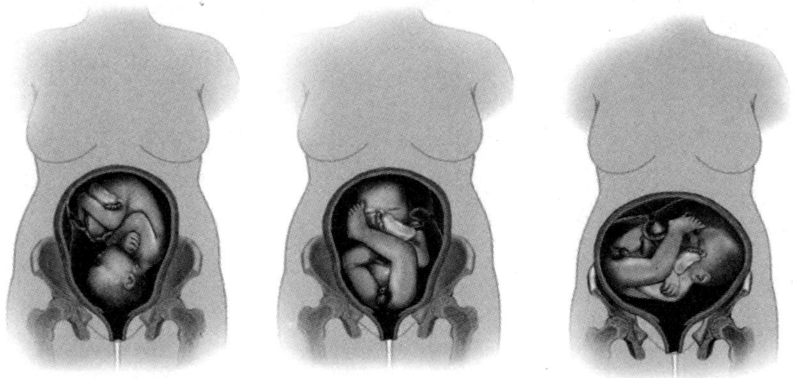

Longitudinal lie
Vertex presentation
28 week gestation
6-7 cm dilated

Longitudinal lie
Breech presentation
28 week gestation
6-7 cm dilated

Transverse lie
Vertex presentation
28 week gestation
6-7 cm dilated

☺ लगभग 16 सप्ताह में एक रक्त परीक्षण होता है, जो एएफपी कहलाता है, जो कि कमजोरी के लक्षण की जाँच करता है।

☺ तीसरा परीक्षण जो कि बार्ट टेस्ट कहलाता है, एएफपी के समान है, जो रक्त के अन्य हार्मोन्स का परीक्षण करता है। जैसे कि एस्ट्रियोल तथा क्रोनिक गोनाडोट्रोफिन।

☺ अगर आप 35 से ज्यादा की हैं या आपके परिवार में क्रोमोजोमल एबनॉर्मिटीज हो तो आपको 16 सप्ताहों में एक एमीनोसेंटेरीस टेस्ट कराना पड़ेगा।

☺ बच्चे की सामान्य अवस्था का अनुमान लगाने के लिए गर्भावस्था के 4 से 6 महीने के दौरान आँखों का और पेशाब का टेस्ट जरूर कराएँ। इससे बच्चे में गुर्दे संबंधी व अन्य जन्मजात विकारों का पता चल सकता है।

☺ ब्लड प्रेशर 6 महीने के बाद नियमित रूप से जाँच करना चाहिए और पैर की सूजन के लिए उपयुक्त इलाज भी लेना चाहिए।

☺ 34 से 36 यानि की 8वें महीने के बाद अल्ट्रासाउंड टेस्ट कराएँ। असामान्यता पाए जाने पर समय से पूर्व डिलीवरी कराई जा सकती है।

☺ गर्भावस्था के दौरान टिटनेस के दो टीके लगते हैं एक चौथे महीने में और दूसरा सातवें महीने में। इससे माँ और बच्चे दोनों का टिटनेस से बचाव होता है।

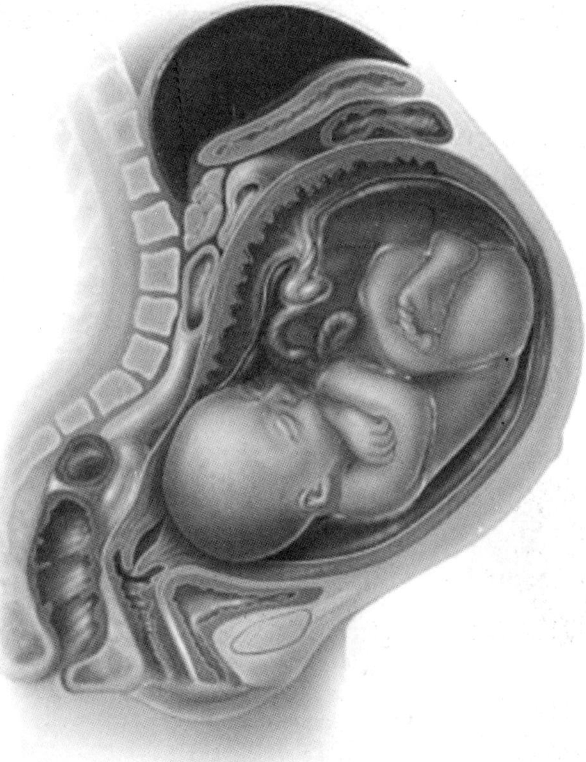

ब्लड ग्रुप की जाँच भी जरूरी है। 90% लोगों में जहाँ ब्लड ग्रुप आर.एच. पॉजिटिव होता है, वहीं 10% स्त्रियों में नेगेटिव पाया जाता है। यदि माँ का ब्लड ग्रुप नेगेटिव है, पिता का पॉजिटिव और गर्भस्थ शिशु का ब्लड ग्रुप पॉजिटिव है, तो पहली डिलीवरी में तो बच्चा स्वस्थ होता है, पर दूसरी बार गर्भधारण में दिक्कत आती है।

पहली डिलीवरी के समय पनपे एंटीबॉडीज दूसरे गर्भ को पनपने नहीं देते हैं और गर्भ खत्म हो जाता है। यदि पहले गर्भ के दौरान इसका पता चल जाता है, तो गर्भधारण के सातवें महीने में आईसीटी टेस्ट किया जाता है।

इसका उपचार यह है कि पहली डिलीवरी के बाद स्त्री को बहत्तर घंटे के अंदर एनटीडी का इंजेक्शन लगाने से दूसरी डिलीवरी के समय कोई दिक्कत नहीं आती है।

सोनोग्राफी : कब और क्यों?

- ☺ गर्भ की पुष्टि के लिए।
- ☺ सामान्य प्रसव की स्थिति में प्रथम तीन माह में (6–8 सप्ताह में) हृदयगति जाँचने के लिए।
- ☺ बच्चे जुड़वाँ होने की स्थिति में।
- ☺ तीसरे महीने के बाद एक सोनोग्राफी करवाई जाती है, यह जानने के लिए कि बच्चा सामान्य है या नहीं या उसमें कोई कमी तो नहीं। इसमें बच्चे के आस–पास मौजूद तरल पदार्थ का टेस्ट किया जाता है जिससे उसके विकारों के बारे में पता लगता है। अगर इस वक्त बच्चे में कोई विकार पाए जाते हैं तब उसी हिसाब से आगे के टेस्ट किए जाते हैं और उपचार दिए जाते हैं।
- ☺ 13–27 सप्ताह के बीच डायबिटीज टेस्ट किया जाता है।
- ☺ विकलांगता का पता करने के लिए।
- ☺ भ्रूण सही जगह स्थित है या नहीं इसकी जाँच के लिए।
- ☺ गर्भपात के कारण रक्तस्राव होने या भ्रूण खराब होने की स्थिति में (16 से 20 हफ्ते के बीच में)।
- ☺ नौंवे महीने में फिर सोनोग्राफी होती है यह देखने के लिए कि बच्चे का विकास ठीक तरीके से हो रहा है या नहीं।
- ☺ गर्भाशय में बच्चे की स्थिति (उल्टी, आड़ी, तिरछी) व उसका वजन क्या है पता किया जाता है। आँवल की भी स्थिति देखी जाती है। इसी आधार पर डिलीवरी की संभावित तारीख बताई जाती है।
- ☺ यदि किसी कारण समयपूर्व प्रसव करना पड़े तो यह जाँच की जाती है कि बच्चे के फेफड़े ठीक से विकसित हैं या नहीं। इससे यह भी पता चलता है कि प्रसव, 'शल्य क्रिया' द्वारा होगा या 'सामान्य'।

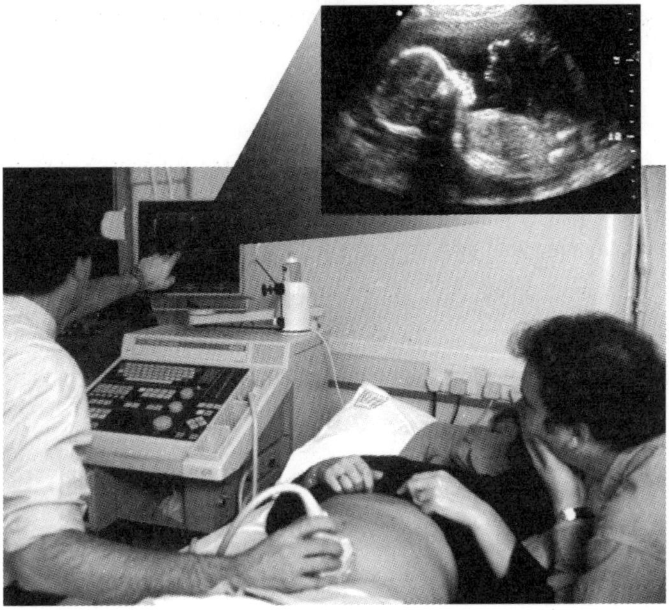

असुरक्षित गर्भ

9

अनेक प्रकार के आधुनिक चिकित्सकीय संसाधन उपलब्ध होने के बाद भी अधिकांश मृत्यु प्रसव या गर्भावस्था के दौरान होती है। इसका प्रमुख कारण है असुरक्षित गर्भधारण। गर्भवती माँ को उन स्थितियों के प्रति सावधान रहना है जिससे माँ या शिशु या दोनों के स्वास्थ्य और जीवन के लिए खतरा बढ़ता हो। गर्भावस्था को जोखिम बनाने वाली स्थितियाँ इस प्रकार हैं।

जब गर्भवती माँ की उम्र बहुत कम हो (18 वर्ष से कम)

इस अवस्था में खतरे के कारण इस प्रकार हैं—

1. माँ के शरीर के अस्थि ढाँचे का विकास हो रहा होता है। श्रोणि अपने पूरे आकार तक नहीं फैली होती और योनि से बच्चे के विकास में अधिक कठिनाई आती है।
2. कम उम्र में गर्भाशय छोटा होता है और योनि के ऊतकों में लचीलापन नहीं आ पाया होता। इससे गर्भपात, समय से पहले प्रसव और कम वजन के बच्चे का जन्म हो सकता है। अपूर्ण शारीरिक विकास की वजह से शिशु को दूध पिलाने में कठिनाई आती है।

जब पिछला बच्चा तीन वर्ष से कम उम्र का होना

ऐसी स्थिति में माँ पिछली गर्भावस्था के बोझ से अभी पूरी तरह से मुक्त नहीं हो चुकी होती है। इसके खतरे के कारण हैं—

1. गर्भावस्था के अंतिम तीन महीनों में गर्भावस्था में शिशु बड़ी तेजी से बढ़ता है। बढ़िया पौष्टिक आहार उपलब्ध होने के बावजूद वह माँ के जिगर और हड्डियों में जमा पौष्टिक तत्वों का इस्तेमाल कर लेता है।
2. एक वर्ष तक स्तनपान कराने में अतिरिक्त कैलोरी खर्च होती है और माँ की ताकत कम हो जाती है।
3. मनोवैज्ञानिक दृष्टि से भी माँ को गर्भावस्था तथा प्रसव के प्रभावों तथा बच्चे को पालने के तनाव से छुटकारा पाने में दो–तीन साल लग जाते हैं।

माँ को अपने शरीर की आवश्यकता के लिए लौह तथा कैल्शियम
जैसे पौष्टिक तत्व फिर से जमा करने में कम से कम दो से तीन साल लगते हैं।

4. कम अंतराल में बार–बार गर्भधारण करने से माँ की सेहत गिर जाती है, जिससे कम वजन का शिशु पैदा होता है। जल्दी–जल्दी गर्भ धारण करने से पेट के बच्चे का ही नहीं बल्कि पहले के बच्चों का स्वास्थ्य भी खराब होता है क्योंकि माँ उनकी पूरी देखभाल नहीं कर पाती।

जब बच्चा चौथा या उससे भी आगे का हो

आम धारण हमेशा से यही रही है कि हर प्रसव के बाद बच्चे का जन्म आसान होता जाता है। यह धारणा गलत है क्योंकि यह ठीक है कि पहले प्रसव में हमेशा खतरा अधिक होता है और उसके मुकाबले दूसरा और तीसरा प्रसव आसान होता है लेकिन उसके बाद प्रत्येक प्रसव के साथ कठिनाइयों का खतरा बढ़ता जाता है। ये कठिनाइयाँ बार–बार के गर्भधारण के कारण ऊतकों के कमजोर पड़ जाने, पौष्टिक तत्वों के समाप्त हो जाने और माँ के सामान्य स्वास्थ्य में गिरावट आ जाने के फलस्वरूप पैदा होती हैं। इसमें से कुछ कठिनाइयाँ ये हैं—

1. बच्चे के जन्म के बाद रक्तस्राव या हैमरेज, यह माताओं की मृत्यु का एक बहुत ही आम कारण है।
2. प्रसव में रुकावट होने या लम्बे समय तक प्रसव पीड़ा होने से गर्भाशय में दरार आ सकती है। ऐसी हालत में शल्य चिकित्सा के अभाव में मौत भी हो सकती है।
3. प्रसव ऑपरेशन से कराना पड़ता है।
4. गर्भाशय नीचे लटक कर योनि में आ जाता है।
5. जन्म के दौरान या जन्म के तुरन्त बाद बच्चे की मृत्यु।
6. समय से पूर्व बच्चे का जन्म या कम वजन का बच्चा पैदा होना।
7. जन्म के बाद एक महीने में ही बच्चे की मौत, पर्याप्त आहार और देखभाल की कमी, खून की कमी या जन्म के समय कम वजन, इनमें से कोई भी मृत्यु का कारण हो सकता है।

जब महिला की उम्र 35 वर्ष या उससे अधिक हो

गर्भवती महिला की उम्र बढ़ने के साथ–साथ गर्भावस्था तथा प्रसव की कठिनाइयाँ बढ़ जाती हैं। अगर गर्भवती की आयु 35 वर्ष से ज्यादा हो और पहले से उसके कई बच्चे हों तो उसकी अपनी तथा गर्भ के बच्चे की जिन्दगी के लिए खतरा हो सकता है। औरत की उम्र से जुड़ी कुछ कठिनाइयाँ इस प्रकार हैं—

1. बच्चे के जन्म से पहले तथा बाद में भारी रक्तस्राव।
2. गर्भावस्था का टाक्सीमिया यानि खून में जहर फैलना जो माँ और शिशु दोनों के लिए घातक हो सकता है।
3. गर्भावस्था के कारण उच्च रक्तचाप में वृद्धि।
4. बच्चा पेट में ठीक तरह से उपस्थित नहीं होता जिससे जन्म कठिन हो जाता है।
5. गर्भाशय फट जाता है। ऐसी हालत में माँ की जान बचाने के लिए ऑपरेशन करना आवश्यक हो जाता है।
6. बिना ऑपरेशन या फोरसैप के प्रयोग के प्रसव असंभव हो सकता है क्योंकि बढ़ती आयु के साथ सामान्य प्रसव की संभावनाएँ कम होती जाती हैं।
7. प्रसव के बाद बीजाण्डासन (प्लेसेंटा) बाहर नहीं आता।
8. बीजाण्डासन गर्भाशय से अलग हो जाता है। यदि तत्काल ऑपरेशन न किया जाए तो माँ और पेट के बच्चे की मृत्यु हो सकती है।
9. समय से पूर्व प्रसव।

10. जन्म के समय बच्चे का वजन कम होता है।
11. बच्चे में जन्मजात विकारों की संभावना बढ़ जाती है। बड़ी उम्र की औरतों के बच्चों को मंदबुद्धि होने की बीमारी 'डाउन्स सिंड्रोम' होने की आशंका होती है।

अन्य कारण, जिनसे गर्भधारण और प्रसव में कठिनाइयाँ आ सकती हैं

- ☺ यदि महिला का कद 145 सेंटीमीटर से कम है और श्रोणि प्रदेश छोटा है तो इन छोटी कद वाली औरतों में अवरुद्ध प्रसव का ज्यादा खतरा होता है और इसके लिए अधिकतर परेशानियों से बचने के लिए सिजेरियन ऑपरेशन करना पड़ता है।
- ☺ औरत का वजन 40 किलोग्राम से कम है यानि उसे पूरा पोषण नहीं मिला है।
- ☺ गर्भवती महिला का वजन 70 किलोग्राम से अधिक है तो मोटापे से बच्चे के जन्म में कठिनाई होती है।
- ☺ उसे उच्च रक्तचाप, दौरे पड़ना, तपेदिक, मलेरिया, मधुमेह, दिल या गुर्दे का रोग, स्तन या गर्भाशय का कैंसर, इसमें से कोई रोग हो या पेट का ऑपरेशन हो चुका हो तो इससे गर्भावस्था में कठिनाइयाँ पैदा होती है तथा बीमारी और भी बढ़ जाती है।
- ☺ पिछले प्रसव में मृत बच्चा हुआ हो या जन्म के बाद जल्दी बच्चे की मृत्यु हो गई हो।
- ☺ पिछले बच्चे का वजन जन्म के समय कम यानि 2.5 किलोग्राम से भी नीचे रहा हो।
- ☺ पिछले बच्चे का वजन जन्म के समय 3.5 किलोग्राम से अधिक रहा हो।
- ☺ गर्भ में जुड़वाँ बच्चे हैं, जिनकी ज्यादा देखभाल की जरूरत होती है।
- ☺ पिछला प्रसव सिजेरियन ऑपरेशन से हुआ हो।

औरतों में खून की कमी होने पर गर्भ का भार सह सकने की ताकत उसमें नहीं रहती है।

पिछली बार गर्भधारण में रक्तस्राव हुआ हो या कोई और समस्या पैदा हुई हो।

गर्भावस्था की आमधारणाएँ

10

कभी दादी–नानी की बातों से तो कभी आस–पड़ोस के लोगों से कही सुनी बातों से अक्सर स्त्रियाँ गर्भावस्था से जुड़ी बातों को लेकर कई भ्रांतियाँ पाल लेती हैं और उन्हें ही सच मानकर उनका अनुसरण करने लगती हैं, जबकि हकीकत कुछ और होती है। ऐसी ही कुछ भ्रांतियों और हकीकत से यहाँ हम आपका परिचय करा रहे हैं, जो डॉक्टर की जानकारी के आधार पर बताई जा रही है।

*

मिथक—गर्भावस्था के दौरान स्नायुओं में लचीलापन लाने के लिए प्रतिदिन खूब घी खाना चाहिये।

सत्य—घी नहीं अपितु व्यायाम स्नायुओं को लचीला बनाने के लिए आवश्यक है। इस अवस्था में भी शरीर क्रियाशील बना रहना चाहिये। जबकि घी मोटापा बढ़ाता है। आजकल की जीवन–शैली ऐसी हो गई है कि ज्यादा शारीरिक काम नहीं होता जो कि पहले हुआ करता था। इस वजह से घी शरीर में पच नहीं पाता।

*

मिथक—प्रसव के समय दबाव देकर सरकाना चाहिये।

सत्य—बिना डॉक्टर या नर्स के कहे प्रसव के वक्त दबाव अथवा सरकाना नहीं चाहिये। यदि बच्चेदानी का मुँह पूरी तरह नहीं खुला होता है तो बच्चे का सिर बन्द सर्विक्स से टकराने का डर रहता है जिसकी वजह से बच्चे के सिर तथा सर्विक्स में सूजन आ सकती है।

*

मिथक—गर्भावस्था में दो लोगों का खाना खाना चाहिये।

सत्य—गर्भावस्था में पौष्टिक भोजन पर्याप्त मात्रा में लिया जाना चाहिये। दो लोगों के बराबर खाना खाने की आवश्यकता नहीं होती। शिशु वह सब प्राप्त कर लेता है जो उसे आवश्यक होता है। शिशु की वृद्धि परजीवी के रूप में अपनी माँ के पेट में हो रही होती है।

*

मिथक—जमीन में पालथी मारकर बैठने से शिशु का सिर चपटा हो जाता है।

सत्य—गर्भावस्था के वक्त बैठने का सबसे सही तरीका पालथी मारकर बैठना ही है, क्योंकि इससे श्रोणि जोड़ों का व्यायाम हो जाता है। यही जोड़ शिशु के जन्म के वक्त खुल जाते हैं। नियमित रूप से पालथी मारकर बैठने से ये लचीले हो जाते हैं और प्रसव के वक्त आसानी से खुल जाते हैं।

✻

मिथक—प्रसव पीड़ा शुरू होने के पश्चात् प्रसव के लिए जाने से पहले एक गिलास दूध या घी बादाम का दूध पीकर जाना चाहिये।

सत्य—प्रसव पीड़ा के शुरू होने के पश्चात् अगर इच्छा हो तो थोड़ा सा हल्का भोजन कर सकते हैं, परन्तु भारी चीज घी बादाम आदि खाने से उल्टी महसूस हो सकती है।

✻

मिथक—पेट का आकार सही रखने के लिए, प्रसव के बाद पेट बाँध लेना चाहिये।

सत्य—पेट को वापस अपना सही आकार देने के लिए 40 दिन हल्का व्यायाम कीजिए। फिर धीरे-धीरे तेज व्यायाम करें ताकि माँसपेशियाँ फिर अपना पूर्व स्वरूप ले लें। क्योंकि आपके पेट को बाँधने से माँसपेशियाँ कमर से बँध तो जाएँगी परन्तु उसे खोलते ही वे फिर बाहर आ जायेंगी। जिस तरह आप आलमारी में कपड़ों का अम्बार बनाकर ठूँस देंगी तो जब भी आप आलमारी खोलेंगी तो कपड़े आपके ऊपर ही गिरेंगे।

✻

मिथक—गर्भावस्था में सिर्फ आराम करना चाहिये, काम नहीं करना चाहिये।

सच—गर्भावस्था एक सामान्य अवस्था है कोई रोग नहीं। इसलिए गर्भवती महिला को चाहिए कि वह पहले की ही तरह अपनी दिनचर्या बनाए रखे। बल्कि सच तो यह है कि चुस्त रहने और काम करते रहने से प्रसव भी आसान हो जाता है। यदि कोई विशेष दिक्कत न हो तो और डॉक्टर ने आराम की सलाह न दी हो तो हर समय आराम करने की कोई जरूरत नहीं है। गर्भिणी को चाहिए कि वह सुबह शाम आधा घंटा सैर जरूर करे। ऐसा करने से रक्त संचार सही रहता है, कमर दर्द और पैरों की सूजन की समस्या कम होती है। शिशु को भी पर्याप्त मात्रा में ऑक्सीजन मिलता है। हल्के फुल्के काम और योग आसन करने में भी कोई बुराई नहीं। हाँ, व्यायाम करने से पहले डॉक्टर की सलाह लेनी चाहिए।

✻

चुस्त रहने और काम करते रहने से प्रसव भी आसान हो जाता है।

मिथक—गर्भवती यदि माँसाहारी भोजन करे तो बच्चा स्वस्थ पैदा होता है।

सच—ऐसी कोई वजह नहीं है जिससे कि एक गर्भवती महिला अपने गर्भस्थ शिशु की पौष्टिकता के लिए माँस वगैरह ही खाए। एक शाकाहारी गर्भवती स्त्री भी अगर विटामिन बी 12 के साथ–साथ खूब फल, सब्जी और मेवे खाए तो गर्भवती और बच्चे दोनों को पर्याप्त पौष्टिकता मिल जाएगी।

*

मिथक—गर्भ में पल रहे बच्चे को स्वस्थ रखने के लिए गर्भवती स्त्री को पहले से दोगुना और घी मक्खन युक्त आहार लेना चाहिए।

सच—यह सच नहीं है क्योंकि घी और मक्खन में बहुत ज्यादा कैलोरीज और वसा की मात्रा होती है जिसकी जरूरत न माँ को होती है न गर्भस्थ शिशु को क्योंकि शिशु माँ के सामान्य आहार में से ही पोषण प्राप्त कर लेता है। गर्भवती स्त्री को गर्भावस्था के दौरान सिर्फ तीन सौ कैलोरीज की ही आवश्यकता होती है। इसलिए ज्यादा घी और मक्खन की बजाय प्रोटीन, खनिज युक्त सुपाच्य आहार, रेशेदार पदार्थ, अंकुरित दाल, पत्तेदार सब्जियाँ, मौसमी फल, दूध, पनीर, अंडा और मछली आदि का सेवन करना चाहिए। भोजन थोड़े–थोड़े अन्तराल में लेना चाहिए जिससे वह आसानी से पच जाए। घी से सिर्फ मोटापा बढ़ता है, पोषण बहुत कम मिलता है।

*

मिथक—गर्भावस्था में ज्यादा दही न खाएँ। इससे बच्चे की त्वचा पर सफेद परत यानी वैक्स की लेयर जमा हो जाती है।

सच—दही कैल्शियम का सर्वोत्तम साधन है जिसकी जरूरत माँ और गर्भस्थ शिशु, दोनों को होती है। बच्चे की त्वचा नाजुक होती है और पैदा होते वक्त उसकी त्वचा पर वैक्स पदार्थ दिखता है, जो एक या दो हफ्ते में स्वयं ही उतर जाता है। इसका दही से कोई लेना–देना नहीं है इसलिए इस भ्रम को मन से निकालकर जमकर दही खाइए।

*

मिथक—गर्भावस्था में किसी प्रकार की दवा नहीं खानी चाहिए, इससे बच्चे को नुकसान पहुँचता है।

सच—हाँ, यह सच है कि यह नाजुक दौर होता है, इसलिए इस दौरान बिना डॉक्टरी सलाह के कोई भी दवा नहीं खानी चाहिए। उदाहरण के तौर पर गर्भावस्था में सर्दी, जुकाम, बुखार, बदन दर्द की समस्या होने पर ज्यादातर महिलाएँ कैमिस्ट से दवा लेकर खा लेती हैं या फिर बिना दवा लिए समस्या को झेलती रहती हैं। दोनों ही परिस्थितियाँ गंभीर परिणाम दे सकती हैं। इसलिए डॉक्टर से सलाह जरूर लें क्योंकि बाजार में गर्भवती महिलाओं के लिए खास दवाएँ मिलती हैं जो सुरक्षित होती हैं पर उन्हें लेने से पूर्व डॉक्टर से पूछ लें। कुछ दवाइयाँ जैसे कैल्शियम और आयरन की दवा गर्भवती महिला और बच्चे को अतिरिक्त पोषण प्रदान करने के लिए जरूरी होती है। इसलिए दवा लेना हानिकारक नहीं है पर सलाह लेकर लें।

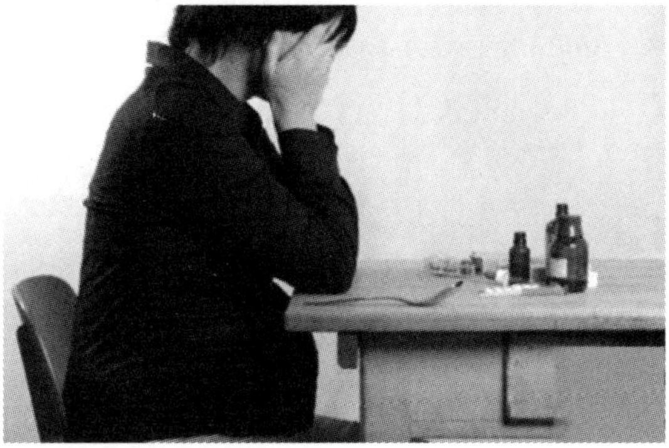

*

मिथक—गर्भावस्था में वैक्सिंग, ब्लीच, हेयर पर्मिंग या कलरिंग नहीं करवाना चाहिए।

सच—चूँकि ब्लीच और कलरिंग में कुछ ऐसे रसायन होते हैं, जो हानिकारक माने जाते हैं, इसलिए गर्भावस्था में इनसे बचने की सलाह दी जाती है। मगर आप चाहें तो साल में एक या दो बार हेयर कलरिंग या ब्लीच करवा सकती है। वैक्सिंग से कोई भी नुकसान नहीं होता, इसे कभी भी करवा सकती हैं।

✻

मिथक—एक बार यदि सिजेरियन से बच्चा पैदा हुआ तो आगे भी सिजेरियन ही होगा।

सच—यह सच नहीं है, क्योंकि अक्सर देखा गया है कि पहली बार सिजेरियन होने के बावजूद दूसरी बार सामान्य प्रसव से बच्चा पैदा हुआ। सिजेरियन तभी होता है जब प्रसव की सामान्य अवस्था न हो। जैसे यदि प्रसव के दौरान शिशु के हृदय की धड़कन कम हो गई हो, प्लेसेंटा से रक्त निकलने लगा हो, गर्भद्वार पूरी तरह खुल न पाया हो यदि ऐसी स्थिति नहीं पैदा होती तो दूसरा प्रसव सामान्य हो सकता है।

✻

मिथक—गर्भावस्था में सेक्स से बचना चाहिए।

सच—गर्भावस्था में अगर कोई कांप्लीकेशन (जटिलता) हो, तो डॉक्टर सेक्स से परहेज की सलाह देते हैं, मगर इसकी एक निश्चित अवधि होती है। सामान्य गर्भावस्था में सेक्स जीवन से भागने की कोई जरूरत नहीं क्योंकि इससे पति-पत्नी के बीच का प्यार बढ़ता है। आरंभिक तीन महीने और आखिरी डेढ़ महीने में विशेष सावधानी की जरूरत पड़ती है। सेक्स के वक्त वही क्रिया (पोजीशन) अपनाएँ, जिसमें आप सहज महसूस करें।

✻

मिथक—एयरपोर्ट सिक्योरिटी डिटेक्टर से जाँच करवाना गर्भवती महिला के लिए ठीक नहीं।

सच—एयरपोर्ट पर मौजूद सिक्योरिटी डिटेक्टर एक सामान्य मैग्नेटिक फील्ड डिटेक्टर होता है जिससे बच्चे या गर्भवती महिला को किसी भी प्रकार का कोई नुकसान नहीं होता। यह महज एक मिथक है।

✻

मिथक—यदि मीठा खाने का मन करे, दिल की धड़कन तेज हो, बड़ा नितंब हो और आप खूबसूरत दिखने लगें तो आपके गर्भ में लड़की है। और अगर आपका पेट नुकीला (नारियल जैसा) हो, दिल की धड़कन धीमी हो, और आप बदसूरत दिखने लगें तो आपके गर्भ में लड़का है।

सच—यह सोच बिल्कुल गलत है। गर्भवती के खाने की आदत से उसके बच्चे के लिंग के बारे में कोई अनुमान नहीं लगाया जा सकता। हालाँकि गर्भावस्था के दौरान माँ के खाने की आदत से बच्चे की खाने की आदत जरूर प्रभावित होती है। गर्भावस्था के दौरान धड़कन का बच्चे के लिंग से कोई संबंध नहीं होता। अध्ययनों के अनुसार, लड़कियों की धड़कन लड़कों की अपेक्षा तेज होती है, लेकिन सिर्फ प्रसव के दौरान, इससे पहले नहीं। बड़े नितंब और नुकीले पेट का संबंध गर्भावस्था में स्त्री के बढ़ते वजन से और बच्चेदानी व गर्भस्थ शिशु की स्थिति से है। न कि लड़के या लड़की की वजह से। माँ बनना एक खूबसूरत एहसास है और कई बार यह एहसास ही गर्भवती को और भी खूबसूरत बना देता है। गर्भावस्था के दौरान स्त्री के शरीर में कई तरह के हार्मोनल बदलाव आते हैं जिसकी वजह से भी स्त्री खूबसूरत या बदसूरत लग सकती है परन्तु इस तथ्य से गर्भ में बेटा या बेटी होने का पता नहीं चल सकता।

✻

मिथक—यदि गर्भवती स्त्री के स्तन छोटे हैं तो उनमें पर्याप्त दूध नहीं आता।

सच—स्तनों के आकार से दूध की मात्रा में कोई फर्क नहीं पड़ता है। यदि आप पर्याप्त मात्रा में भोजन करती हैं, पौष्टिक चीजें लेती हैं, खूब पानी पीती हैं, तो निश्चित ही आपको दूध भी पर्याप्त मात्रा में बनेगा, फिर चाहे स्तनों का आकार छोटा हो या बड़ा।

*

मिथक—डायबिटीज (मधुमेह) से पीड़ित स्त्री के गर्भस्थ बच्चे को भी डायबिटीज होती है।

सच—यह एक गलत धारणा है क्योंकि अगर किसी स्त्री को गर्भधारण से पूर्व ही डायबिटीज है तो यदि वह गर्भधारण के दौरान सावधानी बरते तो उसका होने वाला बच्चा स्वस्थ व नॉन डायबेटिक हो सकता है। हाँ, अगर बिना सावधानी के बच्चा प्लान किया गया है तो उसे डायबिटीज होने का खतरा रहता है।

*

मिथक—जब तक आप अपने शिशु को स्तनपान करा रही हैं, आप गर्भवती नहीं हो सकती।

सच—ऐसी आम धारणा है कि स्तनपान प्राकृतिक गर्भनिरोधक है। लेकिन ऐसा सिर्फ प्रसव के छह माह तक ही होता है, वो भी जब बच्चा पूरी तरह से माँ के दूध पर निर्भर हो। अतः स्तनपान कराते समय भी गर्भ निरोधक का इस्तेमाल जरूरी है, लेकिन गर्भनिरोधक का इस्तेमाल डॉक्टर से पूछकर ही करें।

*

गर्भावस्था के प्रारम्भिक 3 महीने

11

अगर गर्भ गर्भधारण के बाद से तीन महीनों में गिर जाता है तो उसे गर्भस्राव कहते हैं। भारत में अपने-आप होने वाले कुल गर्भपातों में से 60 से 80% गर्भावस्था की प्रथम तिमाही में ही होते हैं परन्तु अगर वह इसके बाद गिरता है तो उसे गर्भपात कहते हैं। चौथे महीने से पूर्ण गर्भ जलवत अथवा बुदबुदाकार होता है। जबकि इसके बाद में गर्भ को आकार प्राप्त होता है और अंग-प्रत्यंगों का निर्माण होने लगता है। एक मोटे अनुमान के अनुसार लगभग 15-20% गर्भवती महिलाएँ खुद ब खुद होने वाले (इस्पॉनटेनियस अथवा नेचुरल एबार्शन) गर्भपात की शिकार होती हैं।

गर्भपात के कारण

- ☺ भ्रूण में जन्मजात खराबियाँ—हिस्टोलाजी जाँच द्वारा यह पता चला है कि दो सप्ताह से कम उम्र के लगभग आधे भ्रूण असमान्य होते हैं। ये प्रकृति द्वारा स्वतः ही गर्भाशय से बाहर फेंक दिए जाते हैं। भ्रूण की खराबी के साथ-साथ उसका गर्भाशय में चिपकना (इम्प्लांटेशन), प्लेसेंटा में खराबी, जींस की खराबी व अंबलीकल कॉर्ड में भी खराबी हो सकती है, जो भ्रूण को पोषक तत्व नहीं मिलने देती है।
- ☺ वे स्त्रियाँ जो अपने भोजन में (गरीबी एवं अज्ञानता के कारण) जरूरी पोषक तत्व नहीं ले पाती हैं जैसे प्रोटीन, फॉलिक एसिड, बी कॉम्पलैक्स, लौह तत्व, विटामिन, कैल्शियम आदि, उनमें लौह तत्वों की कमी से रक्ताल्पता (आयरन डिफेंसेंसी) भी पैदा होती है।

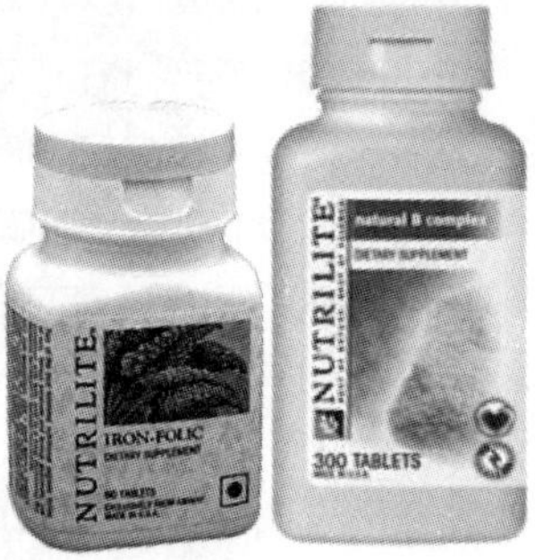

- ☺ यौन जनित संक्रमण जैसे सिफलिस, गोनेरिया, एड्स आदि गर्भपात का कारण होते हैं।
- ☺ गर्भपात का मुख्य कारण पेशाब का संक्रमण है। यदि सही निदान व उपचार करें तो इससे बचा जा सकता है।
- ☺ कई पेशों में गर्भपात का खतरा रहता है जैसे एनेस्थीसिया करने वाली, एक्सरे विभाग में काम करने वाली स्त्रियों पर रेडियेशन व दवाइयों का असर जहर सा होता है। जहाँ इथलीन ऑक्साइड और ग्लूटरडीडाइड से रासायनिक विसंक्रमण करते हैं और जहाँ ताँबे को गलाकर धातु बनाते हैं वहाँ काम कर रही स्त्रियों में गर्भपात का खतरा ज्यादा होता है।

- ☺ योनि द्वार का मोनेलियल इन्फेक्शन, फंग्स इन्फेक्शन एवं अन्य कई प्रकार के संक्रमण गर्भपात में सहायक होते हैं।
- ☺ बीमारी जिसमें तेज बुखार की शिकायत रहती हो जैसे मलेरिया, टाइफाइड, वायरल फीवर, न्यूमोनिया, टाँसिल बढ़ने पर तेज बुखार, मस्तिष्क ज्वर आदि। ये बुखार एवं इनके इलाज में प्रयुक्त होने वाली आवश्यक दवाएँ भी गर्भपात का कारण बनती हैं।
- ☺ आर. एच. फैक्टर की असंगति अर्थात् माँ, आर. एच. निगेटिव हो एवं पिता आर. एच. पॉजीटिव हो तो भी ऐसा होता है।
- ☺ पिट्यूटरी ग्रंथि, थायरॉयड ग्रन्थि अथवा पैनक्रियाज ग्रन्थि की बीमारी या मधुमेह से गर्भपात हो जाता है।
- ☺ मानसिक तनाव एवं असंतुलन का भी गर्भस्थ शिशु पर गहरा असर पड़ता है एवं वह नष्ट भी हो सकता है। इसलिए गर्भवती को तनाव से बचना चाहिये।
- ☺ गर्भावस्था के दौरान जल्दी–जल्दी सीढ़ियाँ चढ़ने उतरने से, तेज दौड़ने से, खूब खेलकूद करने से, गर्भपात हो सकता है। भारी वजन उठाने से भी गर्भपात हो सकता है। पेट पर सीधे पड़ने वाली चोट से भी गर्भपात हो सकता है। घुड़सवारी भी गर्भपात का एक कारण है।
- ☺ यौन सम्बन्ध बनाने से भी कभी–कभी गर्भपात हो सकता है। यौन सम्बन्ध के दौरान पूरा योनि द्वार (Vagina) एवं गर्भाशय (Uterus) बार–बार सिकुड़ता एवं फैलता है। यह सिकुड़न एवं फैलाव कभी–कभी इतना ताकतवर होता है कि गर्भपात हो जाता है।
- ☺ बस, स्कूटर पर यात्रा के दौरान झटका लगने से भी गर्भपात हो जाता है।

अगर पहले बच्चेदानी के नीचे आने या प्रोलेरस का ऑपरेशन हुआ हो तो गर्भपात का खतरा बढ़ता है।

- ☺ फाइब्रायड ऑफ यूटरस या अन्य किसी प्रकार के ट्यूमर (पेल्विक केविटी से) हार्मोन्स में प्रोजेस्ट्रान की कमी गर्भपात का कारण बन जाती है।
- ☺ गर्भाशय का पीछे झुका होना (रिट्रोवरटेड यूटरस) कम विकसित होना (हाइपोप्लास्टिक यूटरस), 2 हिस्सों में बँटा होना (बाईकारनूऐट) गर्भपात के कारण हो सकते हैं।
- ☺ माता–पिता की उम्र अगर 35 साल से ज्यादा हो तो गर्भपात की दर सर्वाधिक होती है।
- ☺ कुमारी अवस्था में अति संभोग तथा गर्भाशय की शिथिलता से भी गर्भस्राव हो सकता है।
- ☺ गर्भाशय में रसौली होना अथवा अन्दर से आपस में जुड़ जाना गर्भपात का कारण हो सकती है। रसौली वही गर्भपात करती है जो कि भ्रूण के जमने में तथा बाद में पोषण को रोकती है।

गर्भ के पहले चार महीने में शल्य कार्य में दी जाने वाली बेहोशी की दवायें गर्भपात का कारण बनती हैं। अतः इन्हें स्थगित कर देना चाहिये, जैसे दाँत निकालने का छोटा सा ऑपरेशन।

गर्भपात के प्रकार एवं लक्षण

प्रथम चरण—शुरुआत में योनिमार्ग से हल्का–हल्का खून का रिसाव (वेजाइनल ब्लीडिंग) होता है। यह पूर्णतया दर्द रहित एवं बहुत ही कम मात्रा में होता है। महिला थोड़ी बेचैनी महसूस करती है परन्तु फिर भी उसका रक्तचाप एवं नाड़ी गति सामान्य होती है। इस अवस्था को संभावित गर्भपात (थ्रेटेंड एबर्शन) कहते हैं।

दूसरा चरण—यदि उपरोक्त अवस्था में तुरन्त डॉक्टरी सहायता मिल जाये तो गर्भस्थ शिशु को बचाया जा सकता है अन्यथा रक्तस्राव बढ़ जाता है। साथ ही योनि मार्ग में तथा पेट के निचले हिस्से में ऐंठनयुक्त दर्द शुरू हो जाता है। यह दर्द प्रसव की पीड़ा के समान होता है। दर्द की ये लहरें धीरे–धीरे तीव्र होने लगती हैं। आमाशय में जलन, कमर दर्द तथा गर्भाशय के आंकुचन और प्रसारण की प्रक्रिया होती है। चेहरा लाल, माथे पर पसीना, बदहवास और नाड़ी तेज हो जाती है। महिला को मूत्र त्याग की प्रबल इच्छा होती है लेकिन मूत्र सरलता से नहीं निकलता है। इस अवस्था को चिकित्सक न रुकने वाला गर्भपात (इनऐनिटेबल एबार्शन) कहते हैं।

तीसरा चरण—इस अवस्था में गर्भ का भविष्य तो निश्चित हो जाता है पर गर्भिणी का भविष्य इस बात पर निर्भर करता है कि महिला को तुरन्त अस्पताल ले जाया जाता है या घर पर ही रखा जाता है। क्योंकि अब गर्भिणी जिन्दगी और मौत के बीच में झूलने लगती है। उसे तेज रक्तस्राव हो रहा होता है, साथ में ऐंठन युक्त दर्द, खून के साथ कतरे (थक्के या क्लाट्स) होते हैं। इससे स्त्री को बहुत बेचैनी होती है। वमन, जी मिचलाना, निर्बलता आदि लक्षण पाये जाते हैं। स्त्री के स्तन शिथिल हो जाते हैं तथा भ्रूण बाहर निकलने से पहले स्त्री को चक्कर भी आने लगते हैं। कभी–कभी भ्रूण के हिस्से रक्तस्राव के साथ दिखाई पड़ते हैं। इस अवस्था को अधूरा गर्भपात कहते हैं। प्लेसेंटा एंड अंबलीकल कार्ड आधा अन्दर आधा बाहर होता है।

चतुर्थ चरण—कई बार गर्भपात की प्रक्रिया इतनी तेजी से सम्पन्न होती है कि पूरा गर्भनाल बाहर निकल आता है। इस स्थिति को पूर्ण गर्भपात (Complete Abortion) कहते हैं।

बचाव व उपचार—उपरोक्त कारणों में से कुछ कारण ऐसे हैं जिनके ऊपर आपका और आपके चिकित्सक का नियंत्रण है और आप गर्भपात से काफी हद तक बच सकती हैं। सबसे अधिक जरूरी है सावधानी बरतना और गर्भावस्था शुरू होते ही अपने चिकित्सक से सम्पर्क में रहना और उसकी सलाह मानना।

बचाव

☺ गर्भावस्था के दौरान संतुलित व पौष्टिक आहार लें। आवश्यक खुराक के रूप में दूध, ताजे फल, हरी सब्जियाँ लें।

☺ उल्टी, सिरदर्द आदि की दवा डॉक्टरी परामर्श के बिना न लें।

☺ गर्भावस्था में सीधी पेट पर चोट से, तेज दौड़ने से जल्दी–जल्दी सीढ़ी चढ़ने से उतरने से भारी व्यायाम, भारी वजन उठाने से बचें।

☺ यौन सम्बन्ध के दौरान सावधानी बरतें। अगर डॉक्टर इसकी सलाह न दे तो जहाँ तक सम्भव हो परहेज करें।

☺ कब्ज होने पर दस्त के लिए जुलाब अथवा कोई गोली जैसे—डल्कीलैक्स, एनिमा आदि न लें।

☺ नहाने के लिए ज्यादा तेज गर्म पानी का उपयोग न करें।

☺ जननांगों की सूजन व संक्रमण एवं पेशाब के संक्रमण की जानकारी अपने डॉक्टर को अवश्य दें।

☺ एक बार गर्भस्राव व गर्भपात होने पर बार–बार गर्भस्राव की सम्भावना रहती है।

☺ शराब, तम्बाकू, बीड़ी या सिगरेट का सेवन पति–पत्नी दोनों में कोई भी करता हो तो न करें। इससे गर्भपात की दर बढ़ जाती है।

☺ कुछ स्थाई संक्रामक रोग गर्भपात के कारण होते हैं। लिसटेरिया या टोक्सोप्लाज्मा से अगर माँ में संक्रमण है, तो ये रोग गर्भपात के कारण हो सकते हैं।

☺ गर्भाशय का दोष दवाइयों एवं शल्य क्रिया द्वारा दूर किया जा सकता है।

☺ गर्भाशय के नीचे आने पर, गर्भ के सोलह सप्ताह के आस–पास गर्भाशय का मुँह ऑपरेशन से सिल दिया जाता है जिससे गर्भपात का खतरा कम हो जाता है।

उपचार

गर्भधारण से पहले—गर्भधारण से पूर्व अपने डॉक्टर से परामर्श अवश्य लें। अगर कोई भी स्थाई या तीव्र संक्रमण है तो उसका चिकित्सकीय उपचार किया जा सकता है। मधुमेह को दवाइयों से सामान्य अवस्था में लाया जा सकता है तथा रक्तचाप को भी दवाइयों से स्थिर किया जा सकता है। अगर स्त्री के शरीर में खून व पोषण की कमी है तो गर्भधारण करने से पहले शरीर में उसकी भरपाई की जानी जरूरी है। अगर पहले भी एक या उससे ज्यादा बार गर्भपात हो चुका हो तो उसके कारण का पता लगाया जाना जरूरी हो जाता है, जिससे उस स्थिति को दोहराया न जाये। अगर बच्चेदानी में दोष पाया जाए तो उसे औषधियों से अथवा शल्य क्रिया से दूर किया जाना चाहिये। यदि रक्त वर्ग निगेटिव है तो भविष्य में शिशु को बचाने के लिए एन.टी.बी. इन्जेक्शन लगवाएँ।

गर्भधारण के बाद—बिना जाँच के आपने गर्भधारण कर लिया है तो जितनी जल्दी हो सकता हो अपने डॉक्टर से परामर्श करके वह जाँच और परीक्षण जो गर्भधारण से पहले न हो सका हो अब करवाएँ। किसी तरह की कमी की पूर्ति व दोष का निवारण समय रहते किया जाना जरूरी है, ताकि और ज्यादा नुकसान होने से बचाया जा सके। इन सब जाँचों से आपकी सेहत का अनुमान लगाया जा सकेगा और उसी आधार पर आपका डॉक्टर आपको आगे क्या करना चाहिये इसकी सलाह देगा।

- ☺ अगर गर्भाशय का मुँह जुड़ा है, तो 16 सप्ताह के आस-पास उसका ऑपरेशन करवा लेना चाहिये। रक्तचाप व मधुमेह को आप दवाइयों और संतुलित आहार व विचार से स्थिर और काबू में रख सकती हैं।
- ☺ गति वाले खेलकूद, तेज गति से चढ़ना-उतरना, उठना-बैठना न करें।
- ☺ गर्भावस्था में सीधी पेट पर चोट से, तेज दौड़ने से, जल्दी-जल्दी सीढ़ी चढ़ने, उतरने से एवं भारी व्यायाम से बचें।
- ☺ यौन संबंध के दौरान सावधानी बरतें और अगर डॉक्टर इसकी सलाह न दे तो जहाँ तक संभव हो परहेज करें।
- ☺ कब्ज होने पर दस्त के लिए जुलाब अथवा कोई गोली जैसे बी डल्कोलैक्स, एनिमा आदि न लें।
- ☺ नहाने के लिए ज्यादा तेज गर्म पानी का उपयोग न करें।
- ☺ जननांगों की सूजन व संक्रमण एवं पेशाब के संक्रमण की जानकारी अपने डॉक्टर को अवश्य दें।
- ☺ एक बार गर्भस्राव व गर्भपात होने से बार-बार गर्भस्राव की संभावना रहती है।
- ☺ शराब, तम्बाकू, बीड़ी या सिगरेट का सेवन पति-पत्नी दोनों में से कोई भी करता हो, तो गर्भपात की दर बढ़ जाती है।
- ☺ कुछ स्थाई संक्रामक रोग गर्भपात के कारण होते हैं। लिसटेरिया या टोक्सोप्लाज्मा से अगर माँ के संक्रमण है तो ये रोग गर्भपात के कारण हो सकते हैं।
- ☺ गर्भाशय का दोष दवाइयों एवं शल्य क्रिया द्वारा दूर किया जा सकता है।
- ☺ ऊँची एड़ी के जूते-चप्पल न पहनें।
- ☺ कार व बस में लगातार लम्बा सफर न करें। बीच में रुक-रुककर सफर किया जाए, जिससे गर्भवती महिला चल फिर सके तथा अपना स्थान बदल सके।
- ☺ काम बराबर करें पर थकान की हद से पहले ही रुक जाएँ क्योंकि थकान आपके और आपके गर्भ के लिए नुकसानदायक है।
- ☺ पहले अगर गर्भपात हो गया हो तो सहवास न करें। खासकर पहले और आखिरी कुछ सप्ताहों में। शुरू के 8 से 14 सप्ताह के बीच सहवास न करें। सहवास से फिर गर्भपात का खतरा बढ़ जाता है। सीधे लेटकर सहवास करने की बजाय करवट वाली स्थिति ज्यादा बेहतर और कम खतरनाक है क्योंकि पेट पर सीधा वजन भी नहीं पड़ेगा व गहरा प्रवेश भी नहीं होता।
- ☺ कॉफी में कैफीन की मात्रा बहुत अधिक होती है, अतः गर्भवती स्त्री को कॉफी का सेवन कम से कम कर देना चाहिए। तीन कप कॉफी दिनभर में पीने वाली गर्भवती स्त्री को गर्भपात का खतरा तीन गुना बढ़ जाता है और यह भ्रूण के विकास में भी बाधा उत्पन्न करता है।

> **गर्भाशय के नीचे आने पर, गर्भ के सोलह सप्ताह के आस-पास गर्भाशय का मुँह ऑपरेशन से सिल दिया जाता है जिससे गर्भपात का खतरा कम हो जाता है।**

गर्भपात के लक्षण दिखने पर क्या करें

जब सभी सावधानियों और बचाव के बावजूद गर्भपात के लक्षण दिखने लगें जैसे रक्तस्राव, पानी जाना, पेट या पीठ में दर्द होना तो तुरन्त योग्य एवं अनुभवी चिकित्सक से संपर्क करें। गर्भपात की प्रारंभिक अवस्था में इसका रुक पाना भी संभव है। आप चिकित्सक को घर पर ही बुलवा सकती हैं क्योंकि इस समय यात्रा भी आपके लिए हानिकारक सिद्ध हो सकती है। चिकित्सक के आने तक पलंग पर सीधी लेटी रहें और पूरी तरह आराम करें। तनावमुक्त रहने की कोशिश करें क्योंकि इसका प्रभाव सीधा आपके गर्भ पर पड़ रहा होता है।

- ☺ डॉक्टरी परामर्श से खून रोकने, गर्भाशय को आराम देने और मानसिक शांति के लिए उचित दवाएँ लें। कम से कम 7 से 10 दिनों तक पूर्ण विश्राम करें। इस दौरान हल्का खाएँ पीएँ। फल व फलों का रस, दूध, सलाद, इत्यादि का सेवन अधिक करें।
- ☺ यदि आपको रक्तस्राव अधिक हो रहा हो एवं पेट में मरोड़दार दर्द हो रहा हो तो बेहतर है कि घर पर न रुकें और शीघ्र किसी अच्छे अस्पताल में पहुँचें।
- ☺ न रुक सकने वाले एवं अधूरे गर्भपात की तुरंत सफाई (डी एंड सी, एक्शन इवेकुऐशन) बेहोशी की अवस्था में होना जरूरी होता है। एक यह इमरजेंसी होती है तथा हर एक क्षण महत्वपूर्ण होता है। क्योंकि अत्यधिक रक्तस्राव से शरीर में खून की भारी कमी हो जाती है और वक्त रहते अगर खून न चढ़ाया जाए तो स्त्री की मृत्यु तक हो सकती है।

गर्भस्राव व गर्भपात रोकने के घरेलू नुस्खे

- ☺ अगर पहले भी गर्भपात हो चुका हो तो दोबारा गर्भाधान का पता लगते ही प्रतिदिन हींग की एक गोली ताजा पानी से गर्भवती स्त्री को दें। विशेषकर उस महीने में जिसमें उसका पहले गर्भपात हुआ हो। अगर गर्भपात का महीना निश्चित न हो तो प्रसव होने तक यह गोली बराबर दें। 5 ग्राम हींग की छोटी–छोटी गोलियाँ बना लें। इसे स्वादिष्ट बनाने के लिए इसमें सेंधा नमक डाला जा सकता है। पित्त प्रकृति वाली स्त्रियों के लिए यह नुस्खा उचित नहीं है।
- ☺ अशोक वृक्ष की छाल का क्वाथ बनाकर सुबह–शाम कुछ दिनों तक पिलाने से गर्भस्राव होने की संभावना नहीं रहती।
- ☺ गाय का ठंडा दूध व जेठी मधु का काढ़ा बनाकर पिलाएँ तथा उसे नाभि के निचले हिस्से पर भी लगायें। गर्भस्राव की संभावना कम हो जाती है।
- ☺ वंशलोचन, मिश्री, नागकेशर को लेकर बारीक चूर्ण बनाकर रख लें। 2 ग्राम सुबह–शाम गाय के दूध में लेने से गर्भस्राव में लाभ होगा।
- ☺ एक पके केले को मथकर उसमें शहद मिलाकर गर्भवती को खिलाएँ। गर्भस्राव नहीं होगा।

- ☺ जिन स्त्रियों को बार–बार गर्भस्राव या गर्भपात की शिकायत रहती हो, उन्हें पीपल और बड़ी कष्टकारी (भटकटैया) की जड़ को पीसकर भैंस के दूध में कुछ दिनों तक पिलाएँ। सभी शिकायतों का निवारण हो जाएगा।
- ☺ दूब के पंचांग (जड़, तना, पत्ती, फल, फूल) को पीसकर उसमें मिश्री और दूध मिलाकर 150–200 ग्राम शरबत के रूप में सुबह–शाम पीने से गर्भस्राव की शिकायत दूर हो जाती है और गर्भ स्थिर हो जाता है। इससे गर्भस्थ शिशु भी हृष्ट–पुष्ट एवं मेधावी उत्पन्न होता है।
- ☺ यदि सातवें–आठवें महीने में गर्भपात होने के लक्षण दिखाई दें तो लोध्र का महीन चूर्ण और पीपल का चूर्ण 2–2 ग्राम मात्रा में लेकर थोड़े शहद में मिलाकर सुबह–शाम चाटना चाहिये।
- ☺ भीगी मेथी को गुड़ के साथ लेने से कुछ ही दिनों में सभी प्रकार के गर्भविकारों से राहत मिल जाती है।

- ☺ गूलर की जड़ की छाल का काढ़ा बनाकर गर्भिणी को पिलाने से गर्भपात बन्द हो जाता है।
- ☺ गर्भ विलास तेल गिरते गर्भ को रोकता है।
- ☺ बिदारीकन्द, अनार के पत्ते, कच्ची हल्दी, सिंघाड़े के पत्ते, जायफल, शतावर, नीलकमल। प्रत्येक 12–12 ग्राम लेकर सिल पर बारीक पीसकर, फिर तिल का तेल 500 ग्राम लेकर सिद्ध कर लें। इस तेल की मालिश करने से गर्भपात व गर्भस्राव आदि शिकायतें दूर होती हैं।
- ☺ फल कल्याण घृत गर्भवती होते ही 12–12 ग्राम प्रातःकाल दूध से लेने से बार–बार होने वाला गर्भपात रुक जाता है एवं स्वस्थ शिशु होता है।
- ☺ गर्भपाल रस 1/4 ग्राम सुबह–सायं लेने से बार–बार होने वाले गर्भपात में लाभ मिलता है।
- ☺ 12 ग्राम जौ का छना हुआ आटा, 12 ग्राम काले तिल और 12 ग्राम शक्कर महीन पीसकर शहद में मिलाकर चाटने से गर्भपात नहीं होता।
- ☺ गर्भस्राव को रोकने के लिए गर्भिणी के पेट व योनि पर बर्फ या ठण्डे पानी की पट्टी रखनी चाहिए।
- ☺ गर्भाशय की निर्बलता से गर्भ नहीं ठहरता, गर्भस्राव हो जाता है। कुछ सप्ताह ताजे सिंघाड़े खाने से इसमें लाभ होता है।
- ☺ 100 ग्राम अनार के ताजा पत्ते पीसकर, पानी में छानकर पिलाने और पत्तों का रस पेट पर लेप करने से गर्भस्राव रुक जाता है।
- ☺ यदि गर्भिणी के गर्भस्राव का भय हो तो काले चनों का काढ़ा पिलाएँ।
- ☺ गर्भवती स्त्रियों को पेठा खिलाने से गर्भपात से बचने में सहायता मिलती है तथा बच्चा भी स्वस्थ होता है।

जिनको बार–बार गर्भपात होता है वे हींग भूनकर रख लें और 1–1 ग्राम सुबह–शाम खाएँ। यदि गर्भ ठहर जाए तो मात्रा दुगुनी कर दें। फिर गर्भपात नहीं होगा।

- ☺ गर्भधारण करने के बाद 62 ग्राम सौंफ, 31 ग्राम गुलाब का गुलकन्द पीसकर पानी मिलाकर एक बार नित्य पिलाने से गर्भपात रुकता है।
- ☺ गर्भकाल में सौंफ का अर्क पीते रहने से गर्भ स्थिर रहता है।
- ☺ पिसी हुई फिटकरी चौथाई चम्मच को एक कप कच्चे दूध में डालकर लस्सी बनाकर पिलाने से गर्भपात रुक जाता है। गर्भपात के समय जब दर्द, रक्तस्राव हो रहा हो तो हर दो–दो घण्टे से एक खुराक दें।
- ☺ जिन स्त्रियों के बार–बार गर्भपात होता हो तो गर्भाधान का पता लगते ही आधा किलो बकरी के दूध में आधा किलो गाजर का रस मिलाकर धीमी आँच पर चढ़ा दें। चीनी न डालें। यह मिश्रण जब आधा किलो ही रह जाए तब उसे घूँट–घूँटकर पी जाएँ। गर्भ गिरने की नौबत ही नहीं आएगी।
- ☺ 5,7,11 शिवलिंगी के बीज गर्भवती को प्रतिदिन गो–दूध से निगला दें। गर्भस्राव रुकेगा।
- ☺ तीसरा महीने तक गर्भ गिर जाने वाली महिलाओं को गूलर के कच्चे फलों को दूध में पका कर खाना चाहिए।

केसर, सिंघाड़े, पद्माख, कमल, मुलैठी, इनको पीसकर दूध के साथ पीने से सभी प्रकार के गर्भपात रुक जाते हैं एवं पीड़ा दूर होती है।

☺ जिन महिलाओं का गर्भाशय निर्बल होने से गर्भ नहीं ठहरता हो, गर्भस्राव बार–बार हो जाने की शिकायत हो, उन्हें नियमित सिंघाड़े के हलवे का सेवन करने से आशातीत लाभ मिल सकता है।

☺ बार–बार के गर्भपात को रोकने के लिए गर्भाधान के बाद रसभरी की पत्तियों से बनाई गई चाय नियमित रूप से पीएँ। इन पत्तियों में लोहा, चूना, फॉस्फोरस भरपूर मात्रा में होता है जिसकी गर्भिणी महिला को अतिरिक्त आवश्यकता होती है।

☺ कच्चा आँवला रोज खाने से आमाशय और गर्भाशय को शक्ति मिलती है। गर्भपात की सम्भावना कम होती है।

☺ बन्ध्यत्व के लिए केशर 1 ग्राम, नागकेशर 4 ग्राम लेकर पीसकर इसकी तीन पुड़ियाँ बनाकर माहवारी से निवृत्त होकर नित्य 1-1 पुड़िया 3 दिनों तक गर्म दूध के साथ प्रातःकाल सेवन करें।

☺ जिस स्त्री को गर्भपात हो जाता है उसकी कमर में गर्भस्थापना से ही धतूरे की जड़ बाँध दें, इससे गर्भपात नहीं होगा। जब नौ मास पूर्ण हो जाएँ तब जड़ खोल दें।

☺ मूली के बीजों का कपड़ा छान बारीक चूर्ण एवं भीमसेनी कपूर को गुलाब के अर्क में मिलाकर गर्भ ठहरने के बाद योनि में कुछ दिनों तक मलने से स्त्रियों में गर्भस्राव की संभावना कम हो जाती है।

जिन महिलाओं को बार-बार गर्भपात होता है या मासिक स्राव कम होता है उन्हें एक कप चुकन्दर का रस प्रातःकाल बासी मुँह पीना चाहिए।

■■

12

गर्भावस्था में वजन

गर्भावस्था के दौरान तीसरे–चौथे हफ्ते से 13वें, 14वें हफ्ते के बीच भूख कम लगती है। खासकर सुबह बिल्कुल भूख नहीं लगती है। परन्तु भूख न लगने से खाना बंद नहीं कर देना चाहिए। खाना न खाने से कमजोरी आ सकती है। इससे गश या चक्कर आ सकते हैं। तुरन्त डॉक्टर से परामर्श लें व अपनी इच्छा से दवाई का सेवन न करें।

ज्यादा खाने के भी अपने नुकसान होते हैं। इनमें सबसे बड़ा है, मोटापा। मोटी गर्भवती स्त्री की बजाय सामान्य गर्भवती स्त्री को डिलीवरी में कम कष्ट होता है। डिलीवरी के बाद दुबली स्त्रियों का फिगर तो छह–सात महीनों में पूर्वस्थिति में लौट आता है, पर मोटी स्त्रियाँ सालभर में भी पूर्वस्थिति को प्राप्त नहीं होतीं।

गर्भावस्था में वजन बढ़ने के चार कारण होते हैं।

पहला—भ्रूण का तेजी से बढ़ना व भारी होते जाना।

दूसरा—जिस तरल में भ्रूण तैरता है, उसका बढ़ना।

तीसरा—ज्यादा खाने से चर्बी चढ़ना और

चौथा—ज्यादा पानी पीने से टिश्यूज में पानी की मात्रा बढ़ना।

भ्रूण व तरल का वजन आपके नियंत्रण में नहीं होता है, पर बाकी वजन पर पूर्ण नियंत्रण रखें। इसके लिए हर हफ्ते अपना वजन एक ही वजन मापने वाली मशीन पर चेक करें।

अपने डॉक्टर से यह जानें कि कितना वजन बढ़ना स्वाभाविक है। अगर इससे ज्यादा वजन बढ़ता है तो डॉक्टर से परामर्श लें। गर्भावस्था में बढ़ता वजन—

1. प्रथम तीन महीनों में आपका वजन एक किलो प्रति माह।
2. बीच के तीन महीनों में आपका वजन तीन किलो प्रतिमाह।
3. अन्तिम तीन महीनों में आपका वजन डेढ़ से दो किलो प्रतिमाह की दर से बढ़ना चाहिए। इससे कम या ज्यादा नहीं। एक गर्भवती महिला का पूरी गर्भावस्था में कितना वजन बढ़ना चाहिए यह जानकारी जरूरी है। गर्भावस्था के शुरू के तीन महीनों में तबीयत ठीक न रहने पर मिचली की शिकायत रहने और खाने की तरफ अरुचि होने के कारण उन दिनों या तो वजन बढ़ता नहीं है या कम हो जाता है। पर उसके बाद भूख खुलने लगती है, तब खाने की प्रबल इच्छा बार–बार होती है। नतीजा यह होता है कि अगर आहार पर रोक न लगाई जाए तो वजन बहुत अधिक बढ़ जाता है। पूरी गर्भावस्था के दौरान लगभग 10 से 12 किलो वजन बढ़ना चाहिए। इससे कम या अधिक दोनों परिस्थितियों में खतरा हो सकता है। आहार में वसा (फैट) और नमक का ध्यान रखना चाहिए।

गर्भावस्था में बढ़ने वाले 12 किलो वजन में गर्भस्थ शिशु का वजन तीन किलो शामिल है। प्लेसेंटा का वजन पौन किलो और एक किलो वजन पानी का होता है।

गर्भावस्था में ज्यादा वजन बढ़े तो ब्रेस्ट कैंसर से सावधान

नए शोध बताते हैं कि गर्भावस्था के दौरान जिन महिलाओं का वजन 37 पाउंड बढ़ जाता है, उन्हें उन महिलाओं की अपेक्षा ब्रेस्ट कैंसर का खतरा 40% अधिक हो जाता है जिनका वजन 25 से 35 पाउंड तक ही बढ़ता है। दरअसल गर्भावस्था के दौरान शरीर एस्ट्रोजन नामक हार्मोन्स का अधिक निर्माण करने लगता है, जिसका संबंध कैंसर की कोशिकाओं के विकास से है। मोटापा बढ़ने से एस्ट्रोजन का निर्माण भी तेज हो जाता है, जिसके कारण कैंसर का खतरा भी बढ़ जाता है।

13

प्रसव के दिन का निर्धारण

गर्भावस्था की स्थिति लगभग 40 सप्ताह अर्थात् 173 से 280 दिन तक रहती है। गर्भधारण के कितने समय उपरान्त शिशु का जन्म होगा, इस सम्बन्ध में कुछ गणनाएँ बनी हुई हैं—

1. पिछले मासिक धर्म की तारीख में पूरे नौ महीने और सात दिन जोड़ने से जो तारीख आएगी वही प्रसव की सम्भावित तारीख होगी। जैसे मासिक धर्म की तारीख थी 1 मार्च तो प्रसव की तारीख होगी 8 दिसम्बर यानि पूरे 9 महीने और सात दिन।
2. अमरीकन डॉ. विलियन कैन्टर द्वारा प्रस्तुत चार्ट दिया जा रहा है जिससे अनुमान लगाया जा सकता है कि शिशु किस दिन जन्म लेगा।

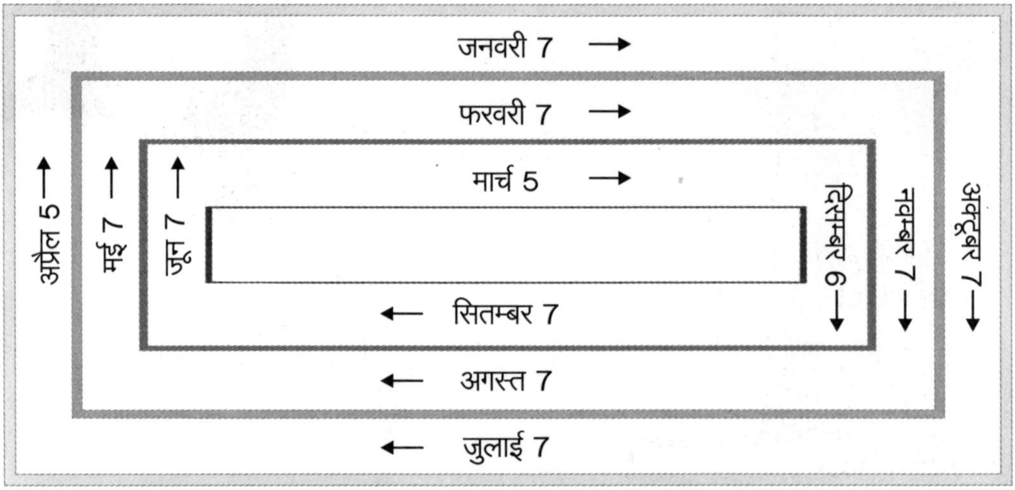

डॉ. विलियन कैन्टर प्रसव चार्ट

☺ चार्ट निम्न प्रकार देखकर समझा जा सकता है। अनुमानतः गर्भस्थिति होने से पूर्व जब मासिक धर्म (रजस्राव) हुआ था, मान लो उसका आरम्भ 26 जनवरी को हुआ हो तो 26 में जनवरी के आगे का दिया हुआ अंक 7 जोड़ देंगे। अतः 33 हो गये। जनवरी के आगे का संकेत अक्टूबर की ओर इंगित करता है। 33 अक्टूबर जबकि अक्टूबर में 31 ही दिन होते हैं। अतः प्रसव का दिन 33–31 = 2 यानि 2 नवम्बर होगा।

☺ इसी प्रकार यदि 20 अप्रैल को मासिक धर्म आरम्भ हुआ तो 20 में अप्रैल के आगे का दिया हुआ अंक 5 जोड़ देंगे। अतः 25 हो गये। अप्रैल के आगे जनवरी का संकेत दिया हुआ है। अतः इसका तात्पर्य हुआ कि 20 अप्रैल को स्थित गर्भ के प्रसव का दिन 25 जनवरी होगा।)

सम्भव है कि उपरोक्त गणना पूर्ण विश्वसनीय न हो, किन्तु उसके एक सप्ताह इधर–उधर प्रसव अवश्य होना चाहिए।

■■

14

गर्भावस्था में गर्भिणी का आहार

जरूरी है पौष्टिक एवं संतुलित आहार

गर्भावस्था के दौरान एक स्त्री अतिरिक्त मानसिक एवं शारीरिक दबाव को सहन करती है, इसलिए उसे एक स्वस्थ जीवन शैली अपनाने की आवश्यकता होती है। गर्भकाल में नारी को अपने शारीरिक संतुलन के अतिरिक्त गर्भस्थ शिशु के पोषण के लिए भी आहार की आवश्यकता होती है। विस्तृत मात्रा में होने वाली रक्त की आपूर्ति, टिश्यू के बनने, भ्रूण के निरंतर होते विकास, लेक्टेशन (दूध) बनने के कारण माँ के शरीर को एक स्वस्थ बच्चे को जन्म देने के लिए 56,000 कैलोरी (ऊर्जा) की अतिरिक्त आवश्यकता होती है।

गर्भावस्था में प्रोटीन की आवश्यकता सामान्य से 15 प्रतिशत अधिक बढ़ जाती है, क्योंकि दूसरे और तीसरे तिमाही में लगभग 950 ग्राम प्रोटीन एक गर्भवती स्त्री के शरीर में समाहित हो जाता है। हड्डियों व दाँतों की मजबूती के लिए कैल्शियम व विटामिन डी की भी आवश्यकता होती है। इसके अतिरिक्त गर्भावस्था के दौरान मैग्नेशियम, सेलेनियम, आयोडीन, जिंक, फोलिक एसिड और बी कॉम्पलेक्स जैसे तत्वों की जरूरत एक गर्भवती स्त्री को अत्यधिक मात्रा में होती है।

संतुलित आहार का अर्थ होता है, ऐसा भोजन जिसमें लौह, प्रोटीन, मिनरल्स, कैल्शियम, विटामिन, वसा, कार्बोहाइड्रेट्स व पानी प्रचुर मात्रा में सम्मिलित हो। वैसे तो हर एक मनुष्य को संतुलित आहार की आवश्यकता होती है, पर गर्भावस्था के दौरान इसका पालन न करने से माँ एवं होने वाले शिशु के स्वास्थ्य व जीवन पर बुरा प्रभाव पड़ता है। संतुलित भोजन करने से गर्भवती स्त्री को न तो छाती में जलन की शिकायत होती है न ही अपच या पेट खराब रहने की।

लाल रक्त कोशिकाएँ बढ़ाने के लिए भोजन में आयरन की मात्रा अधिक होनी चाहिए।

यह एक कोरा मिथक है कि गर्भवती स्त्री को दो मनुष्यों के बराबर भोजन करना चाहिए। बल्कि जरूरी तो यह होता है कि वह संतुलित आहार सही मात्रा में ले। जो गर्भवती स्त्रियाँ पर्याप्त भोजन नहीं करती वे एनीमिया, हाइपरटेंशन और गैस की शिकायत से पीड़ित रहती हैं। शिशु जन्म लेते समय अपने शरीर में आयरन, प्रोटीन, विटामिन सी तथा अन्य विटामिनों के भण्डार को जमा कर लेता है, जो कि उसे या तो अपनी माँ के आहार से प्राप्त होते हैं या उसके ऊतकों से। क्योंकि अगर एक गर्भवती स्त्री संतुलित व पौष्टिक आहार नहीं ग्रहण कर रही होती है, जो कि एक भ्रूण की आवश्यकता होती है तो उसकी पूर्ति भ्रूण अपनी माँ के शरीर में पहले से उपस्थित पौष्टिक तत्वों के भण्डार से कर लेता है जिसकी वजह से एक गर्भवती में उन तत्वों की कमी हो जाती है।

स्त्रियों की बढ़ती मृत्यु दर का तथा शिशुओं के अपने पहले साल में मरने का एक बहुत बड़ा व महत्वपूर्ण कारण है—गर्भावस्था के दौरान कम पौष्टिक व असंतुलित आहार। इन सभी वजह से गर्भावस्था के दौरान आहार की पौष्टिकता व मात्रा पर ध्यान देना अत्यधिक जरूरी है।

गर्भावस्था में गर्भिणी का आधार

गर्भवती स्त्री को साधारण स्त्री की अपेक्षा अधिक पौष्टिक और सन्तुलित आहार की आवश्यकता होती है क्योंकि गर्भावस्था में शिशु अपने पोषण के लिए माँ पर निर्भर रहता है। सामान्य महिला को प्रायः 1900 कैलोरी की अपने दैनिक कार्यों के लिए आवश्यकता होती है जबकि गर्भवती महिला को भ्रूण के पोषण हेतु सामान्य की अपेक्षा 300 कैलोरी से अधिक ऊर्जा का सेवन करना पड़ता है जोकि बढ़ते–बढ़ते 3,300 कैलोरी तक पहुँच जाती है। अतः उसे विशेष ऊर्जा, शक्ति तथा पोषक तत्वों की आवश्यकता पड़ती है। इस समय गर्भवती स्त्री को पर्याप्त मात्रा में खाद्य पदार्थ मिलने चाहिए जिनमें प्रोटीन, खनिज लवण, कैल्शियम, फॉस्फोरस तथा लोहा और विटामिन 'डी' हो।

प्रोटीन

प्रोटीन की सूक्ष्मतम इकाई होती है कोशिका, जिनकी वृद्धि एवं विकास से भ्रूण का शरीर बनता है। इस कारणवश भोजन में पर्याप्त प्रोटीन की व्यवस्था भी आवश्यक है। प्रोटीन जंतु स्रोतों से प्राप्त खाद्य पदार्थों में होता है, जैसे अंडा, माँस, दूध आदि। अगर जंतु स्रोतों से प्राप्त प्रोटीन का सेवन किसी कारणवश संभव न हो तो सोयाबीन तथा अन्य दालों का सेवन करने से उचित मात्रा में प्रोटीन प्राप्त करना संभव हो सकता है।

प्रोटीन शिशु के ऊतकों के निर्माण, सुधार और परिवर्तन द्रव संतुलन बनाने व रोग प्रतिकारक तंत्र को बरकरार रखने तथा रक्त का थक्का बनने में सहायता करता है। इसे लीन मीट व पोल्ट्री, संयुक्त अनाज और फलियाँ, सोया, बीज, ड्राई फ्रूट्स, अंडा व दूध उत्पादों से प्राप्त किया जाता है।

विटामिन्स (ए, बी, सी, डी व ई)

विटामिन 'डी' गर्भावस्था में विशेष रूप से आवश्यक होता है। इसलिए गर्भावस्था में प्रतिदिन स्नान से पूर्व कुछ देर तक धूप का सेवन अवश्य करना चाहिए। धूप सेवन के समय शरीर पर कपड़े कम होने चाहिए। इस प्रकार धूप सेवन से विटामिन 'डी' प्राप्त किया जा सकता है।

विटामिन 'सी'

विटामिन 'सी' के प्रयोग से रोग प्रतिरोधक क्षमता बढ़ती है। इसका उपयोग भोजन के साथ करें।

इसके अतिरिक्त गर्भवती स्त्री को विटामिन ए, बी व ई युक्त पदार्थों का सेवन करना चाहिए, इससे प्लेसेन्टा स्वस्थ रहती है तथा आयरन का शोषण होता है।

विटामिन	स्रोत
विटामिन 'ए'	संतरा, गाजर, दूध व इससे बने पदार्थ, गहरी हरी सब्जियाँ, फल और मछली, अंडे, माँस, पनीर आदि।
विटामिन 'बी'	दूध, माँस, अंडा, अनाज और हरी सब्जियाँ।
विटामिन 'सी'	संतरा, नीबू, आँवला, अमरूद, टमाटर, विटामिनयुक्त सेब रस, हरी सब्जियाँ।
विटामिन 'डी'	मक्खन, दूध, घी, अंडा और मछली।
विटामिन 'ई'	अंकुरित अनाज, खाद्य तेल, पत्ते वाली हरी सब्जियाँ, सोयाबीन, दलहन।
विटामिन 'बी12'	लीन मीट, कुछ मछलियाँ, अंडे, दूध, हार्ड चीज, फोर्टीफाइड नाश्ता, सोया उत्पाद तथा जमीन के अन्दर उगने वाली सब्जियों (जैसे गाजर, मूली इत्यादि) के छिलकों में मिलता है।

वसा एवं कार्बोहाइड्रेट्स

भोजन में विद्यमान जिन मुख्य अवयवों से शरीर को कैलोरी के रूप में ऊर्जा मिलती है वे हैं, कार्बोहाइड्रेट एवं वसा। गर्भवती के भोजन में कार्बोहाइड्रेट्स की वृद्धि करके अधिक ऊर्जा प्रदान किए जाने के प्रयास करने चाहिये। वसा की मात्रा में भी वृद्धि तो की जानी चाहिए, पर अत्यधिक नहीं अर्थात् अधिक तले पदार्थों का सेवन वर्जित है परन्तु घी, मक्खन, रोटी, चावल, आलू का प्रयोग गर्भिणी स्त्री कर सकती है।

कैल्शियम और अस्थि निर्माण

कैल्शियम की आवश्यकता माँ के गर्भ में पल रहे भ्रूण को अपनी अस्थियों के निर्माण के लिए होती है। अगर भोजन के माध्यम से शिशु को पर्याप्त मात्रा में कैल्शियम नहीं प्राप्त होता है तो वह इसे अपनी माँ की अस्थियों से खींच लेता है। फलस्वरूप कैल्शियम की कमी से माँ की अस्थियाँ कमजोर व टेढ़ी मेढ़ी हो जाती हैं।

- कैल्शियम का अच्छा स्रोत है दही व दूध (चिकनाई निकला हुआ) तथा दूध से बने पदार्थ, अखरोट, बादाम पिस्ता आदि।
- चूना लगा पान खाना भी लाभदायक होता है क्योंकि पान की रासायनिक रचना कुछ इस प्रकार होती है कि पान पर चूना लगाकर खाने से चूने का अधिकांश भाग शरीर के उपयोग में आ जाता है। 250 ग्राम दूध पीने से जितना कैल्शियम हमारे शरीर को मिलता है उतना एक पान खाने से मिल जाता है।

गर्भवती स्त्री को प्रतिदिन 1000 mg कैल्शियम की मात्रा की आवश्यकता होती है। यह उच्च रक्तचाप व समयपूर्व प्रसव को घटाने (कम) में सहायक सिद्ध होती है।

- स्त्रियाँ अंडे के ऊपर का छिलका खूब बारीक पीसकर अपनी रोटी सेंकते वक्त आटे में मिला लिया करें तो दिन भर की कैल्शियम की आवश्यकता की पूर्ति हो जाएगी। पत्ता गोभी, शलगम, सीसम बीज, काली खांड, फोर्टीफाइड, सोयामिल्क, सोयाबीन आदि का सेवन कैल्शियम की पूर्ति शरीर में करेगा।

आयरन

लौह तत्व खून बनाने, पीड़ा रहित प्रसव और बच्चे के बेहतर मानसिक व शारीरिक विकास के लिए जरूरी है। इसकी पर्याप्त मात्रा न मिलने से शरीर में रक्त की कमी हो जाती है, जिससे प्रसव के दौरान गर्भवती की मृत्यु की संभावनाएँ बढ़ जाती हैं। इसके अतिरिक्त लोहे की कमी होने से गर्भस्थ शिशु को पर्याप्त मात्रा में ऑक्सीजन नहीं मिल पाती है। ऑक्सीजन की कमी होने पर शिशु के संपूर्ण विकास में बाधा उत्पन्न हो जाती है। भ्रूण में यह रक्त कोशिकाओं के निर्माण के लिए भी बहुत आवश्यक है।

- एक गर्भवती को प्रतिदिन 40 मिलीग्राम लोहे की आवश्यकता होती है। गर्भ के अंतिम तीन महीनों में एहतियात के तौर पर औषधि के रूप में लौह तत्व लेना चाहिए।
- लौह तत्व का स्रोत है हरे पत्ते वाले साग जैसे, मेथी, बथुआ, सरसों आदि।
- भोजन के साथ एक डली गुड़ खाने से भी शरीर को काफी लौह तत्व मिल जाता है।
- पालक, मटर, सेम, गेहूँ, अण्डे का सेवन करना चाहिए।
- सूखे मेवे, व ताजे फल ले सकती हैं।
- खड़ा अनाज, समृद्ध सिरियल्स, गहरी हरी सब्जियाँ, सूखी मटर और सेम ले सकती हैं। (माँसाहारी महिलाएँ लीन रेड मीट लें।)
- अंडा, दाल व दलिया ले सकती हैं।

फॉलिक अम्ल

यह बच्चे की सामान्य वृद्धि और स्नायु तंत्र के विकास के लिए आवश्यक है। इसकी कमी से एनीमिया यानि खून की मात्रा में कमी आ सकती है। अतः स्वस्थ रक्त कोशिकाओं के निर्माण के लिए फॉलिक अम्ल आवश्यक है।

- फॉलिक अम्ल का स्रोत है हरी पत्तेदार सब्जियाँ, अनाज आदि। आप इसे औषधि के रूप में गर्भावस्था के शुरुआत में ले सकती हैं। ब्रोकोली बीन्स, आँवला, संतरे, नीबू, दूध, दही, चीज, केले, सूखे मटर व सेम, खरबूजा, मौसमी रस, अंगूर व मेवों का सेवन फॉलिक अम्ल की पूर्ति के लिए लाभदायक सिद्ध होगा।

जिंक

- गर्भवस्था में भ्रूण के ऊतकों के विकास के लिए आवश्यक है।
- जिंक का स्रोत है अनाज, दालें और सूखे बीन्स (फलियाँ)।

जल व रफेज

- तरल अथवा पेय पदार्थ अधिक प्रयोग करने चाहिए। जैसे लस्सी, जूस, सूप। कब्ज से बचने के लिए आटे की भूसी तथा रसेदार सब्जियों का प्रयोग करना चाहिए। भोजन के साथ कच्चा सलाद उपयोगी सिद्ध होगा।

वसाम्ल (Fatty Acid)

- यह शिशु के दिमाग व नाड़ी तंत्र का विकास, हार्मोन निर्माण व दृष्टि के विकास हेतु आवश्यक तत्व है।
- इसे सोयाबीन, कैनोला ऑयल्स और नॉन हायड्रोजिनेटेड मार्गारिन, कुछ सोया आधारित उत्पाद (जैसे टोफू) से प्राप्त किया जा सकता है।

गर्भवती को चाहिए कितना पोषण

कैल्शियम — प्रायः रोजाना एक गर्भवती महिला को 1000 मिली ग्राम कैल्शियम की आवश्यकता होती है।

हरी सब्जियाँ — रोजाना एक गर्भवती महिला को न्यूनतम 35 ग्राम हरी सब्जियाँ खानी चाहिए।

रेशा (फाइबर) — प्रतिदिन गर्भवती महिला को अपने भोजन में 25 से 35 ग्राम रेशा की मात्रा लेनी चाहिए।

रिबोफ्लेबिन — रिबोफ्लेबिन शरीर में ऊर्जा को प्रभावित करता है इसलिए रोजाना गर्भवती स्त्री को 1.4 मिलीग्राम अपने भोजन में अवश्य शामिल करना चाहिए।

विटामिन बी–6 — प्रायः प्रतिदिन एक गर्भवती महिला को 1.9 मिलीग्राम विटामिन बी–6 को अपने भोजन में सम्मिलित करना चाहिए।

विटामिन बी–12 — रोजाना गर्भवती महिला को 2.6 मिलीग्राम विटामिन बी–12 को भोजन में लेना चाहिए।

विटामिन–सी — गर्भवती महिला को दिन में 40 मिलीग्राम विटामिन सी लेना चाहिए।

विटामिन डी — प्रायः गर्भवती स्त्री को अपने भोजन में 200 आईयू विटामिन डी को सम्मिलित करना चाहिए।

जिंक — भोजन में जिंक की मात्रा 11 मिलीग्राम होनी चाहिए।

आयरन — गर्भवती स्त्री को 38 मिलीग्राम आयरन लेना चाहिए।

गर्भावस्था के दौरान प्रतिदिन एक गर्भवती स्त्री को केवल दो सौ से तीन सौ कैलोरी (ऊर्जा) अधिक लेनी होती है।

आहार निर्देशिका

विभिन्न भोजन	उदाहरण	प्रतिदिन कितनी बार (सर्विंग) लें	एक बार में ली जाने वाली मात्रा	क्या खाएँ
अनाज	गेहूँ, चावल, ज्वार बाजरा, रागी, गेहूँ की ब्रेड, दलिया आदि	6 से 10 बार	1 ब्रेड का स्लाइस या चपाती, आधा कप चावल या पास्ता	रोटी, बाजरे की खिचड़ी, चीज पास्ता
दालें	मूँग दाल, अरहर दाल, अंकुरित मूँग, लोबिया, काबुली चना, राजमा आदि	2 से 3 बार	आधा कप दाल	मूँग दाल, दोसा, इडली, हरियाली दाल, सब्जी दाल,काबुली चने का दाल
सब्जियाँ	पत्तेदार सब्जियाँ जैसे पालक, मेथी, गाजर चुकंदर, खीरा, फ्रेंच बींस, ग्वार की फली आदि	3 से 5 बार	एक कप कच्ची या आधा कप पकी हुई पत्तेदार सब्जी या कच्ची या पकी अन्य सब्जियाँ	पालक का साग, मेथी पालक, ढोकला, फलों की सलाद, दाल व वेजीटेबल इडली।
फल	अन्नानास, संतरा, अमरूद आदि। सूखे मेवे जैसे बादाम, काजू, अखरोट, पिस्ता, किशमिश इत्यादि	2 से 3 बार	आधा कप कटे फल या 1 कप फ्रूट जूस या 1 कप सूखे मेवे	खजूर व केले का शेक, अमरूद का पेय, तिल की चिक्की।
दुग्ध उत्पाद	दूध, दही, चीज और पनीर	2 से 3 बार	1 ग्लास दूध या एक चौथाई चम्मच कटा पनीर या चीज	दही, चने की सब्जी कलाकंद, कस्टर्ड, मेवे मिला दूध, लस्सी, वसा व चीनी
वसा व शर्करा	घी, तेल, मक्खन चीनी और गुड़	संतुलित मात्रा में रोज लगभग 2 चम्मच वसा व चीनी के साथ खाए जा सकते हैं।		

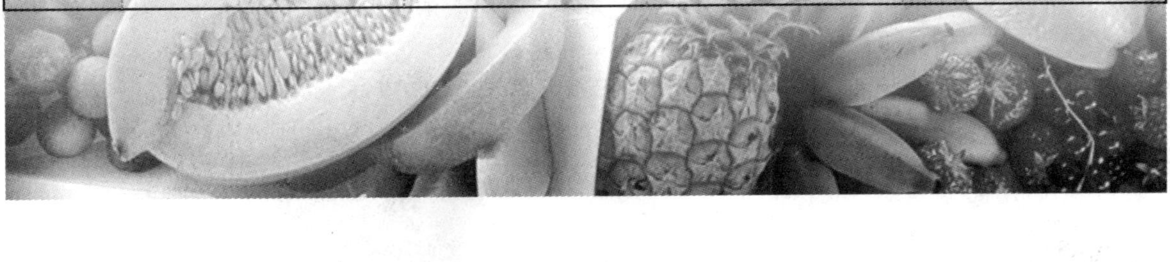

गर्भावस्था के दौरान आपकी खुराक का उदाहरण

गर्भावस्था की अवधि में आपके स्वास्थ्य और आपके शिशु की अधिक से अधिक वृद्धि और विकास के लिए, बेहतर पौष्टिकता जरूरी है। आपके आहार से आप दोनों को उचित मात्रा में पौष्टिक तत्व पहुँचने चाहिए। आपको दूध, फल, हरी पत्तेदार सब्जियाँ, अंकुरित दालें इत्यादि चीजों से अतिरिक्त पौष्टिकता की आवश्यकता होती है। क्योंकि इस समय विटामिन, मिनरल, प्रोटीन और कैलोरी की जरूरत अधिक होती है। आपकी मदद के लिए नीचे आहार के नमूने दिए गए हैं।

दिनचर्या – एक

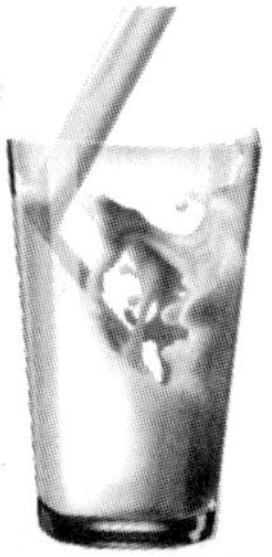

ब्रेकफास्ट :	चीनी मिला दूध	—	1 कप
	मक्खन सहित ब्राउन ब्रेड	—	3 स्लाइस, या सांभर के साथ 3 इडली या ½ कटोरी दलिया।
	अंडा या चीज क्यूब	—	1
सुबह के बाद का नाश्ता :			
	फ्रूट जूस या बटर मिल्क	—	1 गिलास
	स्नैक	—	अंकुरित दाल/भेलपुरी; या पोहा; या उपमा; या वड़ा; 1 प्लेट
लंच :	अनाज	—	1 कटोरी चावल और 2 चपातियाँ
	हरी सब्जियाँ	—	1 कटोरी पालक या अन्य हरी सब्जियाँ
	दाल या अंकुरित	—	1 कटोरी
	कच्चा सलाद	—	1 प्लेट (अधिकतर गाजर, टमाटर, सलाद पत्ता, शिमला मिर्च इत्यादि जैसी रंगीन सब्जियाँ)
	दही	—	1 कटोरी
	रंगीन फल	—	1 (जैसे अमरूद, संतरा, आम, आडू आदि)
शाम का नाश्ता :			
	नाश्ता	—	1 प्लेट पोहा/समोसा या 3–4 बिस्कुट या चीज सैंडविच
	चीनी मिला दूध	—	1 कप
डिनर :	अनाज	—	1 कटोरी चावल और 2 चपातियाँ
	मिली जुली सब्जियाँ	—	1 कटोरी
	दाल	—	1 कटोरी
	कच्चा सलाद	—	1 प्लेट

नोट– 1. माँसाहारी एक भाग दाल की जगह एक भाग अंडा/माँस/चिकन या मछली ले सकते हैं।

2. रंगदार गूदे (हरा, संतरी, पीला) वाले फल व सब्जियाँ भी खाने की कोशिश करें, क्योंकि इनमें ऐसे पौष्टिक तत्व भरपूर होते हैं, जो आपको बीमारियों से सुरक्षा प्रदान करते हैं।

दिनचर्या – दो

बिस्तर से उठने से पहले :

	चाय	—	1 कप
ब्रेक फास्ट :	चीनी मिला दूध	—	1 कप
	अण्डे की भुजिया	—	1
	घी का पराठा	—	1
लंच :	अनाज	—	चपातियाँ 3
	हरी सब्जी	—	आलू पालक 1 कटोरी
	दाल	—	अरहर दाल 1 कटोरी
	दही	—	1 कटोरी
	सलाद	—	टमाटर, ककड़ी, प्याज इत्यादि 1 प्लेट
शाम का नाश्ता :			
	चीनी मिला दूध	—	1 कप
	चिवड़ा (मूँगफली डला)	—	1 प्लेट
डिनर :	अनाज	—	चावल 2–3 कटोरी
	दाल	—	राजमा 1–2 कटोरी
	हरी सब्जी	—	टिंडा, भिंडी इत्यादि 1 कटोरी
	फल	—	1 आम

गर्भावस्था के आखिरी तीन महीनों के लिए

बिस्तर छोड़ने से पहले :

	चाय	—	1 कप
ब्रेकफास्ट :	चीनी मिला दूध	—	1 कप
	उबला अण्डा	—	1–2
	टोस्ट	—	2 ब्रेड–बटर लगी हुई
सुबह के बाद का नाश्ता :			
	शिकंजी	—	1 गिलास
लंच :	अनाज	—	1 कटोरी चावल, 2 चपाती
	दाल	—	राजमे की दाल
	हरी सब्जी	—	भिंडी 1 कटोरी
	दही	—	मीठी दही 1 कटोरी
शाम का नाश्ता :			
	चीनी मिला दूध	—	1 कप
	नाश्ता	—	पोहे (आलू व मूँगफली मिले) 1 प्लेट

डिनर (रात का खाना):

अनाज	—	3–4 चपातियाँ
हरी सब्जी	—	आलू पालक की सब्जी 1 कटोरी
दाल	—	मसूर की दाल 1 कटोरी
हरा सलाद	—	1 प्लेट (टमाटर, ककड़ी, खीरा, प्याज, पत्ता गोभी इत्यादि)
फलों का कस्टर्ड	—	दूध, शक्कर में आम, अंगूर, चीकू, केला इत्यादि 1 कटोरी।

गर्भावस्था के दौरान शाकाहार

शाकाहार के कई स्वास्थ्य संबंधी फायदे हैं पर गर्भवती महिलाओं को माँसाहारी पदार्थों से ज्यादा सरलता से मिलने वाले पर्याप्त पोषक तत्व पाने के लिए ज्यादा ख्याल रखना चाहिए खासकर प्रोटीन, आयरन, जिंक व विटामिन बी–12।

- ध्यान रखें कि सब्जियों से मिलने वाला प्रोटीन कम कॉन्सेंट्रेटिड (संकेंद्रित) होता है और पशु प्रोटीन की तुलना में कम आसानी से अवशोषित होता है। आपको अपने प्रोटीन स्रोतों के ज्यादा या बड़े भाग की जरूरत पड़ सकती है।
- साथ ही सब्जी प्रोटीन पदार्थों में अमीनो एसिड (प्रोटीन बनाने वाले साँचे) संतुलन हर सब्जी के लिए अलग होता है, इसीलिए आपको विभिन्न प्रकार के पदार्थ खाने की जरूरत होती है।

शाकाहारी आहार निर्देशिका सुझाती है कि शाकाहारी गर्भवती महिलाओं को रोजाना निम्नलिखित मात्रा में पदार्थ खाने चाहिए।

- विटामिन बी–12 युक्त आहार — 4 बार
- सेम/वट/बीज — 7 बार
- कैल्शियम–युक्त आहार — 8 बार

माँसाहारी आहार लेने वाली गर्भवती स्त्रियों के लिए

माँस विकल्प — 2–3 बार (60–75 ग्राम प्रोटीन रोजाना)

- गर्भावस्था के दौरान डाइटिंग बिलकुल नहीं करें क्योंकि यह शिशु के विकास के लिए हानिकारक हो सकता है।

क्या खाएँ और कैसे

- भोजन मात्रा में कम, पोषक तत्वों से भरपूर, समय पर, हल्का और सुपाच्य होना चाहिए। ज्यादा समय खाली पेट नहीं रहना चाहिए।
- नियमित समय पर थोड़ी–थोड़ी मात्रा में भोजन ग्रहण करें।
- अंकुरित या उबला हुआ दानेदार अन्न खाएँ।
- चोकर युक्त आटे की चपाती, दालें, दलिया, चावल का भरपूर उपयोग करें।
- पत्तेदार और रेशेयुक्त सब्जियों के साथ गाजर, पत्ता गोभी, मटर जैसी सब्जियों का उपयोग करें।

- आँवला, अमरूद, पपीता, पके आम, संतरे, जैसे फलों का सेवन करें। यह विटामिन 'ए' और 'सी' के अच्छे स्रोत हैं।
- दूध एवं दूध से बने खाद्य पदार्थ जैसे पनीर, दही, छैना और छाछ का सेवन करें। ये प्रोटीन और कैल्शियम के अच्छे स्रोत हैं। दूध अगर पसंद न हो तो चीज या पनीर ले सकती हैं।
- तली हुई चीजों, तेज मिर्च मसालों के सेवन से बचें।
- यदि गर्भवती महिला स्वयं को अस्वस्थ महसूस करती है तो थोड़ी मात्रा में किसी मीठी चीज का सेवन कर लें।
- गर्भावस्था के शुरुआती दिनों में मॉर्निंग सिकनेस की शिकायत रहती है। इसके लिए कार्बोहाइड्रेट्स के स्नैक्स ले सकते हैं। भरपूर कार्बोहाइड्रेट युक्त सूखा भोजन खाएँ जैसे बिस्कुट, ब्रेड, रस्क या चॉकलेट खाएँ।
- भोजन के साथ की बजाए भोजन के बीच में ठंडे तरल पदार्थों का सेवन करें।
- अगर शरीर में सूजन बढ़ने लगे तो प्रोटीन की मात्रा बढ़ा दें।
- कम मात्रा में ही सही, लेकिन भोजन में वसायुक्त पदार्थों को शामिल करें। क्योंकि वसा से गर्भस्थ शिशु की दीवारें बनती हैं, यह शिशु के स्नायु तंत्र के लिए भी जरूरी है।
- दोपहर के भोजन की तुलना में रात का भोजन हल्का लें और खाने के बाद 10–15 मिनट टहलें।
- अगर आपके परिवार में किसी को डायबिटीज की शिकायत हो तो चीनी भी कम लें।
- प्रतिदिन 8–12 ग्लास पानी पिएँ। इससे शरीर के विषैले तत्व बाहर निकालने में मदद मिलती है।
- अंतिम दिनों में अगर आपको सूजन हो, तो नमक कम या पूर्णतया बन्द कर देना चाहिए। पर अगर कोई चिकित्सकीय परेशानी न हो तो गर्भावस्था के दौरान नमक पर पाबंदी न लगाएँ।
- प्रारंभिक महीनों में शिशु को पर्याप्त मात्रा में शक्कर की आवश्यकता होती है। अतः शहद, खजूर और गन्ने का रस पर्याप्त लें।

उपवास और डाइटिंग भूल कर भी न करें।

- अदल–बदलकर लिए जाने वाले आहार से आपको सारे पौष्टिक तत्व मिलेंगे।
- अदरक वाली चाय पीएँ। अदरक पाचन में तो मदद करेगी ही, आपकी कमजोर हुई पाचनशक्ति से भी लड़ेगी।
- तेज खाने की गंध से दूर रहें।
- स्नैक्स अपने बिस्तर के पास रखें, उठने से पहले उन्हें चबाएँ।
- 3 ग्लास दूध लें। इसे आप छाछ, मक्खन आदि के रूप में भी ले सकती हैं। बच्चे की हड्डियों के निर्माण और माँ के दाँतों की सुरक्षा के लिए कैल्शियम की उचित मात्रा अति आवश्यक है।
- 2 बादाम–दिन की शुरुआत करने के लिए सबसे अच्छे हैं।
- 2 कटोरी सब्जी–पालक, मेथी, पत्तागोभी, फूलगोभी आदि।
- दो कटोरी सलाद लें।

- एक दिन में कम–से–कम 5 रोटी का सेवन अवश्य करें।
- 2 फल–संतरा, अंगूर, मौसमी, सेब आदि (कच्चा पपीता नहीं)।
- यदि माँसाहारी है तो—1 कटोरी माँस मछली, चिकन लें।
- 12 घंटे या उससे अधिक समय तक भूखे ना रहें।

- गर्भावस्था में भरपूर मात्रा में ताजे फलों व सब्जियों का सेवन करने से फॉस्फोरस, लोहा, आवश्यक खनिज तत्वों व रोग निरोधक विटामिनों की पूर्ति होती है।
- भोजन में सोयाबीन, अंकुरित दालें व अनाज, राजमा, छोले, चने, मूँग, मटर, मूंगफली इत्यादि लेते रहना चाहिए क्योंकि इन खाद्य पदार्थों में प्रोटीन खनिज व विटामिन प्रचुर मात्रा में पाए जाते हैं, जो बच्चे के विकास के लिए बेहद जरूरी हैं।
- गर्भावस्था में रोज कच्चा सलाद व रेशे वाले भोजन लेने से कब्ज की शिकायत नहीं रहेगी, क्योंकि गर्भावस्था में बवासीर की समस्या हो जाने का खतरा रहता है।

- गर्भवती स्त्री और गर्भावस्था में बच्चे को शक्ति प्रदान करने के लिए मौसमी का रस पौष्टिकता से भरपूर होता है।
- भोजन में लौह तत्व की आवश्यकता आखिरी तीन महीनों में बढ़ जाती है। इसलिए इन महीनों में पालक, हरी सब्जियाँ, माँस–मछली, अंडा, सेब, केला जैसे खाद्य पदार्थ जिनमें लौह की मात्रा अत्याधिक होती है, खाने चाहिए जिससे कि शरीर में खून की कमी (एनीमिया) न हो।
- आइस टी में नींबू की स्लाइस लेने से जी मिचलाना रुक जाता है।
- खाना खूब चबा–चबाकर आहिस्ता–आहिस्ता खाने से अच्छा हजम होता है। जल्दी–जल्दी निगलने से पेट–दर्द, बदहजमी हो सकती है। यह गर्भस्थ शिशु के लिए नुकसानदेह है।
- खाना खाते समय बार–बार पानी पीने या खाते ही ज्यादा पानी पीने से खाना अच्छी तरह हजम नहीं होता। पेट भारी हो जाता है, भूख घट जाती है। अतः खाना खाने के कुछ देर बाद ही पानी पीना चाहिए।
- बहुत रात बीतने पर खाना खाना भी अच्छा नहीं है।
- कोल्ड ड्रिंक की जगह नींबू पानी, जूस, लस्सी, शिकंजी वगैरह पीएँ।
- भोजन के साथ नहीं बल्कि दो भोजनों के समय के बीच में तरल पदार्थ लेना अच्छा रहता है।
- तेज भूख लगने से पहले कुछ खा लें।
- उल्टी, मतली या अन्य समस्याएँ होने पर आहार में बदलाव किया जा सकता है।

गर्भकाल के नौ माह का खान-पान (रक्षण एवं पोषण)

गर्भवती स्त्री को ऐसा आहार पूरे नौ महीनों तक लेना चाहिए जिससे कि उसका शरीर न किसी व्याधि से ग्रस्त हो और न ही उसके आने वाले शिशु के स्वास्थ्य पर बुरा प्रभाव पड़े। गर्भवती स्त्री का आहार ऐसा होना चाहिए कि वह और उसका गर्भस्थ शिशु स्वस्थ रहे। शिशु का समुचित विकास होता रहे और गर्भवती शरीर से इतनी सक्षम तथा शक्तिशाली रह सके कि सुखपूर्वक, उचित समय पर, मन के अनुकूल, सर्वगुण सम्पन्न एवं स्वस्थ सुखी शिशु को जन्म दे सके। अगर गर्भवती स्त्री गर्भकाल की पूरी अवधि उपेक्षा, लापरवाही और अनुचित ढंग से गुजार देती है तो यह उसके और गर्भस्थ शिशु के लिए हानिकारक हो सकता है। क्योंकि माँ को कोई तकलीफ होती है तो उसका बुरा प्रभाव गर्भस्थ शिशु के स्वास्थ्य पर भी पड़ना निश्चित है।

गर्भवती स्त्री को पूरे नौ महीनों तक प्रतिमाह अलग-अलग ढंग से कुछ अतिरिक्त प्राकृतिक औषधियों तथा आहार द्रव्यों का सेवन अवश्य करना चाहिए। इसका आरम्भ आप गर्भाधान क्रिया वाले दिन से ही शुरू कर दें। पिछले मासिक धर्म जिस तारीख को हुआ हो वहाँ से प्रथम मास शुरू होना मानकर निम्न दिया हुआ आहार (प्रत्येक माह अनुसार) लेना शुरू कर दें। यदि गर्भस्थापना न भी हुई और मासिक धर्म होने लगा तो भी इस आहार से कोई नुकसान नहीं होगा बल्कि स्वास्थ्य लाभ ही होगा।

प्रथम मास

- सुबह-रात को सोते समय मिश्री मिला दूध पीना चाहिए।
- 1 चम्मच मक्खन, 1 चम्मच पिसी मिश्री और रुचि व स्वाद के अनुसार पिसी काली मिर्च मिलाकर चाट लें।
- पानी वाले नारियल की दुधिया सफेद गिरी के 2-3 टुकड़े खूब चबाकर खा लें।
- 1-2 चम्मच (5-10 ग्राम के लगभग वजन) सौंफ खूब देर तक चबा-चबाकर खा लें।

यह आहार पौष्टिक, शक्तिवर्धक और स्निग्धता देने वाला तो है ही, इससे गर्भस्थ शिशु का शरीर भी पुष्ट और सुडौल होता है। शिशु का रंग भी गोरा होता है भले ही माता-पिता गोरे हों या नहीं।

द्वितीय मास

- 10 ग्राम शतावर का बारीक पाउडर और 10 ग्राम पिसी हुई मिश्री को फाँक कर ऊपर से कुनकुना गर्म दूध घूँट-घूँट करके पी लें। इस आहार को सुबह-रात को सोने से आधा घण्टा पहले लें। इसके बाद आप ब्रश करके सो सकती हैं।

तृतीय मास

- सुबह-शाम एक गिलास ठण्डा किए गए दूध में एक चम्मच घी और तीन चम्मच शहद घोलकर पीयें।
- सोमघृत का सेवन शुरू कर दें और आठवें मास तक लें। सोमघृत को आधा चम्मच से शुरू करके अपनी पाचन शक्ति के अनुसार धीरे-धीरे इसकी मात्रा बढ़ाकर तीन बड़े चम्मच तक लेने लग जाना चाहिए। इसका सेवन दूध या फलों के रस में सुबह-शाम करना चाहिए।
- अगर किसी कारणवश सोमघृत न मिले तो शुद्ध घी का ही सेवन करती रहें।

चतुर्थ मास

- सुबह–शाम दूध के साथ ताजा मक्खन 20 ग्राम की मात्रा में सेवन करें। अगर शुद्ध घी का सेवन कर रही हों तो उसे बन्द करके सिर्फ मक्खन का ही प्रयोग करें। मक्खन की उपलब्धता न हो तो घी का ही सेवन जारी रखें।
- उपरोक्त आहार के सेवन के आधे घण्टे के पश्चात् ही सोमघृत का सेवन करना चाहिए।

पाँचवाँ मास

- पाँचवें महीने में सुबह–शाम दूध के साथ एक चम्मच घी का सेवन शुरू करें।
- सोमघृत का भी सेवन करती रहें।

छठा मास

- छठे महीने में भी दूसरे महीने ही की तरह शतावर व मिश्री के चूर्ण की फंकी कुनकुने दूध के साथ जारी रखें। इसे सुबह–रात को सोने के आधा घण्टे पहले लें।
- सोमघृत का सेवन करती रहें।

सातवाँ मास

छठे महीने का आहार जारी रखें। इस महीने से गर्भवती स्त्री के उदर में खुजली शुरू होती है जिसको खुजाने से त्वचा पर पहले गुलाबी या बैंगनी रंग की दरारें पड़ जाती हैं जो कि बाद में सफेद रंग की हो जाती हैं। अतः नाखूनों से ना खुजाकर मोटे कपड़े से हलके–हलके रगड़कर खुजली को शान्त करना चाहिए।

- आयुर्वेदिक 'सोमराजी तेल' लगाने से खुजली में आराम मिलेगा।
- नीम, बेर और तुलसी की पत्तियाँ तीनों समान मात्रा में लेकर इन तीनों के वजन के बराबर मजीठा (मंजिष्ठा) की जड़ लेकर, चारों को पानी में पीस लें और लेप तैयार करें। इस लेप को पतला–पतला उदर पर लगायें। इससे खुजली में भी आराम मिलता है और धारियाँ पड़ने की सम्भावना कम हो जाती है।

आठवाँ मास

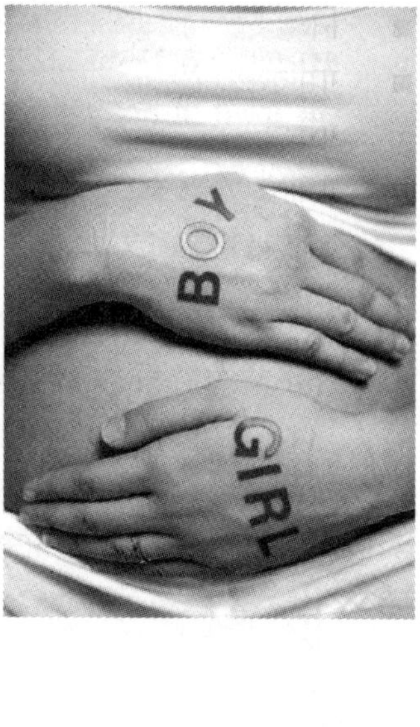

इस माह का आहार हल्का रहना चाहिए क्योंकि गर्भ का आकार बढ़ने से गर्भवती को कब्ज और वायु प्रकोप (गैस ट्रबल) की शिकायत रहती है। इसका गर्भस्थ शिशु पर भी बुरा प्रभाव और अनुचित दबाव पड़ता है। इसलिए तरल पदार्थों का सेवन ज्यादा करें, दोनों वक्त (सुबह–शाम) शौच जरूर जाएँ। खाने में आप शाम के वक्त दूध–दलिया घी डालकर ले सकती हैं। सोमघृत का सेवन जारी रखें।

नवम् मास

इस मास के शुरू होते ही सोमघृत का सेवन बन्द कर दें। भोजन हल्का व सुपाच्य ही लेना चाहिए।

गौरवर्ण तथा स्वस्थ संतान

- गर्भाधान से पहले तीन चार महीने तक दूध के साथ रात्रि में एक ग्राम बंसलोचन नित्य लेने से बच्चा गौरवर्ण और हृष्ट-पुष्ट उत्पन्न होगा।
- गर्भाधान के समय से ही चावल की खीर, दूध-भात तथा शतावरी का चूर्ण दूध के साथ रात को सोने से पहले नियमित सेवन करने से शिशु गौरवर्ण का होगा।
- गर्भावस्था में मूँगफली का चूर्ण दूध में मिलाकर दो समय नियमित रूप से पीने से संतान हृष्ट-पुष्ट उत्पन्न होगी।
- गर्भवती स्त्री द्वारा नित्य भोजन के पश्चात् बेल के मुरब्बे का सेवन करने से गर्भस्थ शिशु का विकास उत्तम ढंग से होता है तथा प्रसव पीड़ा भी कम होती है।
- गर्भवती स्त्री को पहले महीने से आठवें महीने तक रोज दो संतरे दोपहर में खिलाने से बच्चा सुन्दर और गौरवर्ण होता है।
- गर्भवती स्त्री को नित्य सुबह मक्खन व मिश्री प्रत्येक एक-एक चम्मच मिलाकर खिलाएँ तथा इसके ऊपर काली मिर्ची चटाएँ। इसके पश्चात् कच्चा नारियल व सौंफ खिलाएँ। यह प्रयोग पूरे नौ महीनों तक करें। इसके सेवन से सन्तान निश्चित रूप से गौरवर्ण की होगी।
- 50 ग्राम कच्चा नारियल प्रतिदिन सुबह चबाकर खाने से गर्भवती का स्वस्थ अच्छा रहता है तथा उसकी होने वाली सन्तान हृष्ट-पुष्ट, स्वस्थ और सुन्दर पैदा होती है।
- दो चम्मच शहद प्रतिदिन सेवन करने से गर्भवती महिला को रक्त की कमी नहीं होती तथा अंतिम तीन माह में दूध के साथ शहद लेने से गर्भस्थ शिशु स्वस्थ एवं सुन्दर होता है।
- गर्भावस्था में प्रतिदिन भोजन के पश्चात् सौंफ चबाते रहने से सन्तान गोरी होती है।
- रोजाना नाश्ते में एक आँवले का मुरब्बा खाते रहने से बच्चा गोरा एवं स्वस्थ होगा।
- नित्य एक नारियल का पानी गर्भावस्था में पीते रहने से सुन्दर सन्तान प्राप्त होती है।
- गर्भावस्था के प्रारंभिक एवं अन्तिम माह में सवा-सौ ग्राम कच्ची लौकी 70 ग्राम मिश्री के साथ प्रतिदिन खाने से गर्भस्थ शिशु का रंग निखर जायेगा।
- गर्भावस्था के दौरान 60 ग्राम अंगूरों का रस दिन में दो बार नित्य पीने से बच्चा स्वस्थ, बलवान व सुन्दर होगा तथा गर्भवती स्वस्थ रहेगी।

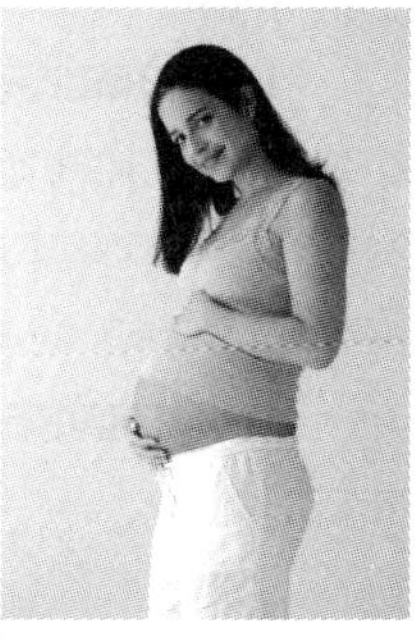

कच्चे नारियल (उपलब्ध न हो तो सूखा नारियल ले सकते हैं) की गिरी मिश्री के संग चबा-चबाकर खाते रहने से सन्तान अवश्य गोरी होगी तथा आँखें बड़ी होती हैं।

गर्भावस्था में वर्जित आहार

1. अनपाश्चराइज्ड दूध—अनपाश्चराइज्ड दूध, जूस व चीज न लें। इन पदार्थों में लिप्टीरिया नामक बैक्टीरिया हो सकते हैं जो अजन्मे शिशुओं के लिए हानिकारक होते हैं।

2. तैयार पदार्थ (प्रिजर्वेटिव फूड व प्रोसेस्ड फूड)—गर्भवती को अनुमति से अधिक अजीनोमोटो, सोडा या अन्य कोई प्रिजर्वेटिव फूड नहीं लेना चाहिए। प्रोसेस्ड फूड और पैकेटों में बंद तैयार पदार्थ न लें। इनमें सामान्यतः अतिरिक्त वसा, शक्कर या नमक होते हैं।

3. कुछ कृत्रिम स्वीटेनर्स—कृत्रिम स्वीटेनर्स (शर्करा) न लें, जिनका कई पदार्थों में उपयोग किया जाता है, जैसे—सॉफ्ट ड्रिंक्स, डेजटर्स, दही, फ्रूटस्प्रेडस, सलाद, च्युइंग गम, और कैंडी। सैकरिन या सायक्लेमेट्स का उपयोग न करें।

4. मछली या शेलफिश—कच्ची या कम पकी शेलफिश नहीं लें, जैसे—ओमस्टर्स, मुसेल्स, झिंगा और केकड़ा।

5. फास्ट फूड रेस्टोरेंट्स में खाना नहीं खाएँ। अपने साथ गुणवत्तापूर्ण स्नैक फूड्स रखें।

6. कृत्रिम रूप से पकाए गए फल और सब्जियाँ न खाएँ। इससे हार्ट बर्न या सीने में जलन होती है।

7. ज्यादा एंटासिड तथा चाय, कॉफी, कोला न लें। ये डाययूरेटिक का काम करते हैं, इससे डीहाइड्रेशन हो सकता है। यदि आपको ज्यादा पसीना आ रहा हो तो तुरन्त इलेक्ट्रोलाइट पाउडर पानी में मिलाकर पीएँ।

8. चाय और कॉफी का प्रभाव—चाय और कॉफी में कैफीन होती है, जो शरीर को उत्तेजित करती है। इन्हें कम मात्रा में पीना तो ठीक है पर इनकी अधिकता से बार-बार पेशाब आने, उत्तेजना में वृद्धि, अनिद्रा आदि की शिकायत हो सकती है। हाल ही में हुए अध्ययनों के अनुसार दिन में पाँच से छः कप कॉफी पीने वालों में गर्भपात अथवा मृत प्रसव की संभावना 300% तक बढ़ जाती है। यहाँ तक कि दिन में चार कप कॉफी से मृत शिशु के जन्म की संभावना 70% बढ़ जाती है। इसलिए बेहतर होगा कि कॉफी पीना बंद कर दें या उसकी मात्रा कम कर दें। और यदि कॉफी पीने की इच्छा हो तो लाइट कॉफी पीएँ।

9. औषधोपचार—बिना डॉक्टरी परामर्श के दवाई लेना गर्भस्थ शिशु के लिए हानिकारक हो सकता है। इसलिए छोटी-मोटी परेशानियों के लिए स्वयं दवाई न लें। गर्भावस्था में कौनसी दवा आपके तथा शिशु के लिए सुरक्षित है, यह डॉक्टर ही बेहतर जानता है। अतः कोई भी दवा और हर्बल उत्पाद उपयोग में लाने से पूर्व अपनी गायनोकोलॉजिस्ट से पूछें। पूर्ण जानकारी या आवश्यक सलाह के बिना दवा न लें।

10. निकोटिन (धूम्रपान)—धूम्रपान महिलाओं में गर्भपात की सम्भावना 20% तक बढ़ा देता है। यही नहीं धूम्रपान करने वाले के निकट बैठने से भी गर्भस्थ शिशु पर बुरा प्रभाव पड़ता है। गर्भावस्था के दौरान धूम्रपान से शिशु के समय से पूर्व कम वजन का पैदा होने व विकृत होने का खतरा बढ़ जाता है। धुएँ से भरे वातावरण में रहने से भी गर्भस्थ शिशु का विकास अवरुद्ध हो जाता है।

11. अल्कोहल (शराब)—गर्भावस्था में किसी भी समय अल्कोहल का संपर्क शिशु के दिमाग को नुकसान पहुँचा सकता है।

15

गर्भावस्था में गर्भिणी का विहार व विचार

आराम—गर्भवती स्त्री को अन्य स्त्रियों की अपेक्षा अधिक विश्राम की आवश्यकता होती है। उसे रात्रि में 8–9 घंटे और दोपहर में डेढ़–दो घंटे विश्राम करना चाहिए। गर्भ के अंतिम तीन महीनों में विशेषकर आखिरी 6 सप्ताहों में अधिक आराम करना चाहिए। गर्भवती स्त्री को आराम और नींद से ही शक्ति मिलती है। अतः जैसे ही गर्भिणी थकावट का अनुभव करे, उसे चारपाई पर लेट जाना चाहिए। पैरों को थोड़ा ऊँचाई पर रखकर सोने से थकावट शीघ्र दूर होती है। सोने से पहले शरीर की मालिश हल्के हाथों से करवा सकती हैं। इस दौरान मालिश से कमर दर्द, हाथ और पैरों की सूजन में आराम मिलता है, तनाव दूर होता है। पेट पर ज्यादा दबाव ना डालें। संगीत सुनें व प्रसन्न रहें, इससे नींद भी बढ़िया आएगी व आप फ्रेश और सुन्दर महसूस करेंगी।

नींद—गर्भिणी के लिए नींद भी भोजन की भाँति परमावश्यक है। अतः उसे निद्रा की ओर विशेष ध्यान देना चाहिए। गर्भावस्था में थकावट तथा आलस्य शुरू से ही महसूस होने लगता है जिसके कारण नींद नहीं आती इसलिए कोशिश करके भरपूर नींद लें। बेहतर होगा आरामदायक करवट से लेटें। सहारे के लिए पेट के नीचे तकिया लगाएँ। रात्रि भोजन हल्का लें और सोने के समय से काफी देर पहले खाएँ ताकि आप पानी पी सकें और थोड़ा टहल भी सकें। आप दिन के समय भी थकावट, आलस्य और चक्कर महसूस कर सकती हैं, पर चिन्ता मत कीजिए गर्भावस्था में ऐसा होता है। स्वच्छ और शुद्ध वायु में सोना लाभकारी होता है। इससे गहरी व सुखद नींद आयेगी। और अगर नींद ना आए तो बिस्तर में आराम करें क्योंकि वह भी नींद के बराबर ही है।

गर्भावस्था के दौरान कार्य

पूरे समय लेटे रहना भी उसके लिए अहितकारी होगा। अतः स्वास्थ्यवर्द्धन और शुद्ध वायु ग्रहण करने हेतु दोनों समय टहलना चाहिए। शरीर को फुर्तीला, सचेत और क्रियारत रखने हेतु गर्भिणी को थोड़ा बहुत परिश्रम अवश्य करना चाहिए। इससे रक्त संचार बढ़ता है और शरीर में बढ़ रहे तनाव में कमी आती है। प्रतिदिन का घरेलू कार्य ही यदि स्त्री कर लेती है तो उसके लिए वही पर्याप्त व्यायाम है। व्यायाम से प्रसव में कष्ट बहुत कम हो जाता है। क्योंकि भीतरी अंग क्रियाशील रहते हैं। परन्तु आप अपनी स्थिति के अनुसार ही श्रम व व्यायाम करें। उसे कार्यरत रहते हुए निम्न बातों का ध्यान अवश्य रखना चाहिए—

1. गर्भिणी को शक्ति से अधिक परिश्रम या हाथों से अधिक वजन उठाकर सिर पर नहीं रखना चाहिए।
2. भारी बोझ लेकर सीढ़ी आदि नहीं चढ़नी चाहिए क्योंकि इससे गर्भस्थ शिशु पर प्रभाव पड़ता है और वह नीचे की तरफ खिसकता है।
3. भारी सामान जैसे पानी से भरी बाल्टी आदि न खिसकाएँ।
4. ज्यादा थका देने वाला कार्य न करें।
5. घरेलू कार्यों को सामान्य रूप से करते रहना चाहिए।
6. उठने बैठने व नींद के समय सही 'पोस्चर' अपनाएँ।
7. डॉक्टरी परामर्श से योग और हल्के व्यायाम कर सकती हैं। पर इनको करने से पहले इनको करने का तरीका पूर्ण रूप से समझ लें और किसी विशेषज्ञ की देख-रेख में ही इन्हें करें।
8. अधिक ऊँचाई से स्टूल, कुर्सी, मेज आदि पर नहीं चढ़ना चाहिए तथा अधिक भारी वजन को उठाना या खींचना नहीं चाहिए।

गर्भवती स्त्री को ऊँची एड़ी के जूते-चप्पल आदि कभी नहीं धारण करने चाहिए। इससे मेरूदण्ड पर तनाव तथा गर्दन, पीठ, उदर की माँसपेशियों पर खिंचाव पड़ता है। इसके अतिरिक्त पैर टेढ़ा-मेढ़ा भी पड़ सकता है। फलस्वरूप गिरकर रक्तस्राव अथवा गर्भपात तक हो सकता है। ऐसी स्थिति में नीची व चपटी एड़ी के जूते व चप्पल ही पहनने चाहिए।

मानसिक स्वास्थ्य

माता के विचारों एवं मानसिक स्थिति का भी गर्भस्थ शिशु पर गहरा प्रभाव पड़ता है। इसलिए सर्वप्रथम गर्भिणी स्त्री को अपनी मानसिक स्थिति पर नियंत्रण रखना चाहिए। अतः गर्भिणी को कभी चिन्तित, भयभीत एवं क्रोधित नहीं होना चाहिए और क्रोध, शोक, लड़ाई-झगड़े से बचना चाहिए। इसका प्रभाव बच्चे के स्वभाव पर पड़ता है क्योंकि **शिशु गर्भकाल से ही सीखना शुरू कर देता है।** गर्भिणी को सदा प्रसन्न रहना चाहिए और उसको अपने विचारों को भी पवित्र रखना चाहिए। अत्याधिक चिन्ता या क्लेश से गर्भपात हो सकता है। उसे गर्भ को लेकर बेवजह परेशान व भयभीत होने की जरूरत नहीं है। गर्भस्थिति कोई बोझ नहीं है, गर्भधारण और प्रसव नारी की स्वाभाविक व प्राकृतिक क्रियाएँ है। इसलिए गर्भवती स्त्री को प्रसव पीड़ा से भयभीत नहीं होना चाहिए।

चिन्ता और तनाव से गर्भिणी की शारीरिक स्थिति पर अवश्य असर पड़ता है और परिणामतः गर्भस्थ शिशु पर भी। उल्टियों की संख्या में वृद्धि, रक्तचाप, सिरदर्द व अनिद्रा आदि की शिकायत हो सकती है। सामान्य प्रसव के स्थान पर सिजेरियन प्रसव की आशंका बढ़ जाती है।

तनावमुक्त रहने के लिए

1. संगीत सुनें, हल्के–फुल्के टीवी सीरियल देखें।
2. संभव हो तो योग, ध्यान आदि करें।
3. ईश्वर की आराधना करें।
4. धर्मग्रन्थ एवं सात्विक अध्ययन करना लाभकारी होता है।
5. परिवार में शान्तिमय वातावरण हो।
6. प्रातः तथा संध्या समय स्वच्छ वायु प्राप्त करने हेतु टहलना चाहिए।
7. सुन्दर फूल व चित्र कमरे में लगाने चाहिए।
8. अशुद्ध व अस्वस्थ विचारों वाले व्यक्ति से बचना चाहिए।

उपर्युक्त सभी स्थितियों से स्नायु तन्त्र को आराम मिलता है और गर्भ पर अच्छा प्रभाव पड़ता है।

स्नान

गर्भिणी के लिए स्नान एक टॉनिक के समान है। उसे दिन में दो बार स्वच्छ पानी से नहाना चाहिए। गर्भावस्था में अगर टब में स्नान किया जाये तो अच्छा है। नहाते वक्त अपने शरीर के प्रत्येक अंग को स्वच्छता से धोना चाहिए। आठवें महीने के बाद सीधे बैठकर ही नहाएँ। नहाने के बाद स्वच्छ तौलिये से शरीर पोंछना चाहिए जिससे त्वचा पूर्णरूपेण स्वच्छ हो जाए।

स्तनों की सफाई

छह माह के गर्भ के बाद नहाते समय स्तनों की सफाई करनी चाहिए। स्तनों की स्वच्छता परमावश्यक है। स्तनों को ठण्डे व गर्म जल दोनों से धोना चाहिए। जब श्वेत दूध सा तरल द्रव निकलना आरम्भ हो तब विशेष रूप से स्तनों की स्वच्छता आवश्यक है। क्योंकि इस द्रव के स्तन मुख पर सूख जाने से वहाँ की त्वचा विदीर्ण हो जाती है। वैसलीन लगाकर उस स्थान को चिकना रखा जा सकता है। हल्का मसाज करना चाहिए ताकि उस पर जमी पपड़ी निकल जाए, निप्पल के छेद साफ रहें और बाद में दूध के बहाव में रुकावट ना आए। ऐसी अवस्था में ब्रा ऐसी पहननी चाहिए जिससे स्तनों का भार नीचे की ओर ना हो।

इलेक्ट्रोमैग्नेटिक उपकरणों से निकलने वाली किरणों का प्रभाव

कुछ अध्ययनों से निष्कर्ष निकला है कि ऐसे उपकरणों (टी.वी., माइक्रोवेव ओवन, कम्प्यूटर, मोबाइल फोन आदि) से इलेक्ट्रोमैग्नेटिक उत्सर्जन होता है। ये किरणें आप पर और गर्भस्थ शिशु पर लम्बे वक्त तक असर रखने वाले प्रभाव छोड़ जाती हैं। इसलिए इन उपकरणों से कम से कम दो फीट की दूरी बनाये रखना सुरक्षित होगा। कम्प्यूटर से जितना दूर रह सकते हैं रहिए।

मोबाइल का इस्तेमाल सबसे कम कर दीजिए।

यात्रा

यात्रा करना या न करना गर्भिणी की स्थिति पर निर्भर करता है। यदि गर्भिणी सामान्य अवस्था में है तो गर्भ के 6 माह तक लम्बी यात्रा करना असुरक्षित नहीं होगा। फिर भी जहाँ तक संभव हो गर्भावस्था में स्त्रियों को यात्रा से बचना चाहिए। विशेष रूप से गर्भावस्था के अन्तिम सप्ताहों में यात्रा नहीं करनी चाहिए। क्योंकि इसका प्रभाव गर्भवती के साथ-साथ गर्भस्थ शिशु पर भी पड़ सकता है। ऊबड़-खाबड़ रास्तों पर लाख सावधानी बरतने पर भी झटके लगते हैं अतः गर्भावस्था में स्त्रियों को बस, टैक्सी, तिपहिए वाहनों, स्कूटर, मोटर साइकिल, रिक्शे, बैलगाड़ी, आदि से यात्रा करने से बचना चाहिए।

गर्भ में शिशु एक थैले में रहता है जिसे ऐम्नियॉटिक सैक कहते हैं। अमीनियोटिक सैक में 'ऐम्नियॉटिक फ्लूइड' नामक एक द्रव भरा रहता है जिसमें शिशु तैरता है। यह द्रव एक 'शॉक एब्जार्बर' यानी धक्कासह का काम करता है तथा गर्भस्थ शिशु को झटकों से बचाता है। यात्रा के दौरान यह ऐम्नियॉटिक सैक फूट सकता है जिससे ऐम्नियॉटिक फ्लूइड बह जाता है और गर्भपात हो जाता है। इससे गर्भस्थ शिशु के साथ माँ की जान भी जा सकती है।

रेलगाड़ी की यात्रा करना कुछ हद तक आरामदायक एवं सुरक्षित होता है परन्तु इसमें भी स्त्रियाँ यात्रा के मनोवैज्ञानिक प्रभाव से नहीं बच पाती हैं। यात्रा के दौरान असुविधाओं की वजह से और समुचित आहार व आराम न मिल पाने के कारण कई प्रकार की चिन्ताएँ सताने लगती हैं। इससे रुधिर परिसंचरण तंत्र प्रभावित हो सकता है तथा हृदय की धड़कन सामान्य से बहुत अधिक या बहुत कम हो सकती है। स्त्रियों में हार्मोन्स का उत्सर्जन भी अनियमित हो सकता है।

हवाई यात्रा के दौरान भी रक्तचाप एकाएक अधिक या कम हो जाता है क्योंकि आकाश में ऊपर वायु का घनत्व बहुत कम होता है। वायु दबाव से बचने के लिए जब वायुयान ऊँचाई से नीचे की ओर आता है तब झटके के अतिरिक्त भारहीनता का भी अनुभव होता है, इसके कारण गर्भपात या समय से पहले बच्चा होने की स्थिति उत्पन्न हो सकती है। वायुयान में बाँधी जाने वाली बेल्ट के दबाव का भी गर्भवती स्त्रियों एवं गर्भस्थ शिशुओं पर कुप्रभाव पड़ सकता है।

अतः गर्भावस्था में यात्रा से बचना चाहिए और यदि यात्रा करना अत्यंत आवश्यक हो तो पहले से बर्थ या सीट आरक्षित कराकर रेल यात्रा ही करनी चाहिए। यात्रा के दौरान समुचित आहार व आराम का ध्यान रखना चाहिए।

सार्वजनिक जगहों पर भी ध्यान से और सर्तकतापूर्वक घूमें। ज्यादा भीड़-भाड़ वाली जगहों पर जहाँ तक सम्भव हो मत जाइये। ढीले वस्त्र पहनें पर वह ऐसे न हों कि कहीं उलझ जाएँ। सार्वजनिक वाहनों को इस्तेमाल करते वक्त आप आगे की सीट माँगें। अगर खुद का वाहन चला रही हैं तो अपनी रफ्तार नियंत्रित रखें और स्पीड ब्रेकर्स और खड्डों का ध्यान रखें। अकेले वाहन न चलाएँ। किसी को अपने साथ रखें।

लम्बी यात्रा करने से पूर्व अपने डॉक्टर से परामर्श या अनुमति अवश्य लेनी चाहिए।

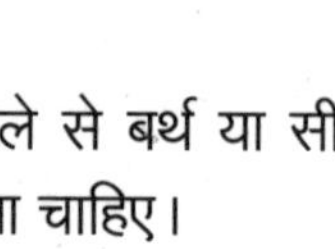

विटामिन, कैल्शियम, आयरन, सप्लीमेंट्स

गर्भवती महिला को संतुलित आहार के बावजूद विटामिन, आयरन और कैल्शियम की गोलियाँ लेने की जरूरत पड़ती है। गर्भावस्था में इन तत्वों की अधिक जरूरत होती है। शिशु की हड्डियों की मजबूती के लिए कैल्शियम चाहिए जो वह माँ की हड्डियों से ले लेता है। माँ की हड्डियाँ कमजोर न हों इसलिए कैल्शियम की गोलियाँ दी जाती हैं। जहाँ तक आयरन और विटामिन का सवाल है भारतीय महिलाओं के आहार में इतनी पौष्टिकता नहीं होती है कि वे बढ़ते हुए गर्भाशय, आँवल व खून को जरूरी मात्रा में आयरन दे सकें। ऐसे में गर्भवती स्त्री के एनीमिक (खून कम होना) होने का खतरा रहता है। बच्चा भी कमजोर होने का डर रहता है। ऐसी हालत में स्त्री किसी भी इंफेक्शन से लड़ने में असमर्थ होती है। इसी तरह प्रसव के समय भी उसे कई समस्याओं का सामना करना पड़ सकता है। आयरन व विटामिन सप्लीमेंट लेने से इन स्थितियों से निपटा जा सकता है। फिर भी अपने डॉक्टर से सलाह मशविरा करने के बाद ही आप ये गोलियाँ और टॉनिक लें।

खाने में हरी सब्जियाँ, फल, अण्डा, माँस, कलेजी खाने से आयरन बढ़ता है। दालों में काले चने का सूप भी लाभदायक है।

अगर आप फ्लाइट से यात्रा कर रही हैं तो सावधानी बरतें। केबिन की हवा में नमी कम होती है अतः पानी से भरी बोतल साथ रखें, एवं थोड़ी-थोड़ी देर में पानी पीती रहें।

गर्भावस्था के दौरान सैक्स

16

गर्भावस्था में यह बहुत जरूरी है कि पति–पत्नी अपने संबंधों का उसी तरह निर्वाह करें जैसे आप अपने अजन्मे बच्चे का पोषण करती हैं। आप गर्भवती हैं इसका अर्थ यह नहीं है कि आपका सैक्स जीवन समाप्त हो गया है। देखा जाए तो सैक्स का आनंद सबसे ज्यादा इसी वक्त उठाया जा सकता है, क्योंकि इस समय किसी गर्भ निरोधक उपाय की जरूरत नहीं पड़ती। अगर आप पूरी तरह स्वस्थ हैं तो इस दौरान सैक्स करना आपके और बच्चे दोनों के लिए पूर्णतया सुरक्षित है।

अधिकांश महिलाओं का शरीर गर्भावस्था में बढ़ जाता है। बहुत सी स्त्रियाँ गर्भावस्था में यह जानकर अचंभित होती हैं कि उनकी यौन इच्छाएँ वास्तव में बढ़ गई हैं, जो पेड़ू और योनि में रक्त प्रवाह के बढ़ने के कारण होती है।

अगर आपका गर्भ कम खतरे और जटिलताओं का है तो गर्भावस्था में यौन सम्बन्ध सुरक्षित है। अधिकांश महिलाएँ गर्भावस्था में पूर्ण रूप से यौन संबंधों का आनन्द प्रसव के दिन तक उठा सकती हैं, मगर यौन संबंध बनाने से पहले डॉक्टर से सलाह जरूर लें। कई औरतें इस बात से डरती हैं कि सहवास करने से गर्भपात हो सकता है। इस तरह की चिंता सामान्य है, पर इसमें सच्चाई नहीं है।

इच्छा का खत्म होना

कई औरतों की गर्भावस्था के दौरान सैक्स की इच्छा ही खत्म हो जाती है जिसका कारण होता है थकान, हार्मोन्स में बदलाव, संवेदनशील स्तनों और अपने बढ़ते आकार को लेकर मन में अनेक तरह की दुविधाओं से ग्रस्त रहना।

इसके विपरीत कई महिलाएँ अपने आपको गर्भावस्था में गर्भावस्था से पूर्व की अपेक्षा ज्यादा कामातुर पाती हैं। इसका कारण गर्भावस्था के दूसरे चरण अर्थात् चौथे, पाँचवें और छठे महीनों में योनि और उरोज में बढ़े हुए रुधिर का प्रवाह स्त्री को अधिक कामातुर बना देता है। हार्मोन में बदलाव भी एक कारण है।

दूसरे चरण की अपेक्षा पहले चरण (पहला, दूसरा और तीसरा महीना) में अधिकांश महिलाएँ यौन संबंध बनाने में

झिझक महसूस करती हैं। तीसरे चरण में (सातवाँ, आठवाँ और नौवाँ महीना) कुछ महिलाएँ अपने आपको असुविधाजनक पाती हैं और यौन संबंध या प्रेम व्यवहार से परहेज करती हैं। जबकि कुछ महिलाएँ लगातार यौन संबंध प्रसव में जाने तक बनाए रखती हैं। कई महिलाओं को सहवास के बाद क्रैम्प्स पड़ने की शिकायत हो सकती है। यह बिलकुल सामान्य बात है। ऐसा होने पर घबराना नहीं चाहिए। सहवास के दौरान माँ के स्तनों से दूध निकलना एक सामान्य बात है, न तो घबरायें, न ही अपराध बोध महसूस करें।

पोजीशन का ध्यान रखें

गर्भावस्था के सातवें, आठवें महीने में शरीर के आकार में परिवर्तन आने से पोजीशन का ध्यान रखना ज्यादा महत्वपूर्ण हो जाता है। वैसे तो चौथे और पाँचवें महीने में गर्भाशय के बढ़ने से सामान्य स्थिति में सहवास करना कठिन हो जाता है। तब सहवास की ऐसी स्थिति अपनाएँ जिसमें आप आराम महसूस करें। पोजीशन बदलने के बावजूद देखा गया है कि कई औरतों को इस समय बहुत आनंद आता है।

शिशु का आकार जैसे–जैसे बढ़ता है, औरत वहाँ बढ़ते दबाब को लेकर चिंतित रहने लगती है। वह सैक्स के प्रति अरुचि जाहिर करती है और पुरुष भी बच्चे के मामले में किसी तरह की लापरवाही नहीं बरतना चाहता है। आर्गेज्म के दौरान यूट्रस में भी संकुचन होता है जिससे स्त्री को असुविधा महसूस होती है। जिस स्थिति में आप गर्भावस्था से पहले सहवास करते थे, उसी पोजीशन में गर्भावस्था के दौरान और आखिरी महीनों में सैक्स सम्बन्ध बनाना ठीक नहीं होता। चौथे माह के बाद गर्भवती स्त्री को पीठ के बल नहीं लेटना चाहिए, क्योंकि गर्भाशय पर बढ़ता हुआ वजन मुख्य रक्त वाहिकाओं पर दबाव डालता है। इस अवस्था में करवट की पोजीशन अपनाई जा सकती है। इससे शिश्न का योनि में सीधा और गहरा प्रवेश नहीं होगा। जहाँ तक बच्चे का सवाल है तो वह अपने तरल कुशन (ऐम्नियॉटिक द्रव) के अंदर पूरी तरह सुरक्षित होता है।

गर्भावस्था में लाभ

गर्भावस्था में सैक्स करने के कुछ फायदे भी होते हैं। इसके अंतिम चरण में सहवास करने से वीर्य में मौजूद हार्मोन्स सर्विक्स को लचीला बनाने में मदद करते हैं। सैक्स के दौरान पेल्विक (श्रोणि प्रदेश) में होने वाली गतिविधि गर्भाशय व पेल्विक की माँसपेशियों के लिए अच्छी रहती है। इस क्रिया के दौरान योनि और गर्भाशय में रक्त की आपूर्ति बढ़ जाने से वहाँ तनाव नहीं महसूस होता। स्तनों में उत्तेजना पैदा होने से ऑक्सीटोसिन हार्मोन का स्राव होता है, जो प्रसव पीड़ा को कम करता है। यह एक भ्रामक धारणा है कि नवें महीने में सहवास करने से प्रसव पीड़ा शुरू हो जाती है। अगर आप किसी तरह की कोई असुविधा महसूस न कर रही हों तो संबंध बनाए जा सकते हैं। औरत यदि सहवास करने की इच्छा न करे तो पति उसे मजबूर न करें।

पुरुष एहसास

गर्भावस्था के समय कुछ पुरुष अपनी पत्नी के पल्लवित शरीर को खास महत्व देते हैं। कुछ की मिश्रित प्रतिक्रिया होती है जबकि गर्भावस्था की वजह से कुछ विपरीत महसूस करते हैं। एक पिता का सामान्य भय यह होता है कि यौन सम्बंध बनाने से उनका वजन बच्चे पर पड़ेगा और बच्चा आहत हो जायेगा लेकिन यह भय निराधार है। गर्भावस्था के दौरान आप अपने पति को अपने साथ सामान्य डॉक्टरी परीक्षण के समय अवश्य ले जाएँ। आपका डॉक्टर आपके पति को आश्वस्त कर देगा कि यौन संबंध बनाते समय बच्चे को कोई चोट नहीं पहुँचेगी।

कब सैक्स न करें

- अगर बच्चे की पोजीशन असामान्य हो यानि बच्चे का सिर ऊपर व पैर नीचे हो तो सहवास नहीं करना चाहिए।
- अगर हाई रिस्क प्रेगनेंसी है तो सहवास करने से बचें और अपनी डॉक्टर की राय लेते हुए यह जानें कि इस स्थिति में आपको सैक्स की कौनसी पोजीशन अपनानी चाहिए। कई बार गर्भावस्था के दौरान खून के दाग कपड़ों पर नजर आते हैं या योनि से रक्त बहने लगे तो ऐसी स्थिति में सहवास न करें और तुरंत डॉक्टर से संपर्क करें।
- अगर आपकी गर्भावस्था सामान्य है तो तब तक सहवास करना सुरक्षित होता है, जब तक कि पानी की थैली नहीं फटती। उसके बाद योनि के साथ किया गया किसी भी तरह का संपर्क इंफेक्शन का कारण बन सकता है।
- अगर आपको पहले भी समय से पहले प्रसव की शिकायत हो तो सहवास न करें। ऐसा करने से ब्लींडिंग हो सकती है।
- अगर किसी किस्म का दर्द या डिस्चार्ज हो रहा हो तो सहवास से बचें। क्योंकि वीर्य में कुछ ऐसे हार्मोन्स होते हैं जो इसमें मदद करते हैं।
- अगर पहले भी गर्भपात हो चुका हो तो गर्भावस्था के दौरान सहवास नहीं करना चाहिए।

सैक्स न करने की स्थिति में क्या करें

अगर आप यौन संबंध नहीं बना सकते तो कुछ ऐसे तरीके हैं, जिनका इस्तेमाल करके आप सैक्स जैसा आनंद उठा सकते हैं, जैसे–हाथों का रगड़ना, चुंबन, पीठ का मलना और हाथों का हाथ में लेना आदि। स्पर्श और आलिंगन द्वारा भी एक दूसरे के सान्निध्य को महसूस कर इन पलों का आनंद उठा सकते हैं। इस अवस्था में सबसे ज्यादा जरूरी होता है एक दूसरे को समझना। यह बात सही है कि सैक्स सारी तकलीफों की दवा है और जो महिलाएँ सहवास में रुचि लेती हैं, इसका महत्व समझते हुए सुखी दांपत्य जीवन के लिए पति का संग मूल्यवान समझती हैं। उनमें एस्ट्रोजन नामक हार्मोन का स्तर बढ़ जाता है, जो उनकी शारीरिक कांति, चमक और लुभावनेपन को बनाए रखने में मददगार होता है। मगर गर्भावस्था के दौरान संबंध बनाने से पहले कई चीजों को ध्यान में रखना पड़ता है। एक स्वस्थ महिला गर्भावस्था के दौरान भी सैक्स का पूर्ण आनंद ले सकती है। जरूरत है तो कुछ सावधानियाँ बरतने की ताकि आपकी और आपके बच्चे की सुरक्षा पर कोई आँच न आए।

प्रसव बाद सहवास कब

अगर सामान्य (Normal) प्रसव है, हो तो कम से कम 6 हफ्तों तक सहवास नहीं करना चाहिए। परन्तु उसके बाद पत्नी के पूर्ण स्वस्थ हो जाने पर सहवास किया जा सकता है। तब तक गर्भाशय और योनि का मार्ग अपने पूर्व अवस्था में आ चुके होते हैं।

अगर सिजेरियन हुई हो तो कम से कम तीन महीने या जब तक कि टाँके ठीक न हो जाएँ तब तक सहवास न करें। दर्द महसूस हो तो डॉक्टर की राय अवश्य लें।

प्रसव के बाद सैक्स स्त्री की मानसिक व शारीरिक स्थिति पर निर्भर करता है। प्रसव के पश्चात जब नवप्रसूता की शारीरिक कमजोरी कम हो जाए, वह खुद को तरोताजा और साफ सुथरा महसूस करे और इसके लिए मानसिक व शारीरिक रूप से तैयार हो तभी सैक्स संबंध बनाने चाहिए। पति अगर पत्नी की मानसिक स्थिति का ख्याल रखता है तो पत्नी को संतोष महसूस होता है अन्यथा उसे यह लगता है कि पति को सिर्फ उसके शरीर से मतलब है। प्यार से सैक्स संबंध बनाए जाने पर दोनों को शारीरिक और मानसिक संतुष्टि प्राप्त होती है।

17

गर्भावस्था के दौरान होने वाली सामान्य परेशानियाँ व निदान

गर्भावस्था के बाद से ही शरीर के हार्मोन्स में कई तरह के परिवर्तन आने लगते हैं, जिनके चलते स्त्री को कई तरह की तकलीफों का सामना करना पड़ता है। इसका मुख्य कारण है सैक्स हार्मोन प्रोजेस्ट्रोन और एस्ट्रोजन, जो कि प्लेसेंटा की कोशिकाओं द्वारा स्रावित होते हैं। यही कारण है कि इस समय हर एक स्त्री के अंदरूनी शरीर में परिवर्तन आते हैं तथा उसे कई तकलीफों का सामना करना पड़ता है। हर स्त्री को गर्भवस्था के समय एक जैसी तकलीफ हो, यह जरूरी नहीं है। आइए जानते हैं गर्भावस्था के दौरान होने वाली कुछ आम तकलीफों के बारे में और किस तरह उनका निवारण किया जा सकता है।

मॉर्निंग सिकनेस (जी–मिचलाना व उल्टी)

समय—गर्भधारण के शुरुआती तीन महीनों में।

कारण—प्रेगनेंस हार्मोन के कारण चक्कर आते हैं, क्योंकि इससे रक्त शर्करा कम हो जाती है।

उपाय—आप खाली पेट ना रहें। सुबह बिस्तर छोड़ने से पहले एक ड्राई टोस्ट या बिस्कुट खा सकते हैं। सुबह के वक्त उच्च प्रोटीनयुक्त भोजन लें। जो गंध नापसन्द हो, उससे दूर रहें। दिन में 4–6 बार थोड़ा–थोड़ा आहार लें। डिहाइड्रेशन न हो, इसका ध्यान रखें, इससे चक्कर अधिक आते हैं।

घरेलू नुस्खे

- दूध और पानी बराबर मात्रा में मिलाकर दिन में तीन बार सेवन करें।
- घी एवं सेंधा नमक मिलाकर लें, इससे आराम मिलेगा।
- गर्मी के मौसम में बर्फ का पानी पीने से उल्टी में राहत मिलती है।
- सुबह मुँह धोकर हल्के कुनकुने पानी में एक नीबू का रस निचोड़कर खाली पेट कुछ दिनों तक पियें।

- अगर उल्टियाँ ज्यादा हो रही हों तो भोजन में तरल पदार्थ, यथा–नीबू का रस, संतरे, मौसमी का ज्यूस, पके आम का रस या नारियल का पानी हितकर होता है।
- दो ग्राम हरड़ का चूर्ण 5 ग्राम शहद में मिलाकर दिन में 2–3 बार सेवन करने से गर्भिणी का जी मिचलाना कम होगा।
- गर्भवती स्त्री के उदर पर गीली मिट्टी की पट्टी तथा पानी की पट्टी रखने से भी उल्टी बंद हो जाती है।
- उल्टी के अवस्था में गर्भिणी को ज्यादा से ज्यादा आराम करना चाहिये।
- गुलकन्द और मक्खन को बराबर मात्रा में लेकर 10–10 ग्राम की मात्रा में दिन में तीन बार सेवन करने से लाभ होता है। उल्टी बंद होने के साथ–साथ शरीर को शक्ति भी मिलती है।
- एक कागजी नीबू को बीच में से काटकर उस पर ऊपरी भाग पर काली मिर्च का चूर्ण व नमक बुरक कर आग पर गर्म करके चूसें। उल्टी में लाभ मिलेगा।
- अनार के दाने के रस को थोड़ा–थोड़ा करके चूसने से गर्भिणी की उल्टी में लाभदायक होगा।
- 10 ग्राम धनिया चूर्ण 2 कप पानी में उबालें। आधा रह जाने पर उसे उतारकर उसमें एक चम्मच मिश्री चूर्ण तथा आधा कप चावल का पानी मिलाकर पिलाएँ। इससे गर्भवती की उल्टियाँ बन्द हो जायेंगी।
- हरे धनिये का रस थोड़ा–थोड़ा 2–3 बार पीने से उल्टी में लाभ मिलता है।
- सुबह के समय भुने चने प्रयोग में लिए जा सकते हैं। अगर फिर भी जी मिचलाना न रुके तो लौंग, इलायची, पिपरमैण्ट आदि ले सकती हैं।
- खाने–पीने के उपरान्त लेटना आवश्यक है। लेटकर जब उठें तो धीरे–धीरे उठना चाहिये, झटके से नहीं।
- कटे नीबू को सूँघने से जी मिचलाना रुक जाता है। आइस टी में नीबू की स्लाइसेस डालकर लें।
- जी मिचलाने और हृदय की जलन से बचने के लिए एक चम्मच आँवला पाउडर सादे पानी में, नारियल पानी या लस्सी में डालकर पीएँ।
- दिन भर काफी तरल पदार्थ, जैसे फलों का रस या मलाई रहित दूध (स्किम्ड मिल्क) पीती रहें।
- पानी और सलाद अधिक मात्रा में लें और भोजन कम मात्रा में लें, लेकिन बार–बार लेती रहें।
- गर्भवती स्त्री की उल्टियाँ बन्द न होने पर 20 ग्राम बेलगिरी को चावल में माँड के साथ पीसकर उसमें जरासी मिश्री मिलाकर दिन में तीन बार पिलाएँ, उल्टियाँ बन्द हो जाएँगी।
- नारियल की जटा को जला लें। एक ग्राम राख 10 ग्राम शहद में मिलाकर चटाएँ। अतीव गुणकारी है।
- अर्क केवड़े को बिना पानी मिलाए आधे–आधे घण्टे में दस या बीस ग्राम दें। 5–6 मात्रा देने से वमन बन्द हो जाएँगे।

दो लौंग पीसकर मधु या अनार के रस के साथ चटाना चाहिए।

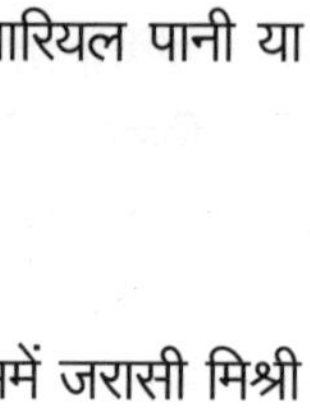

- गर्भावस्था के दौरान उल्टी होने पर बेल का कच्चा फल तोड़कर उसे तीन ग्राम दिन में तीन बार दें।
- 25 ग्राम संतरे का रस शहद में मिलाकर प्रतिदिन 4 बार देने से गर्भिणी की उल्टियाँ रुक जाती हैं, अपच दूर हो जाती है। यदि दस्त आ रहे हों, तो बन्द हो जाते हैं।
- सोंठ और बिल्व (बेल) के काढ़े में जौ का सत्तू मिलाकर पिलाइए, उल्टियाँ बन्द हो जाएँगी।
- गर्भवती को यदि कुछ न हजम हो रहा हो तथा उल्टियाँ हो रही हों तो भुने हुए चने का सत्तू खिलाएँ।
- गर्भवती को उल्टी में मुरब्बे के आँवले दो-दो नित्य चार बार खिलाने से कै बन्द हो जाएगी।
- 50 ग्राम सूखा धनिया, 50 ग्राम पानी में भिगोकर पानी छानकर पिलाएँ।
- चार नीबुओं का रस निकालकर इसे छान लें। इसमें 50 ग्राम सेंधा नमक पीसकर डाल लें, फिर 125 ग्राम जीरा इसमें डाल दें और भीगता रहने दें और भीगते-भीगते जब नीबू का रस सूखकर केवल सूखा हुआ जीरा ही रह जाए तो उसे शीशी में भर लें। इस मिश्रण को नित्य आधा चम्मच चबाएँ। इससे गर्भावस्था में जी-मिचलाना एवं उल्टी बन्द हो जाती है।

- नारंगी के छिलकों को सुखाकर उसका चूर्ण बना लें। इस चूर्ण को चाटकर नारंगी का रस पीने से गर्भवती के वमन और अतिसार में लाभ होता है।
- कमल गट्टे के भीतर की मींगी, छोटी इलायची के दाने, मिश्री-तीनों 10-10 ग्राम, बंसलोचन असली 5 ग्राम तक दूध के साथ लें। इससे उल्टी तो बंद होगी ही, गर्भपात और गर्भस्राव से भी बचाव होगा।
- 25 ग्राम अदरक का सेवन गर्भावस्था के प्रारम्भिक दिनों में जी-मिचलाने में लाभप्रद है। अदरक और प्याज का रस प्रत्येक 10 ग्राम मिलाकर पीने से उल्टी बन्द हो जाती है।
- आधा चम्मच अदरक के रस में नीबू और पोदीने का रस, शहद एक चम्मच मिलाकर कई बार लेने से गर्भिणी की प्रातःकालीन उल्टियों में लाभ होता है।
- सुबह बिस्तर छोड़ने से पहले ताजी अदरक की 5-6 बूँदें एक चम्मच शहद में मिलाकर धीरे-धीरे चाटने से लाभ होता है।
- धनिया 20 ग्राम, सोंठ 7 ग्राम, मिश्री तथा नागरमोथा 20-20 को 500 ग्राम जल में उबालकर दिन में 3-4 बार पिलाएँ। इससे गर्भिणी की तीव्र वमन शान्त हो जाती है।
- 1 ग्राम इलायची भूनकर शहद के साथ लेने से गर्भावस्था में उल्टी बन्द हो जाती है।
- रात में भिगोए चनों का पानी पीने के लिए गर्भवती को प्रातःकाल दें। उल्टी में लाभप्रद है।
- गुलकन्द 5-6 ग्राम व मुनक्का 4 नग मिलाकर खाने और ऊपर से एक कप गुनगुना दूध पी लेने से लाभ मिलता है।
- सौंफ, गुलाब के फूल, मुनक्का, बादाम की गिरी, काली मिर्च और मिश्री की ठण्डाई पीने से लाभ होता है।
- जायफल को चावल के माँड के साथ घिसकर इसमें मिश्री और नीबू का रस मिलाकर पिलाएँ। इससे उल्टी की इच्छा समाप्त हो जाती है।
- मिश्री 10 ग्राम, छोटी इलायची के दाने 5 ग्राम, मुलहठी 5 ग्राम तथा पिपरमेंट आधा ग्राम, गुलाब-जल के साथ खरल करके गोलियाँ बना लें। 1-1 गोली मुँह में रखकर चूसें। वमन, उबकाई, भोजन के प्रति अरुचि में फायदेमंद योग है।

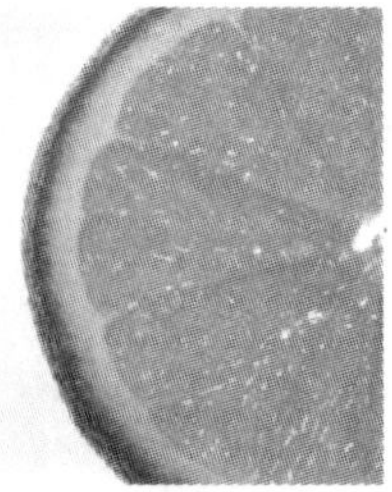

गरम पानी में नीबू निचोड़कर शाम को पीने से अम्लता में लाभ होता है। नीबू अम्ल का नाश करने वाला है।

- शीतोपलादि चूर्ण 1 ग्राम शहद में मिलाकर दिन में 2-3 बार सेवन करने से उल्टी आदि में लाभ होता है।

गर्भावस्था में अम्लता

- भोजन में हल्के पदार्थ, चावल, मूँग की दाल, घिया, तोरई, परवल, टिंडे आदि सब्जियाँ, आहार के साथ हरे धनिये का सेवन विशेष रूप से करें।
- तरल पदार्थों का सेवन कम किया जाना चाहिए, लेकिन दूध बार-बार पिलाना चाहिए। आचार और चाय हानिकारक सिद्ध होते हैं।
- गाजर का रस अम्लरक्तता ठीक कर देता है।
- गर्मी के प्रभाव से खट्टी डकारें आती हों तो मूली के रस में मिश्री मिलाकर पीने से लाभ होता है।
- अम्लता की अधिकता दूर करने के लिए गरम-गरम राख या रेत में भुना हुआ आलू खाना लाभदायक है।
- केले पर चीनी और इलायची डालकर खाने से लाभ होता है।
- जिन्हें अम्लपित हो, उन्हें दिन में तीन बार थोड़ा-थोड़ा दूध पीना चाहिए।
- कच्चा नारियल (डाभ) का पानी इस रोग में बहुत लाभ पहुँचाता है।
- साठ ग्राम सफेद प्याज के टुकड़े, सौ ग्राम दही में मिलाकर नित्य तीन बार खाएँ। कम से कम एक सप्ताह तक सेवन करने से अम्लपित्त में लाभ होगा।

गर्भावस्था में दस्त

केला कब्ज करता है। दो केले आधा पाव दही के साथ कुछ दिन खाने से दस्त पेचिश, संग्रहणी ठीक हो जाती है।

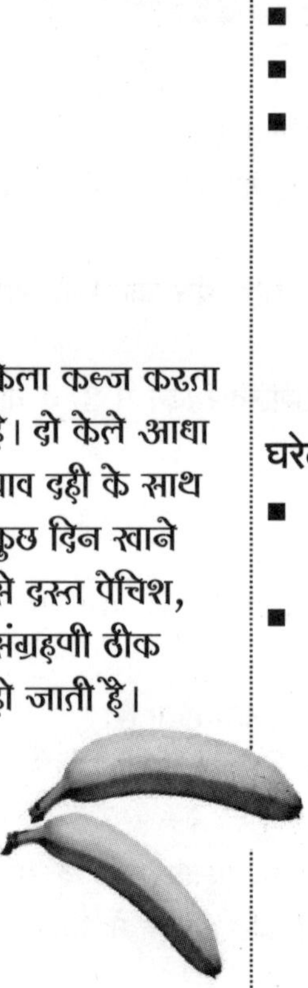

कारण—इसका मुख्य कारण है आँतों में पुराना कुपित मल इकट्ठा है।

घरेलू नुस्खे

- पुदीने की हरी पत्तियों का रस 1-1 चम्मच दिन में तीन बार सेवन करने से पतले दस्त में लाभ होता है।
- जामुन के कोमल पत्तों का 10 ग्राम रस शहद के साथ दिन में तीन बार लेने से दस्त में लाभ पहुँचेगा।
    - जामुन के तीन-चार कोमल पत्तों को सेंधा नमक के साथ पीसकर गोलियाँ बना लें। एक-एक गोली सुबह-शाम पानी से लें। दस्त में फायदा होगा।
    - पके बेल की गिरी या कच्चे बेल को पानी में उबाल लें। दो से चार चम्मच बेल का गूदा और एक-एक चम्मच शहद व मिश्री मिलाकर दिन में तीन बार सेवन करें। गर्भिणी के दस्तों में फायदा होगा।
    - आलूबुखारा मलरोधक है लेकिन कब्ज नहीं करता।

- अधपके बेल को आग में भून लें। फिर उसके गूदे की दो से चार चम्मच, मिश्री तथा गुलाब जल की एक-एक चम्मच के साथ मिला लें। इस मिश्रण को सुबह खाली पेट खाने से पतले दस्तों में फायदा होगा।
- गर्भावस्था में होने वाले पतले दस्तों के लिए बड़ का दूध नाभि में भर दें तथा नाभि के आस-पास लगाएँ, फायदा होगा।
- सूखे आँवले का चूर्ण 10 ग्राम और मिश्री का चूर्ण 5 ग्राम मिलाकर 1-1 चम्मच मट्ठे के साथ सुबह-शाम लेने से बार-बार होने वाले पतले दस्तों में आराम मिलता है।

- संतरे के रस में थोड़ा सा शहद मिलाकर दिन में तीन बार एक-एक कप पीने से गर्भवती के दस्तों में आराम मिलता है।
- अजीर्ण अपच से दस्त हो तो रोगी को भोजन नहीं करना चाहिए। दही की लस्सी पीना लाभदायक है।
- सूखा आँवला और काला नमक समान मात्रा में पीसकर जल के साथ आधा चम्मच की फँकी लेने से दस्त बन्द हो जाते हैं।
- सौंफ को बारीक पीसकर पानी में मिलाएँ। सौंफ के पानी में गेहूँ का आटा गूँधकर रोटी बनाकर खाने से दस्त और पेचिश में लाभ होता है।
- सौंफ और नागकेशर 10-10 ग्राम, बड़ी इलायची के दाने और काला नमक 5-5 ग्राम, काला जीरा 3 ग्राम, कपड़छान करके चूर्ण की 4 पुड़िया बनाएँ। 1-1 पुड़िया प्रातः व सायं ताजे पानी के साथ मिलाकर पीने से दस्त बंद हो जाते हैं।
- यदि मरोड़ देकर तथा थोड़ा-थोड़ा मल आता हो तो तीन ग्राम भुनी सौंफ में बिना भुनी सौंफ मिलाकर पीस लें। फिर उसमें मिश्री मिलाकर सेवन करने से लाभ होता है।
- एक चाय की चम्मच ईसबगोल गरम दूध में फुलाकर रात्रि को सेवन करें। प्रातः दही में ईसबगोल भिगोकर फुलाकर उसमें नमक, सोंठ, जीरा मिलाकर पिलाएँ। कुछ दिन लगातार सेवन करने से दस्त में आँव निकलना बन्द हो जाएगा।
- पतले दस्त होने पर जीरे को सेंककर, पीसकर, आधा चम्मच शहद में मिलाकर चार बार नित्य चाटें। खाने के बाद छाछ में सिका-पिसा हुआ जीरा, काला नमक मिलाकर पीएँ। दस्त बन्द हो जाएँगे।
- एक गिलास पानी को उबालकर ठण्डा करके जरा-सा नमक, स्वादानुसार चीनी मिलाकर घोल लें। या फिर बाजार से ओआरएस का पाउडर लाकर उसका घोल तैयार करके गर्भिणी को पिलाएँ।
- धनिये में काला नमक मिलाकर भोजन के बाद लेने से खाने के बाद दस्त जाने की आदत छूट जाती है। केवल धनिये की फँकी से दस्त बन्द हो जाते हैं।

आधा पाव छाछ में 12 ग्राम शहद मिलाकर पीने से दस्त बन्द हो जाते हैं।

सूजन

समय—गर्भावस्था के दो तीन महीने से लेकर अंतिम दिनों तक।

कारण—गर्भावस्था के दौरान पैरों में सूजन आना आम बात है, जैसे–जैसे गर्भ में बच्चे का विकास होता है उसका वजन बढ़ने लगता है। ऐसे में शरीर का सारा वजन पैरों पर आने लगता है। पैरों में रक्त पहुँचाने वाली रक्तवाहिकाओं पर भी गर्भाशय का दबाव पड़ने लगता है, जिससे पैरों व एड़ियों में सूजन आ जाती है। शरीर में प्रोटीन की कमी से भी सूजन आ जाती है।

उपाय—पैरों को ऊपर करें, इससे थोड़ा आराम मिलेगा। सोते समय बायीं करवट सोएँ, इससे रक्त पैरों से सीधे हृदय की ओर जायेगा। पैरों के नीचे तकिया रखकर सोएँ। अपने पलंग को पैरों की तरफ से थोड़ा ऊँचा कर लें। इसके लिए आप पलंग के पाये के नीचे ईंट लगा सकते हैं। इससे भी रक्त पैरों से हृदय की तरफ जाएगा। प्रसव के बाद में सूजन स्वतः ठीक हो जाएगी। देर तक खड़े न रहें और बैठते वक्त पैरों को ऊपर टिकाकर रखें। अगर सूजन बढ़े, हाथ, चेहरे और गालों पर भी आने लगे तो तुरन्त डॉक्टर के पास जाइए।

घरेलू नुस्खे

- नमक वाले पदार्थ कम खाएँ।
- सूजन कम करने के लिए 7 से 10 गिलास पानी जरूर पीयें।
- प्रोटीन वाली चीजें जैसे–माँस, दालें, चीज, दूध और अण्डे अधिक खायें।
- अनन्नास को छीलकर गोल–गोल टुकड़ों में काट लें। उस पर काली मिर्च और काला नमक बुरक कर खाने से मूत्र में वृद्धि होगी और सूजन कम हो जाएगी।

- बरगद के पत्तों को घी में चुपड़कर उनको गरम करके पैरों पर बाँधने से गर्भवती स्त्री के पैरों की सूजन कम हो जायेगी।
- गर्भावस्था में पैरों की सूजन में काले–जीरे के काढ़े से पैरों को धोना चाहिये। पैरों की सूजन में कमी आएगी।
- अजवायन का बारीक चूर्ण पैरों में धीरे–धीरे मलने से गर्भिणी के पैरों की सूजन कम होती है।
- सूजन, कोशिकाओं में अधिक पानी के कारण होता है। ऐसी स्थिति में स्त्रियों को कंधे तक गुनगुने पानी में आधे घण्टे तक प्रतिदिन बैठना चाहिये। पानी में बैठने से बाहर पानी के दबाव से कोशिकाओं में जमा हुआ पानी निकलकर रक्त नलिकाओं में चला जाता है। फिर गुर्दों के जरिए मूत्र नलिका द्वारा बाहर निकल जाता है। इस प्रकार गर्भिणी के पैरों की सूजन कम होती है। लेकिन ध्यान रखें कि पानी ज्यादा गर्म न हो।
- दूध, केला, पत्ते वाली सब्जियों का सेवन और नारियल पानी पीना लाभकारी है।
- चिरचिटे के पत्तों को उबाल लें, सुबह के समय खायें। इससे मूत्र ज्यादा मात्रा में आने लगता है और सूजन घटती जाती है।
- मकई के भुट्टों के बालों की चाय असरदायक साबित होती है। इसके लिए भुट्टे के मुट्ठी भर बालों को पानी में उबालें और एक से दो गिलास पी लें, सूजन कम हो जायेगी।

बार–बार मूत्र त्याग

समय—गर्भावस्था के शुरुआती और अंतिम दिनों में।

कारण—गर्भावस्था हार्मोन मूत्राशय (यूरिनरी ब्लैडर) को प्रभावित करते हैं जिससे बार–बार पेशाब आने की समस्या हो जाती है। जैसे–जैसे गर्भाशय बाद के महीनों में बढ़ने लगता है, उसका सारा दबाब ब्लैडर पर आने लगता है।

मधुमेह रोग में भी बार–बार पेशाब होती है, अतः जाँच करवा कर इस शंका का निवारण कर लेना चाहिये।

यह भी ध्यान दें कि पेशाब में तेज गंध, जलन या दर्द तो नहीं है। यदि ऐसा है तो आपको मूत्राशय संक्रमण हो सकता है, जो अक्सर गर्भावस्था के दौरान हो जाता है। इसका डॉक्टरी इलाज तुरन्त करवाएँ।

उपाय—पानी पीना कम न करें, इससे पेशाब बार–बार आने की समस्या तो बन्द नहीं होगी किन्तु कोई और बीमारी की शिकायत हो सकती है। पेय पदार्थ किसी भी रूप में चाहे वह पानी हो या फलों का जूस, पर्याप्त मात्रा में लें। पर सॉफ्ट ड्रिंक या कॉफी न पीएँ ये मूत्राशय के लिए नुकसानदायक होते हैं।

योनि भाग को पहले साबुन से फिर पानी से आगे पीछे तक साफ करें। टाइट फिटिंग की पैंटी न पहनें। सूती पैंटी पहनें इससे संक्रमण से बचाव होगा।

घरेलू नुस्खे

- पुराना गुड़, काले तिल और भुने हुए मूँग के आटे को मिलाकर लड्डू बना लें। सुबह–शाम एक–एक लड्डू खाने से लाभ मिलेगा।
- एक केले के साथ बिदारीकंद और शतावरी का 1–1 ग्राम चूर्ण मिलाकर दूध के साथ लें।
- तीन आँवलों का रस निकालकर उसमें पानी मिलाकर सुबह–शाम चार दिन तक पीने से लाभ होगा।
- बार–बार पेशाब की शिकायत होने पर 50 ग्राम भुने चने खाकर उस पर थोड़ा सा गुड़ खाएँ। 10 दिन तक बराबर खाएँ।

अनार के सूखे छिलकों का चूर्ण 5 ग्राम रोज सुबह पानी के साथ लें, बार–बार मूत्र विसर्जन में लाभ होगा।

सिरदर्द

समय—पूरे गर्भावस्था के दौरान कभी भी।

कारण—इसका कारण कुछ भी हो सकता है, जैसे तनाव, चाय–कॉफी का अधिक पीना, थकान, चिंता–फिक्र तथा पुराने मल के अधिक दिनों तक पड़े रहने या मस्तिष्क में अधिक रक्त के संचालन न होने से, रात्रि को अधिक भारी भोजन करने से (तली हुई गरिष्ठ चीजें खाने) आदि। यदि लगातार सिरदर्द होता रहे या अधिक बढ़ जाये तो डॉक्टर के पास जाएँ।

उपाय

- आराम करें, व तनावमुक्त रहने की कोशिश करें क्योंकि यह आपकी सेहत के साथ–साथ बच्चे पर भी बुरा प्रभाव डाल सकता है।
- रात्रि को थोड़ा जल्दी व हल्का भोजन करें।
- गरम पानी में भिगोया हुआ तौलिया माथे पर रखें।
- दर्द निवारक (Pain Killer) लेने से पहले डॉक्टर से सलाह लें।
- चाय–कॉफी कम पीएँ।
- मस्तिष्क से रक्त को पैरों की ओर लाने के लिए आधे घण्टे का गर्म पादस्नान करने से सिरदर्द समाप्त हो जाता है।

फेशियल मसाज से भी आराम मिलेगा।

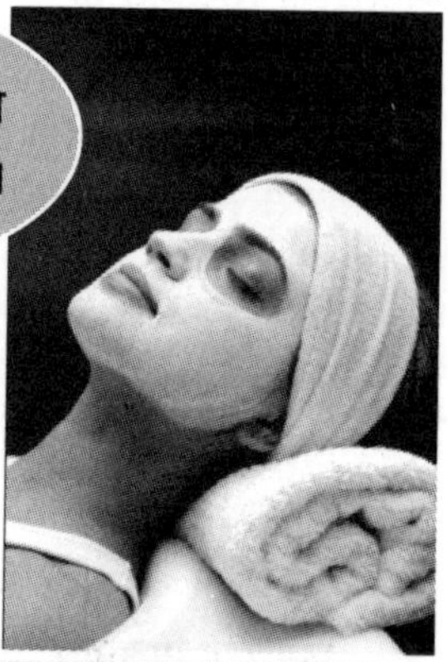

घरेलू नुस्खे

- मेहँदी की ताजी पत्तियों को पीसकर उसका सिर पर लेप करने से गर्भिणी का सिरदर्द दूर होगा।
- हरे धनिया को पानी में पीसकर सिर पर लगाने से सिरदर्द दूर होगा।
- सौंठ को पानी में बारीक पीसकर लेप बनाकर माथे पर लगाने से लाभ होगा।
- गाय के दूध में थोड़ा सा घी मिलाकर पीने से गर्भावस्था में सिर दर्द से राहत मिलेगी।
- लौंग को बारीक पीसकर शुद्ध घी और कपूर मिलाकर सिर पर लगाने से गर्भिणी के सिरदर्द से राहत मिलेगी।
- जायफल को पीसकर पाउडर बनाकर सूँघने से सिरदर्द ठीक हो जायेगा।
- कुछ दिन रात को सोने से पहले पैरों के नीचे (पगतली) में देशी घी लगाएँ। लाभ होगा।

एक गिलास पानी में एक नीबू निचोड़कर तथा थोड़ा सा सेंधा नमक मिलाकर पीने से गैस के सिरदर्द से आराम मिलेगा।

थकान

समय—गर्भावस्था के शुरुआती और अंतिम दिनों में।

कारण—गर्भावस्था के शुरुआत में प्रोजेस्ट्रॉन हार्मोन की वजह से भी थकान हो जाती है। जैसे–जैसे बच्चा विकसित होता है थकान बढ़ती ही जाती है और इतनी ज्यादा थकान होती है कि उसका अन्दाजा भी नहीं लगाया जा सकता। एनीमिक होने की वजह से भी थकान ज्यादा बढ़ सकती है।

उपाय

- अपने एनीमिक होने की जाँच करवाएँ।
- आराम करें तथा दिन में थोड़ी सी नींद लें।
- बहुत–ज्यादा थका देने वाले कार्य न करें। थोड़ी–थोड़ी देर में आराम करें।

बार–बार भूख लगना

समय—गर्भधारण से लेकर पूरे नौ महीने तक।

कारण—खून में प्रोजेस्ट्रॉन हार्मोन के स्तर का बढ़ना।

उपाय—वजन ज्यादा न बढ़ने दें, पर थोड़ा–थोड़ा पौष्टिक आहार, फल, सलाद आदि लेती रहें। वजन ज्यादा बढ़ने से प्रसव में परेशानी होती है।

पेटदर्द

कारण—गर्भावस्था में वजन बढ़ने से गर्भाशय की सहायक पेशियों में खिंचाव आने लगता है, जिससे पेट में ऐंठन होने लगती है या एक तरफ दर्द होता है।

उपाय—माँसपेशियों को राहत देने के लिए हॉट वाटर बैग का इस्तेमाल करें। शरीर को थोड़ा आराम दें।

खुजलाहट

समय—गर्भावस्था के कुछ महीने बाद से लेकर अन्तिम दिनों तक।

कारण—त्वचा में रूखापन आ जाने का मुख्य कारण त्वचा को रक्त आपूर्ति (ब्लड सप्लाई) अधिक होना है जिसकी वजह से खुजली होती है। लीवर सम्बन्धित समस्या से भी खुजली हो सकती है, गर्भावस्था के अंतिम दिनों में इसलिए जरूरी है कि आप डॉक्टर से चैकअप जरूर करवा लें। **उपाय**—पृष्ठ 60 सातवाँ मास

पीठ दर्द

समय—गर्भधारण के चार–पाँच माह बाद से पीठ में दर्द बढ़ने लगता है।

कारण—गर्भाशय में बच्चे का वजन बढ़ने पर स्त्री के शरीर का आकार भी बदलने लगता है। ऐसे में पोश्चर की मांसपेशियों में खिंचाव आ जाता है। आखिरी महीनों में बच्चे का सिर नीचे की तरफ आने से भी पीठ में दर्द होता है।

उपाय—शरीर का संतुलन ठीक रखें। चलते या खड़े होते समय आगे झुककर खड़े न हों। कमर की तरफ से न मुड़ें। लेटकर उठते समय सीधे न उठें। करवट लेकर हाथों का सहारा लेकर उठें। हल्के हाथों से मसाज भी फायदेमंद रहेगी। आरामदायक जूते या चप्पल पहनें। **गर्भ के चौथे माह के बाद से ही गर्भावस्था के दौरान होने वाला व्यायाम करें।** इससे आपको सामान्य प्रसव होने में सहायता मिलेगी। डॉक्टर की सलाह से ही व्यायाम चालू करें। उचित देखभाल से आप पीठ दर्द दूर कर सकती हैं।

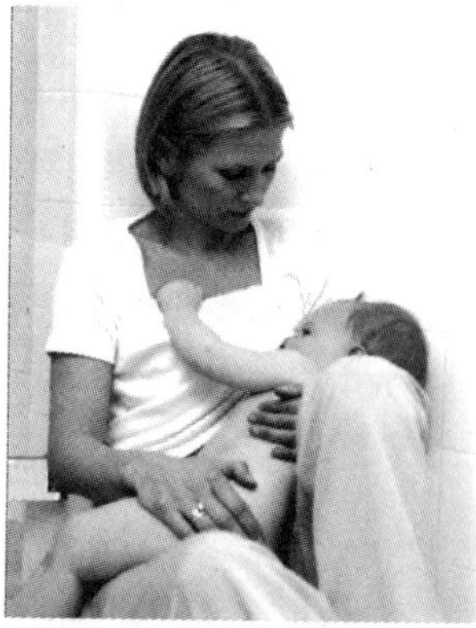

स्तनों से दूध आना (Breast Leakage)

समय—पाँचवें महीने से।

कारण—स्तनों से दूध निकलना शुरू हो जाता है जो कि बच्चे का पहला आहार होता है। इसी पर बच्चा प्रसव के बाद निर्भर करता है।

उपाय—ब्रेस्ट पैड इस्तेमाल में लीजिये। निप्पल पर किसी खुशबूदार साबुन का इस्तेमाल मत कीजिये।

स्तनों में कड़ापन आना

समय—गर्भावस्था शुरू होने से लेकर प्रसव होने तक।

कारण—स्तनों में कड़ापन आने का कारण है दुग्ध ग्रन्थि का बड़ा होना, जिसकी वजह से वसाजन्य ऊतक बढ़ जाते हैं।

उपाय—सही फिटिंग की ब्रा पहनें, जो आपके स्तनों को सहारा दे सकें।

साँस लेने में परेशानी

समय—दो-तीन महीने से लेकर प्रसव तक।

कारण—साँस लेने में परेशानी गर्भाशय का आकार बढ़ने की वजह से हो सकती है।

उपाय—सीधी बैठकर अपने दोनों हाथों को ऊपर की ओर ले जाकर तान लें। इससे आपके फेफड़ों को फैलने में मदद मिलेगी और आप ठीक से साँस ले पायेंगी। ज्यादा थकान वाले काम न करें।

पैरों की ऐंठन दूर करने के लिए व्यायाम

- जमीन पर बैठकर पैरों को सीधा रखें और पंजों को आगे–पीछे हिलायें।
- सीधी खड़ी होकर दर्द वाले पैर को स्ट्रैच करें।
- मसाज करें या गर्म पानी की थैली से सेंक करें।
- पीठ के बल न लेटें, इससे पैरों में रक्त प्रवाह कम होता है और ऐंठन ज्यादा होती है। इसलिए बायीं करवट लेटें।
- ऊँची एड़ी वाले जूते–चप्पल न पहनें। शारीरिक मुद्रायें ठीक रखें।
- खाने के बाद पान खाना अच्छा रहता है।

पैल्विक डिसकम्फर्ट

समय—गर्भावस्था के अंतिम दिनों में।

कारण—जैसे–जैसे बच्चे का सिर घूमकर नीचे आने लगता है प्रसव का समय नजदीक आने पर, शरीर के पिछले हिस्से में सुई चुभने जैसा दर्द होता है।

उपाय—तकलीफ बढ़ने पर आराम करें। डॉक्टर से पूछकर दवाई लें।

पेशाब पर अनियंत्रण

कारण—स्त्रियों में गर्भावस्था और शिशु जन्म के समय पेशाब पर नियंत्रण नहीं रह पाता। इसका मुख्य कारण मूत्राशय और श्रोणीय माँसपेशियाँ (पेल्विक मसल्स) का कमजोर पड़ना है। पर यह स्थिति अस्थायी रूप से ही होती है।

उपाय—पेशाब जाते समय पेशाब के बहाव को रोकने की कोशिश करें, यानि पेल्विक मसल्स को सिकोड़ें, फिर छोड़ दें। ऐसा 40–60 बार करें। यह संकुचन करने की कोशिश आप काम करते वक्त या खाली समय में भी कर सकती हैं। धीरे–धीरे योनि को संकुचित करने की कोशिश करें फिर धीरे–धीरे इसे ढीला छोड़ दें। इससे योनि में भी कसाव आएगा और माँसपेशियाँ फिर से नियन्त्रण में आने लगेंगी। यदि इसमें कोई परेशानी हो तो डॉक्टर से सलाह लें।

सफेद धारियों के निशान (स्ट्रैच मार्क्स)

समय—दो–तीन महीने से लेकर प्रसव तक।

कारण—सफेद धारियों के निशान यानि स्ट्रेच मार्क्स जो कि अधिकतर पेट, जाँघों, नितम्ब व स्तनों की त्वचा पर गर्भावस्था के समय पड़ जाते हैं।

उपाय—भोजन में विटामिन 'सी' और 'ई' व प्रोटीन की मात्रा बढ़ा दें। त्वचा को नमी प्रदान करें। भविष्य में ये निशान धीरे–धीरे अपने आप कम हो जाते हैं।

पैरों में ऐंठन

समय—गर्भावस्था के दो–तीन माह बाद से लेकर प्रसव होने तक।

कारण—शरीर में कैल्शियम की कमी के कारण पैरों में ऐंठन होने लग जाती है।

उपाय—भोजन में कैल्शियम की मात्रा बढ़ा लीजिये। डॉक्टर की सलाह पर आप कैल्शियम की गोलियाँ भी ले सकती हैं।

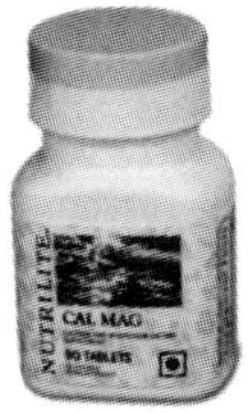

ऐंठन दूर करने के लिए दूध, केला, पत्ते वाली हरी सब्जियों का सेवन करें तथा नारियल पानी पीयें।

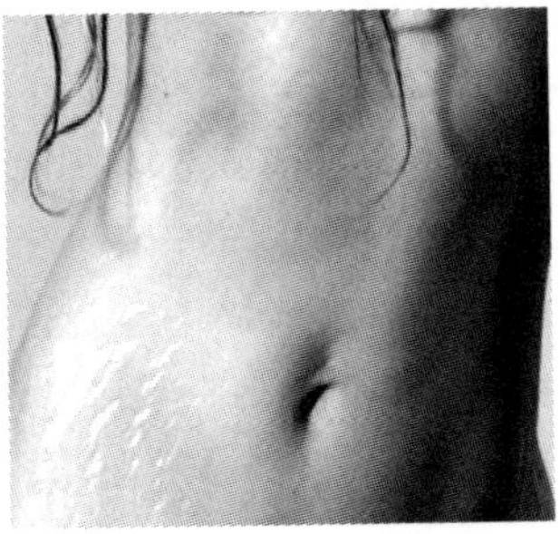

वेजाइनल डिस्चार्ज व योनि में खुजली

समय—पूरे गर्भावस्था के दौरान।

कारण—गर्भावस्था हार्मोन्स और रक्त प्रवाह का बढ़ना।

उपाय—गर्भावस्था के दौरान हल्का स्राव सामान्य बात है। इसके लिए सिर्फ स्वच्छता की जरूरत होती है। रोजाना स्नान करें और योनि की सफाई पर ध्यान दें। सूती वस्त्र पहनें। योनि में खुजली, जलन या सूजन हो तो डॉक्टर से संपर्क करें। स्राव की अधिकता होने पर डॉक्टरी परामर्श अवश्य लें।

घरेलू नुस्खे

- नीम के पत्तों को उबालकर उसके पानी से योनि को धोयें। हरड़, आँवला, गिलोय और जमाल घोटा समान–भाग लेकर क्वाथ बनाएँ। फिर छानकर बोतलों में भर लें। इसमें से थोड़ा–सा द्रव लेकर योनि की नित्यप्रति सफाई करें।
- अरहर के पत्तों से सिद्ध किये हुए सरसों के तेल (अरहर के पत्ते डालकर गर्म किये सरसों के तेल) से योनि स्थान का लेप करने से योनि की खाज व जलन आदि में लाभ मिलता है।
- आँवले के रस में मिश्री मिलाकर पिलाएँ। इससे योनि की खाज शांत होती है।

कब्ज

समय—गर्भावस्था के मध्य से लेकर अंतिम माह तक।

कारण—गर्भावस्था में जैसे–जैसे बच्चा विकसित होता है गर्भाशय का आकार भी बढ़ने लगता है और वह पाचन तंत्र की जगह घेरने लगता है। प्रेगनेंसी हार्मोन्स की वजह से भी आँतों की मासपेशियों में शिथिलता आने लगती है। आयरन और विटामिन्स सप्लीमेंट भी कब्ज का एक प्रमुख कारक होते हैं। कब्ज से बवासीर होने का खतरा रहता है।

उपाय—कब्ज न हो इसका ध्यान रखें। रोजाना 7–10 ग्लास पानी पीएँ। भोजन में रेशा वाले खाद्य पदार्थ बढ़ायें। फलों का जूस पीयें। सेब का जूस, मुख्यतः कब्ज में लाभदायक होता है। नियमित रूप से व्यायाम करें। चलना गर्भावस्था में बहुत फायदेमन्द रहता है। बिना डॉक्टरी सलाह के दवा न लें। ऐसे में किसी भी तरह का जुलाब नहीं लें क्योंकि उससे ज्यादा दस्त और गर्भ गिरने का डर रहता है।

घरेलू नुस्खे

- वमन की शिकायत न हो तो प्रातः शौच जाने से पूर्व ताजा जल ग्रहण करना चाहिये।
- सोते समय आधा चम्मच पिसी हुई सोंफ की फंकी गरम पानी से लें। कब्ज दूर रहेगी।
- रात को एक चम्मच पिसा हुआ आँवला पानी या दूध से लेने से कब्ज नहीं रहती।
- रात को एक चम्मच पिसी हुई मेथी की फंकी पानी से लें।
- तीन दिन घी में काली मिर्च मिलाकर पीएँ। फिर गरम दूध में घी मिलाकर पीने से पहले तो मल फूलेगा तथा बाद में दस्त नरम, ढीला व साफ आता है।

- रात को सोते समय ईसबगोल, गुलकन्द और त्रिफला चूर्ण का उबला पानी लेने से सुबह पेट साफ हो जाता है।
- भोजन में रेशेदार पदार्थ, हरी पत्तेदार साग-सब्जी, सलाद, गाजर, मूली, बथुआ आदि तथा नारियल की कच्ची गिरी, ताजे फल, मुनक्का, खजूर, अंजीर आदि का सेवन करें।
- जामुन के सिरके का थोड़ा सा सेवन करें। भूख बढ़ेगी।
- अनन्नास के टुकड़ों पर काला नमक और काली मिर्च का चूर्ण बुरक कर खाने से कब्ज दूर हो जाती है, सुबह नारंगी का रस नियमित पीने से कब्ज दूर होगी।
- यदि गर्भिणी को पेचिश हो व शरीर का तापमान भी बढ़ा हुआ लगे तो आम की छाल का क्वाथ बनाकर पिलाएँ। संग्रहणी, अतिसार में लाभदायक होता है।
- मुनक्का, गुलाब-पुष्प, सौंफ और बड़ी हरड़ का छिलका समान भाग का यथाविधि क्वाथ बनाकर दें। यह गर्भवती के कब्ज (अतिसार) को दूर करता है।
- पके हुए बेल का सेवन करें। इसमें रेशा और कार्बोहाइड्रेट काफी मात्रा में होता है। बेल का शर्बत भी इस्तेमाल में ले सकते हैं।
- अंगूर का सेवन कब्ज में लाभदायक होता है। इसमें काष्टोज और रेशा होता है। काष्टोज मल की मात्रा बढ़ाता है और रेशा पानी को सोखकर मल को मुलायम बनाता है। इस प्रकार मल आसानी से बाहर निकल आता है। अंगूर पूरी पाचन प्रणाली को तो मजबूत करता ही है साथ ही साथ यह एक गर्भवती के लिए उत्तम आहार भी है।
- पका अमरूद का सेवन कब्ज में लाभदायक सिद्ध होता है। लाल अमरूद सफेद की अपेक्षा ज्यादा फायदेमन्द होता है। अमरूद के पत्तों का स्वरस दिन में 2-2 चम्मच तीन बार लें।
- चोकर युक्त आटा और छिलके वाली दाल प्रयोग में लाएँ।
- 30 ग्राम अरंडी का तेल का सेवन करें। (यदि यह पीया न जाए, इससे जी मिचलाता हो तो इसे 80-90 ग्राम गरम दूध में डालकर पीयें। इससे एकाध दिन की कब्ज तो दूर हो जायेगी। परन्तु जिसे हमेशा कब्ज रहता हो उसे पका हुआ अरंड, खरबूजा खाना चाहिये।
- रात्रि में दूध के साथ मुनक्का, अंजीर लें।

नीबू का रस गरम पानी में मिलाकर रात्रि में लें। कब्ज दूर होगा।

बवासीर

आँतों के अंतिम हिस्से या मलाशय की धमनी शिराओं के फैलने को बवासीर कहा जाता है। बवासीर दो प्रकार की हो सकती है—(अ) बाह्य : फैली हुई धमनी शिराओं का मल द्वार से बाहर आना तथा (ब) आंतरिक : धमनी शिराओं का मलाशय के अंदर ही रहना।

समय—गर्भावस्था के दौरान अन्यथा पहले से चल रही बवासीर में गर्भावस्था के समय वृद्धि हो सकती है।

लक्षण—गुदा (मलद्वार) के आसपास खुजली होना। बवासीर के मस्से, गुच्छे की तरह बाहर की ओर निकलना। अत्यधिक रक्त का स्राव होना। मलाशय में जलन तथा पीड़ा का आभास होना जिसमें ठंडे पानी से धोने पर आराम मिले। मलत्याग के बाद पूर्ण रूप से संतुष्टि न होना।

कारण—शरीर में स्त्रीपरक हार्मोन के स्राव की अधिकता के कारण मलाशय की धमनी शिराओं में शिथिलता आना। बढ़ते हुए भ्रूण द्वारा आँतों की मुख्य शिरा (ऊर्ध्व महाशिरा) पर दबाव पड़ना। दीर्घ समय से चल रहा कब्ज।

घरेलू नुस्खे

- अत्यधिक मात्रा में पानी तथा अन्य तरल पेय लें।
- अधिक रेशेदार खाद्य पदार्थ जैसे फल, सब्जियाँ, भूसी या चोकर तथा अनाज आदि लें।
- अधिक समय तक निरंतर न बैठें, विशेषकर सख्त कुर्सी आदि पर। शारीरिक गतिशीलता बनाये रखें।
- मल त्याग के अधिक जोर न लगाएँ।
- गुनगुने पानी की सिकाई करें अथवा 'सिट्स बाथ' लें। एक टब में गुनगुना पानी इतनी मात्रा में लें जिसमें आसानी से नितंब तथा कूल्हे डूब जाँए। इसमें 20-30 मिनट तक बैठें। ऐसा करने से बवासीर के मस्से सिकुड़ जाते हैं।

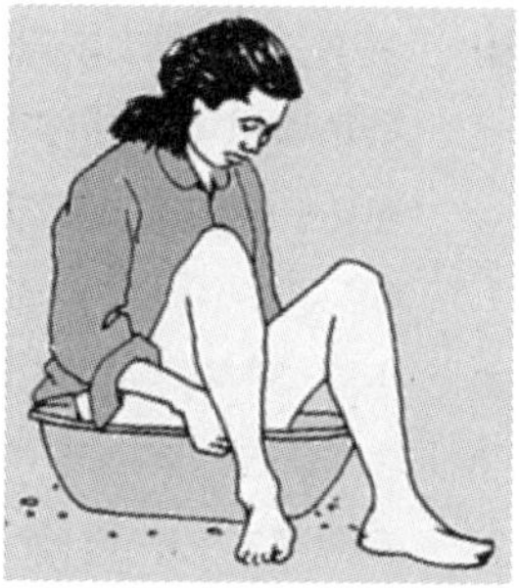

प्रथम गर्भावस्था में हल्की घबराहट एक सामान्य भावुक प्रतिक्रिया है। स्त्री का शरीर गर्भावस्था एवं प्रसव के योग्य ही बना है, इसलिए इसमें डरने की कोई बात नहीं है। अपना शंकाओं एवं चिन्ताओं के बारे में अपने पति, परिवार की प्रौढ़ महिला अथवा डॉक्टर से चर्चा करें।

उदरवायु (गैस)

समय—गर्भावस्था के शुरू और अंतिम दिनों में।

कारण—गैस बनने का मुख्य कारण है गरिष्ठ भोजन और तला हुआ भोजन खाना जो कि गर्भावस्था में पाचन तंत्र कमजोर पड़ जाने की वजह से मुश्किल से ही पच पाता है। भोजन ठीक से नहीं पचने के कारण कब्ज हो जाता है और पेट में अम्लता बढ़ जाती है जिससे खट्टी डकारें आती हैं तथा मल साफ नहीं होता है। इससे गर्भिणी को बेचैनी महसूस होती है।

उपाय—रेशा युक्त भोजन अधिक लें तथा तला हुआ गरिष्ठ भोजन न खायें।

घरेलू नुस्खे

- एक-एक नग आँवले का मुरब्बा सुबह-शाम खाकर दूध पीना चाहिये। इससे गैस और अम्लपित्त की शिकायत दूर होगी।
- गैस की शिकायत होने पर एक प्याले पानी में आधे नींबू का रस डालकर थोड़ी-सी काली मिर्च का चूर्ण और काला नमक मिलाकर कुछ दिनों तक नियमित सेवन करना चाहिये।
- भोजन से 15 मिनट पहले और बाद में अजवायन का आधा चम्मच चूर्ण थोड़ा सा काला नमक मिलाकर सेवन करें, इससे गर्भिणी को होने वाली गैस की शिकायत का शमन होता है।
- 200 ग्राम फालसे के रस में स्वादानुसार मिश्री, काला नमक और नीबू का रस मिलाकर सेवन करना चाहिये, गैस और एसिडिटी की परेशानी दूर होगी।
- 20 ग्राम सेंधा नमक और 50 ग्राम देशी चीनी दोनों को एक साथ प्रतिदिन सेवन करें। गर्भिणी की गैस की शिकायत दूर होगी।
- भोजन के बाद दोनों समय आधे नीबू का रस आधे गिलास पानी में मिलाकर पीने से गैस और अजीर्ण से भी मुक्ति मिलेगी।

गर्भिणी को ककड़ी, मूली, गाजर, टमाटर, पालक के सलाद में अदरक के बारीक टुकड़े काटकर उस पर नींबू निचोड़कर नित्य सेवन करना चाहिये।

अपच, सीने की जलन और एसीडिटी

समय—गर्भावस्था के कुछ माह के बाद से अन्तिम दिनों तक।

कारण—गर्भावस्था में गर्भाशय का आकार बढ़ने से उसका दबाव पाचनतंत्र पर पड़ता है जिससे वह कमजोर पड़ जाता है। इसलिए पेट में गैस और अम्ल बनने लगता है। भोजनोपरान्त आमाशय को फैलने और फूलने का भी पर्याप्त स्थान नहीं मिलता।

बहुत देर तक बैठे न रहें और देर रात्रि भोजन ग्रहण न करें।

उपाय

- दही, दूध, पनीर आदि का सेवन अत्यन्त जरूरी है।

- खूब सारा पानी पीजिए। थोड़ा-थोड़ा आहार थोड़े-थोड़े समय के अन्तराल पर लीजिये। कम या बिना तेल मसाले वाला खाना खाइये। खाने के तुरन्त बाद लेटें नहीं। बैठते वक्त भी सीधी बैठें ताकि पेट सीधा रहे। उस पर बल ना पड़े। खाने के बाद थोड़ा टहलना चाहिये।
- कृत्रिम रूप से पकाए फल और सब्जियाँ न खाएँ।
- केले, अंकुरित अनाज, प्राकृतिक एंटासिड का काम करते हैं, इनके सेवन से सीने में जलन से आराम मिलता है।
- एक चम्मच आँवला पाउडर सादे पानी से, नारियल पानी या लस्सी में डालकर पीयें, सीने की जलन में आरामदायक सिद्ध होगा।

ब्लीडिंग गम्स (मसूढ़ों से खून निकलना)

कारण—प्रेग्नैंसी हार्मोन्स शरीर में रक्त का प्रवाह बढ़ा देते हैं जिसकी वजह से मसूढ़े फूल जाते हैं और नरम पड़ जाते हैं, इससे खाना दाँतों के बीच फँस जाता है जिसकी वजह से दाँतों से सड़न और मसूढ़ों में संक्रमण हो जाता है। ज्यादातर गर्भवती स्त्रियों में यह समस्या पाई जाती है।

उपाय

- रोजाना दाँतों की सफाई सही तरीके से करें। इससे मसूढ़ों का संक्रमण नहीं होगा। रात को सोते समय भी ब्रश करें। मीठा कम खाएँ। भोजन के वक्त साथ में लें। गर्भावस्था के पाँचवें और छठे महीने में दाँत चिकित्सक के पास जरूर जाएँ और विटामिन 'सी' सप्लीमैंट लें।
- विटामिन 'सी' युक्त फलों का सेवन करें जैसे संतरा, नींबू, आँवला आदि।

चक्कर आना

- गर्भावस्था में चक्कर आने का कारण दुर्बलता और रक्त की कमी आदि होते हैं। इसमें ताड़ासन, वीरासन, बिदालासन, शवासन, स्ट्रैच आदि लाभप्रद रहते हैं।
- सौंफ, मुलहठी और मुनक्का के साथ बादाम गिरी मिलाकर खरल में घोटें और उसके साथ प्रवाल भस्म दो रत्ती मिलाकर प्रातः सायं सेवन कराएँ। चक्कर आने बंद हो जाते हैं और दुर्बलता दूर होती है।
- बादाम, मुनक्का व मिश्री समान भाग कूटकर 5-6 ग्राम के लड्डू बना लें। प्रातः सायं एक-एक लड्डू गाय के दूध के साथ सेवन करें। चक्कर के साथ-साथ जुकाम, खाँसी, कब्ज दूर होते हैं।

डायरिया

पानी पीने की मात्रा बढ़ा देनी चाहिये। डायरिया बन्द होने तक दूध या दूध से बने पदार्थ भोजन में न लें। चावल, केले, टोस्ट या चाय लें।

मुँह से लार गिरना

गर्भधारण करने के कुछ दिनों बाद प्रत्येक स्त्री के मुँह से लार या थूक आता रहता है। यह रोग पाचन प्रणाली के दोषपूर्ण होने का सूचक है।

घरेलू नुस्खे

- सभी प्रकार के उत्तेजक पदार्थों का सेवन बिल्कुल बन्द कर देना चाहिये।
- एक नीबू का रस निकालकर एक कप पानी में मिलाकर दिन में तीन बार पीना चाहिये। इस प्रयोग को तीन दिन तक बराबर करें।
- नीबू काटकर, आधे नीबू पर सेंधा नमक छिड़ककर गर्म कर लें और इसे चूसें। ऐसा दो–तीन बार करने से लार गिरना बन्द हो जायेगी।

ऋतुस्राव की शिकायत

गर्भधारण करने के बाद प्रायः सभी स्त्रियों का मासिक धर्म बन्द हो जाता है, परन्तु गर्भकाल के दिनों में कुछ स्त्रियों को अल्प मात्रा में ऋतुकाल के समयानुसार हर माह रक्तस्राव होता है। यदि इसकी मात्रा अधिक हो तो ऐसी दशा में पूर्णतया आराम करना चाहिये और डॉक्टर से सम्पर्क करें।

घरेलू नुस्खे

- पेडू पर ठण्डे पानी की पट्टी रखने से रक्तस्राव बन्द हो जाता है। ऐसा 3-4 बार करना चाहिये।
- रात को सोने से पहले कपड़े की गीली पट्टी को योनि पर रखकर ऊपर से किसी पट्टी से बाँध दें।

नींद कम आना

गर्भावस्था में प्रायः नींद कम आने की शिकायत रहती है। इसके लिए बेहतर होगा कि आरामदेह करवट लें। सहारे के लिए पेट के नीचे तकिया लगाएँ। रात्रि भोजन हल्का लें और सोने के समय से काफी देर पहले खाएँ ताकि आप पानी पी सकें और थोड़ा टहला भी जा सके।

घरेलू नुस्खे

- गौदूध सिर और पैरों में लगाकर मालिश करने से नींद आती है।
- सोने से पहले 10 मिनट तक पैर गुनगुने पानी में रखें, फिर पोंछकर सो जायें।
- असगंध के बीजों का चूर्ण एक ग्राम पानी या दूध के साथ सेवन करें।

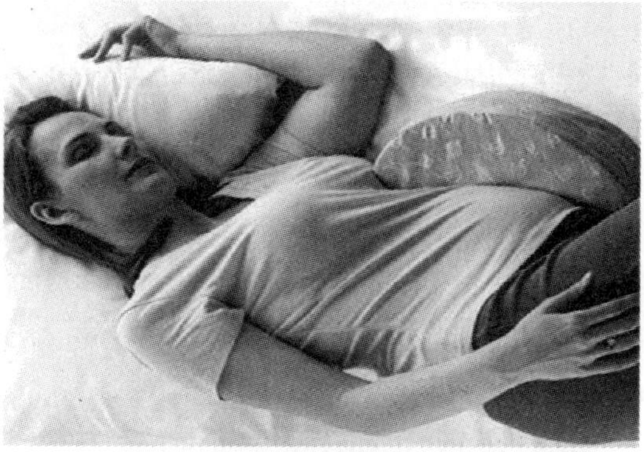

भोजन के प्रति अरुचि

गर्भकाल में बहुत सी स्त्रियों को भोजन के प्रति अरुचि हो जाती है। इसका मुख्य कारण रक्त में दूषित पदार्थों की अधिकता है।

उपाय—रक्त में विद्यमान दूषित पदार्थों को कम करने के लिए सभी प्रकार के खट्टे फल या उनके रसों में जल मिलाकर लें। इससे रक्त क्षारीय होकर भोजन के प्रति रुचि पैदा कर देता है।

घरेलू नुस्खे

- प्रतिदिन सुबह नाश्ते में पपीते का सेवन करें। इससे भूख खुल जायेगी।
- तरबूज के 10 ग्राम बीजों को पीसकर आधे कप पानी में घोलकर उसमें 5 ग्राम मिश्री और आधा नीबू का रस मिलाकर भोजन से 15–20 मिनट पहले लेने से अरुचि दूर होगी।
- लवण भास्कर चूर्ण 1–1 ग्राम दिन में दो बार सुबह–शाम लेने से लाभ होता है।
- अरुचि में जामुन का सिरका बहुत उपयोगी है। सिरके के नियमित प्रयोग से भूख बढ़ती है और अरुचि का शमन होता है।
- धनिया, काला नमक, सोंठ और सेंधा नमक प्रत्येक बराबर मात्रा में लेकर बारीक चूर्ण बना लें। 2–2 ग्राम चूर्ण दिन में तीन–चार बार लें, इससे भूख लगेगी और अरुचि दूर होगी।
- हरा धनिया, टमाटर, नीबू, हरी मिर्च, काला नमक, अदरक का सलाद अथवा चटनी बनाकर खायें। इससे भोजन में रुचि उत्पन्न होगी।

एनीमिया (खून की कमी)

वैसे तो हमारे देश की अधिकांश स्त्रियों में रक्त की कमी नजर आती है। इसकी वजह से शरीर अनेकों विकारों से घिर जाता है। रक्त की कमी विशेषकर गर्भवती स्त्रियों को अधिक होती है, क्योंकि उस समय उनके शरीर को लौह तत्व की बहुत ज्यादा आवश्यकता होती है। शरीर को रोजाना कामकाज लायक शक्ति के लिए लोहा, प्रोटीन, विटामिन 'सी', फॉलिक अम्ल आदि की आवश्यकता होती है। ये तत्व रक्त को शक्ति तथा स्फूर्ति प्रदान करते हैं। अगर भोजन में इन पदार्थों की मात्रा अधिक नहीं होती है तो रक्त की कमी हो सकती है। भोजन की गलत आदतों और कुपोषण के कारण गर्भवती स्त्रियों को रक्ताल्पता का रोग हो जाता है जिससे प्रसव के दौरान गर्भवती की मृत्यु की संभावनाएँ बढ़ जाती हैं।

इसके अतिरिक्त लोहे की कमी होने से गर्भस्थ शिशु को पर्याप्त मात्रा में ऑक्सीजन नहीं मिल पाती है। ऑक्सीजन की कमी होने पर शिशु के सम्पूर्ण विकास में बाधा उत्पन्न हो जाती है। उसके इस लौह तत्व की पूर्ति माँ द्वारा ग्रहण किये गए आहार के द्वारा होती है। इससे गर्भवती में लौह तत्व की कमी हो जाती है जो रक्ताल्पता का मुख्य कारण है।

इसके अतिरिक्त रक्ताल्पता के अन्य प्रमुख कारणों में खून के लाल रक्तकणों की कमी और पौष्टिक तत्वों की कमी है। खून की कमी के कारण चक्कर आना, साँस फूलना, काम में मन नहीं लगना, थकावट आना, शरीर का पीलापन आदि लक्षण पाए जाते हैं। चेहरे की त्वचा सफेद और चमक रहित दिखाई देती है। आँखों के आसपास सूजन आ जाती है। इसकी कमी से स्मरण शक्ति नष्ट होने लगती है।

घरेलू नुस्खे

- भोजन के साथ एक डली गुड़ की खाने से शरीर को काफी लौह तत्व मिलता है।
- लौह तत्व की प्राप्ति के लिए हरे पत्ते वाले साग जैसे मेथी, बथुआ, सरसों का साग, मूली व गाजर पत्ते सहित आदि खूब खाने चाहिये।
- टमाटर में लौह तत्व, क्षार एवं विटामिन पर्याप्त मात्रा में होते हैं। इसके कारण इससे न केवल रक्त की वृद्धि होती है अपितु रक्त शुद्धि भी होती है। नियमित रूप से एक गिलास टमाटर का रस पीने से रक्त की रोग–प्रतिरोधक शक्ति बढ़ती है और रक्ताणुओं की संख्या भी बढ़ती है। इसे सब्जी, सलाद के रूप में तथा लाल टमाटरों का जूस निकालकर या कच्चा भी खाया जा सकता है।
- आँवले का मुरब्बा—1–1 नग सुबह–शाम दूध के साथ सेवन करने से गर्भवती स्त्री की रक्ताल्पता दूर हो जाती है।
- पपीता में लौह तत्व, कैल्शियम और फॉस्फोरस जैसे तत्वों के कारण यह गर्भवती स्त्रियों के लिए अतिआवश्यक खाद्य पदार्थ है। इसके सेवन से खून की कमी और कमजोरी दूर होती है। लौह तत्व की प्रधानता होने की वजह से यह रक्त बनाने में सहयक होता है और साथ ही यह रक्त को शुद्ध करता है। शिशुओं को स्तनपान कराने वाली स्त्रियों को पर्याप्त मात्रा में पपीते का सेवन करना चाहिये। क्योंकि इससे दूध वृद्धि के साथ प्रसव के दौरान आई कमजोरी दूर होती है।

- गन्ने के रस में आँवले, अनार का रस एवं शहद अच्छी तरह मिलाकर पीने से रक्त वृद्धि के साथ शारीरिक शक्ति बढ़ती है।
- अंजीर का दूध पीने से रक्तवृद्धि और शक्ति में बढ़ोतरी होती है।
- चुकन्दर के रस में पोटेशियम, फॉस्फोरस, कैल्शियम, सल्फर, आयोडीन, लोहा, प्रोटीन, विटामिन बी1, बी–2 भरपूर मात्रा में पाया जाता है। लौह तत्व उच्चकोटि का होता है। इसलिए गर्भवती स्त्री रोज गाजर और चुकन्दर व टमाटर का रस मिलाकर सेवन करें तो रक्ताल्पता दूर होगी और पेट साफ रहेगा।
- अंकुरित अनाज, दूध, दही, छिलकायुक्त दालें, सोयाबीन, हरे पत्ते वाली सब्जियों में विटामिन बी12, और लोह तत्व अधिक पाया जाता है। हरी सब्जियों में फॉलिक एसिड पाया जाता है। यदि गर्भवती स्त्रियाँ गर्भावस्था के आखिरी तीन–चार महीनों में इन सभी खाद्य पदार्थों का सेवन करें तो बच्चा स्वस्थ और हृष्ट–पुष्ट होता है। रक्ताल्पता में लौह तत्व से भरपूर फलों का सेवन करें, जैसे—काला अंगूर, केला, मौसमी, अंजीर, संतरा तथा रसभरी आदि। रात को खजूर पानी में भिगोकर रखें। सुबह वह पानी पीकर खजूर खायें, उपयोगी होगा।

- गाजर का रस एक–एक गिलास सुबह–शाम पीना चाहिये। गर्भवती स्त्री की खून की कमी दूर होगी और शरीर में शक्ति का संचार होगा।
- बथुआ का साग का सेवन करने से नवीन रक्त का निर्माण तेजी से होता है, रक्त में हीमोग्लोबिन की मात्रा बढ़ती है और रक्ताल्पता की बीमारी शीघ्र दूर होती है। सलाद के रूप में भी बथुए का सेवन अधिक लाभकारी है।
- पालक में आयरन, कैल्शियम और विटामिन 'ए' तथा 'सी' प्रचुर मात्रा में पाए जाते हैं। गर्भवती स्त्रियों को हर सुबह आधा गिलास कच्चे पालक का रस पीना चाहिये। इससे रक्ताल्पता की बीमारी दूर होती है तथा जिन गर्भवती स्त्रियों को कब्ज की शिकायत रहती है, इसके सेवन से वह दूर हो जाती है क्योंकि पालक का रस सफाई कारक एवं पोषण कारक है। रायता, सलाद, भाजी या रस के रूप में इसका सेवन किया जा सकता है।
- चोकर की चाय—साफ किया गया चोकर को उसके वजन के छह गुना पानी में किसी ढक्कनदार बर्तन में आधे घण्टे तक उबलने के लिए मन्द आँच पर रखें। उसे सुस्वाद बनाने के लिए उसमें शहद, चुकन्दर की शक्कर (लाल शक्कर) या नीबू का रस मिलाकर एक–एक कप सुबह–शाम पीने से शरीर में खून की वृद्धि होती है।
- गर्भिणी को सोंठ और गुड़ मिलाकर खिलाने से शक्ति आती है। इससे खून की कमी पूरी होती है।
- सूजी का फुल्का, साबुत मूँग की करारी दाल में कूट कर खायें।
- केले को मैश करके शहद में मिलाकर खाना चाहिए।

अंकुरित चने, सेम, मटर, हरी फलियाँ, सूखे मेवे, टमाटर, शहद, हरा धनिया, सूखी सोयाबीन और सूखी दालें। इन चीजों में लौह तत्व अधिक होता है। इनके खाने से खून में वृद्धि होती है और एनीमिया दूर होता है।

गर्भावस्था में रक्तचाप

घरेलू उपाय

- हरी सब्जियाँ, कच्चे भिगोए चने, नीबू का रस, पपीता, गाजर, मूँगफली आदि वस्तुएँ गर्भवती के लिए अमृत तुल्य होती हैं।
- नित्य दही की लस्सी का एक गिलास पीएँ। रक्तचाप में लाभ होगा।
- नित्य मूली खाते रहने से उच्च रक्तचाप सामान्य रहता है।
- 500 ग्राम लहसुन को छीलकर 5 दिन धूप में सुखाएँ फिर इसे मर्तबान में डालकर ऊपर से इतना शहद डालें कि सारा लहसुन डुबा रहे। इसे 15 दिन धूप में रखें। इसके बाद सुबह शाम दो बार दो कली नित्य खाकर ऊपर से एक कप दूध पीएँ। उच्च रक्तचाप हो या निम्न रक्तचाप, दोनों में लाभ होगा। रोगिणी को नमक नहीं लेना चाहिए, लेना भी पड़े तो कम–से–कम लेना चाहिए।

प्याज के सेवन से शरीर में व्याप्त विजातीय पदार्थ पेशाब द्वारा बाहर निकल जाता है जिससे उच्च या निम्न दोनों तरह का रक्तचाप ठीक होता है।

- रात को सोते समय एक चम्मच त्रिफला चूर्ण गर्म पानी से लें। उच्च रक्तचाप सामान्य हो जाएगा।
- आँकड़े के ताजा फूल और काली मिर्ची समान मात्रा में मिलाकर पीसकर मटर के दाने के बराबर गोलियाँ बनाकर सुखा लें। यह एक गोली नित्य चार बार पानी से दो महीने लें।
- पाँच पिस्ते रात को पानी में भिगो दें। प्रातः पानी को फेंक दें तथा पिस्ता निकालकर खूब चबाएँ और फिर पानी पीएँ। पानी की घूँट मुँह में कुल–कुलाकर निगल जाएँ जिससे चबाने से दाँतों में लगे पिस्ते पेट में पहुँच जाए। पानी केवल आधा गिलास या इससे कम ही पिएँ। आधे घण्टे तक कुछ न खाएँ। रक्तचाप चाहे उच्च या निम्न हो, ठीक हो जाएगा। इस विधि को लम्बे समय तक किया जा सकता है।
- कॉफी पीने रक्तचाप से बढ़ता है। इसलिए यह नहीं पीएँ।
- उच्च रक्तचाप हो तो टेबल साल्ट (नमक), साल्टेड बटर, सूखा मेवा, मछली, पनीर, पापड़, अचार, डिब्बा–बंद आहार (प्रिजर्वड फूड) आदि से परहेज ठीक रहता है।

पेशाब सही न आना या मूत्रावरोध

समय—तीन चार महीने से लेकर प्रसव तक।

कारण—गर्भ में ज्यों–ज्यों महीने बढ़ते जाते हैं, त्यों–त्यों पेट और बच्चा बड़ा होता जाता है। इससे बच्चे का वजन मूत्राशय पर पड़ता है और पेशाब कम आने लगता है।

गर्भवती को पेशाब खुलकर आना चाहिये अन्यथा प्रसव के वक्त तकलीफ हो सकती है। पेशाब कम आने से प्रसव में दर्द उठने से पहले या उठने के साथ अचानक गर्भिणी को कोई गम्भीर बीमारी हो सकती है।

उपाय

- बर्फ डालकर खूब ठण्डा पानी, तीन–चार गिलास रोजाना पीएँ। सर्दी के दिनों में शीतल जल लेना ही पर्याप्त है, उसमें बर्फ डालने की जरूरत नहीं।
- कच्चे दूध में बराबर का पानी मिलाकर एक गिलास लस्सी सुबह–शाम पीने से मूत्र खुलकर आएगा।
- असगंध का क्वाथ पिलाने से मूत्र खुलकर होता है। कलमी शोरा और ढाक के फूल पानी के साथ पीसकर नाभि के इधर–उधर चारों ओर लगाएँ। मूत्र शीघ्र ही खुलकर आने लगेगा।
- शिलाजीत 2 रत्ती, मिश्री 1 ग्राम, शहद 3 ग्राम मिलाकर सेवन कराएँ। मूत्रावरोध दूर होगा।
- दशमूल के क्वाथ में 4 रत्ती शुद्ध शिलाजीत व शर्करा मिलाकर पिलाने से मूत्रावरोध नष्ट होता है।

पेशाब में सफेदी

समय—ज्यादातर गर्भवती स्त्रियों में गर्भावस्था के सातवें, आठवें महीने में एल्ब्यूमीन नामक पदार्थ पेशाब के साथ जाता है, जिससे पेशाब का रंग सफेद दिखाई देता है। इसका मुख्य कारण है गर्भस्थ शिशु का अधिक भार एवं दबाव गुर्दों पर पड़ना। इस वजह से स्त्रियों की आँखों, योनि प्रदेश तथा पैरों में भी सूजन आ जाती है।

उपाय—इस रोग से पीड़ित स्त्री को भोजन में सभी प्रकार के अम्लीय पदार्थों का त्याग कर देना चाहिये। भोजन में उबली हरी सब्जियाँ, सभी प्रकार के मौसमी फल, हरी सब्जियों का रस, सलाद, दूध, दलिया एवं चोकरदार रोटी को सम्मिलित करना चाहिये। नहाने के लिए गुनगुने पानी का इस्तेमाल करें।

पसीना न आना

पसीना न आने से गर्भिणी और होने वाले बच्चा दोनों अस्वस्थ हो सकते हैं। पसीना आए इसके लिए बदन की सफाई अच्छी तरह करें, ठण्ड के दिनों में गर्म कपड़े पहनें, बरसात में भीगने से बचें।

गर्भावस्था और योग

18

यदि आप पहली बार योग कर रही हों तो बेहतर होगा कि आप किसी स्थानीय प्रशिक्षक से सीखने के बाद उसकी देखरेख या दिशा–निर्देश के अनुसार ही योगासन करें।

गर्भावस्था के दौरान आपकी शारीरिक अवस्था में काफी बदलाव आ रहा होता है। इस दौरान योग व व्यायाम करना भावी माँ की सेहत और जन्म लेने वाले बच्चे के विकास के लिए बहुत अच्छा रहता है। योग करने से गर्भवती स्त्री के शरीर से कुछ ऐसे हार्मोन्स का स्राव होता है, जो प्राकृतिक प्रसव को आसान बनाता है। माँ के इसे करने से भ्रूण का शारीरिक व मानसिक विकास बेहतर ढंग से होता है। गर्भावस्था में योग करने से रक्तचाप सामान्य रहता है, पीठ के दर्द, तनाव और अनिद्रा जैसी गर्भावस्था से जुड़ी कई समस्याओं से राहत मिलती है। केवल इस अवस्था में ही नहीं बल्कि उसके बाद भी आपकी शारीरिक बनावट, चुस्ती–फुर्ती और मानसिक स्वास्थ्य यूँ ही बेहतरीन बना रहता है। योग केवल शारीरिक व्यायाम का एक माध्यम भर नहीं है। योग में संपूर्ण शारीरिक और मानसिक स्वास्थ्य का राज छिपा है। योग के ऐसे पाँच तत्व होते हैं जो गर्भावस्था में बहुत काम आते हैं। ये हैं—

योग के पाँच तत्व

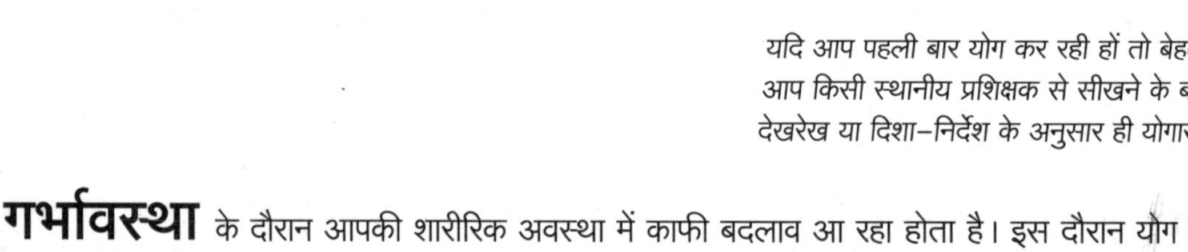

योग की एक्सरसाइज (व्यायाम) द्वारा प्रजनन अंगों व पेल्विक (श्रोणि) पर असर पड़ता है, जिससे प्रसव होने में आसानी होती है। इसके द्वारा भ्रूण को पर्याप्त मात्रा में रक्तपोषण मिलता है। प्राणायाम के माध्यम से भ्रूण को सही ढंग से ऑक्सीजन पहुँचता रहता है। योग की विभिन्न मुद्राओं के मनोवैज्ञानिक व शारीरिक प्रभाव से औरत को प्राकृतिक प्रसव के दौरान सुविधा रहती है। इससे वह एक स्वस्थ प्रक्रिया से गुजरते हुए पूरे समय एक सकारात्मक ढंग से अपनी दिनचर्या निभा सकती है। गर्भावस्था के दौरान मन में उठने वाले भय व शंकाओं को दूर करने में ध्यान मदद करता है। इसके माध्यम से माँ अलौकिक स्तर पर अपने बच्चे से सम्पर्क कर पाती है। योग निद्रा या रिलेक्सेशन एवं तनावमुक्त रहने से बिना किसी पीड़ा से प्रसव होता है। **ध्यान व प्राणायाम से बच्चे के व्यवहार पर गहरा सकारात्मक असर पड़ता है और भावी शिशु का व्यवहार चिड़चिड़ा या क्रोधी नहीं हो पाता, उसका मानसिक विकास तेजी से होता है।** गर्भावस्था के दौरान किया गया योग केवल इस समय की शारीरिक–मानसिक तकलीफों से राहत पहुँचाता है, बल्कि उसके बाद भी आपकी शारीरिक बनावट बनी रह सकती है पहली सी ही सुडौल।

पादहस्तासन

पैरों को एक फुट दूर फैलाकर खड़े हो जाएँ। हाथों की अँगुलियों को क्रास करके (आपस में मिलाकर) हथेलियों को बाहर की ओर मोड़ें और आगे की ओर झुकें। ध्यान रहे शरीर को जरूरत से ज्यादा न झुकायें। अब सीधे होकर हाथों को पीछे की तरफ ले जाएँ। और फिर से उंगलियों को आपस में मिलाकर, हथेलियों को बाहर की तरफ मोड़ें। अब पीछे की तरफ झुकें। फिर सीधे हो जाएँ। यह क्रिया आप 10 बार दोहराएँ।

लाभ—यह आसन रक्त का संचार बढ़ाता है। कमर के दर्द में राहत दिलाता है। जाँघों के भाग मजबूत व लचीले होते हैं।

अश्वसंथालासन

पीठ के बल लेट जाइए। हाथों को बाहर की तरफ फैला लीजिए। अब पैरों को घुटनों तक मोड़कर अपने पेट की तरफ ले आइए। अब पैरों को पास–पास रखते हुए दाहिनी तरफ जमीन पर ले आइए और गर्दन को बायीं तरफ मोड़ें। अब सीधे होते हुए पैरों को मुड़ी अवस्था में ही जमीन पर रखिए। अब यही क्रिया बायीं तरफ से करें जिसमें जुड़े हुए पैर तो बायीं तरफ रहेंगे तथा सिर व गर्दन दाहिनी तरफ। यह क्रिया 10 बार दोहरायें।

लाभ—इससे नितम्ब सुगठित होते हैं। यह आसन पेट व कमर कम करने में सहायक सिद्ध होता है।

अर्द्धचंद्रासन

चौकड़ी मारकर आराम से बैठें और अपने दोनों हाथ ऊपर की ओर खींचें और हथेलियों को जोड़कर सामने की ओर करें। इस दौरान गहरी साँस लें और दाहिना हाथ मोड़कर पीछे की ओर हवा में इस तरह ले जाएँ कि 120 डिग्री का कोण बने। यही प्रक्रिया बायें हाथ से दोहराएँ। दोनों हाथों से यह आसन 5–5 बार करें।

लाभ—गर्भावस्था में यह आसन करने से बच्चे को साँस लेने के लिए पर्याप्त मात्रा में ऑक्सीजन मिलती है।

मत्स्य क्रीड़ासन

पेट के बल लेट जाएँ। बाएँ पैर को मोड़कर दायीं तरफ ले आएँ। दायाँ पैर सीधा रखें। दोनों हाथों की उँगलियों को आपस में फँसाकर सिर के नीचे रखें। आराम की अवस्था में रहें। यही क्रिया दूसरी तरफ से भी करें।

लाभ—पाचन तंत्र सुधारता है, कब्ज दूर करता है। पैरों की माँसपेशियों को राहत मिलती है तथा गर्भवती महिला को आराम मिलता है।

हस्त उत्थानासन

पैरों को फैलाकर खड़े हों जिससे कि आपके पैरों की बीच की दूरी 1 फुट की हो। अब हाथों को सामने लाते हुए क्रॉस करें और साँस अन्दर लेते हुए हाथों को धीरे-धीरे ऊपर की ओर उठाएँ। साथ ही थोड़ा पीछे की ओर झुकते हुए दोनों हाथों को देखने की कोशिश करें। अब सीधे होकर अपनी हथेलियों को सिर पर रखें और श्वास छोड़ें। यह क्रिया फिर से दोहराएँ। यह योग आप 10 बार करें।

लाभ—कंधे, ऊपरी पीठ का तनाव दूर करता है तथा कमर दर्द में आराम मिलता है। जाँघों के भाग मजबूत व लचीले होते हैं। गहरी साँस लेने की क्षमता में सुधार लाता है। हृदय के लिए लाभदायक है और रक्त संचार में सुधार लाता है। पूरे शरीर को खासकर मस्तिष्क को इस आसन से अतिरिक्त ऑक्सीजन मिलती है।

त्रियकडासन

दोनों पैरों के बीच करीबन 1 फुट की दूरी बनाकर खड़े हो जाएँ। हाथों को अपनी कमर पर रखकर अपनी दायीं ओर झुकें। सीधे होकर अब बायीं ओर झुकें। यह क्रिया 10–15 बार दोहराएँ।

लाभ—यह आसन कमर व सीने का भार कम करते हैं।

वज्रासन

दोनों पैरों को मोड़कर नितम्ब के नीचे इस प्रकार रखें कि एड़ियाँ बाहर की ओर निकली हुई तथा पंजे नितम्ब से लगे हुए हों। इस स्थिति में पैरों के अँगूठे एक–दूसरे से लगे हुए होंगे। कमर, गर्दन एवं सिर सीधे रखें। घुटने मिले हुए हों। हाथों को घुटनों पर रखें।

लाभ—भोजन के बाद किए जाने वाला यह एकमात्र आसन है, इससे अपच, अम्लपित्त, गैस, कब्ज की शिकायत दूर होती है। भोजन के बाद 5 से 15 मिनट तक यह योग करने से भोजन ठीक से पच जाता है। घुटनों की पीड़ा को दूर करता है। इस दौरान गर्भवती महिलाएँ सेहत के साथ बच्चे की अच्छी सेहत, लंबी उम्र और तेजस्वी होने का भी विचार मन में करती रहें।

भद्रासन

वज्रासन में बैठ जाएँ। दोनों पैर को मोड़े रखते हुए बीच में से फैला लें। लंबी साँस लें। दोनों हाथों को घुटनों पर रखें। सिर और गर्दन एकदम सीधा रखें। धीरे–धीरे साँस छोड़ें। अपनी पीठ पीछे की ओर न झुकाएँ।

लाभ—इस आसन से घुटनों में खिंचाव आता है, जिससे जाँघ की माँसपेशियाँ तनी हुई रहती हैं और उन्हें सही आकार मिलता है। पेट और पीठ में रक्त प्रवाह अच्छा होता है। गुर्दे (किडनी), प्रोस्टेट ग्लैंड और मूत्राशय (यूरिनरी ब्लैडर) स्वस्थ होते हैं। पेशाब संबंधित रोग दूर होते हैं। यदि इस आसन को रोजाना 5 मिनट तक किया जाए तो दर्दरहित व सामान्य प्रसव होता है।

अर्ध तितली आसन

दोनों पैरों को फैलाकर बैठ जाएँ। दाहिने पैर को मोड़ते हुए बाएँ पैर की जाँघ पर जितना ऊपर रख सकें, रखें। दाहिने हाथ को मोड़े हुए घुटने पर रखें और बाएँ हाथ से दाहिने पैर के पंजों को पकड़ें। साँस अन्दर लेते हुए धीरे–धीरे दाहिने घुटने को सीने के पास ले जाएँ। अब साँस छोड़ते हुए घुटने को नीचे लाएँ और हाथ से दबाते हुए घुटने से जमीन छूने की कोशिश करें। यही क्रिया बाएँ पैर से भी कीजिए। हर पैर से 10–10 बार ऊपर–नीचे ये क्रिया दोहराएँ।

लाभ—नितंबों (हिप) और घुटनों को लचीला बनाता है जिससे प्रसव आसानी से होता है।

पूर्ण तितली आसन

जमीन पर बैठ जाएँ। घुटनों से पैरों को मोड़ते हुए दोनों पैरों के तलवों को आपस में जोड़ें और एड़ियों को जितना संभव हो सके, पेट के नजदीक लाने की कोशिश करें। हथेलियों से पंजों को पकड़कर और घुटनों को ऊपर–नीचे तितली के पंखों के समान हिलाएँ। पैरों को जोड़े रखें और अपनी हथेलियों से घुटनों को नीचे जमीन की तरफ दबाएँ और उठाएँ। उठाते वक्त घुटनों को ऊपर की तरफ मिलाएँ। इस क्रिया को 20–30 बार दोहराएँ। पैरों को फैलाकर रिलैक्स करें।

दोनों पैरों को सामने की ओर फैलाएँ और उनके बीच 2-3 फीट की दूरी बनाएँ। पैरों के बीच खाली जगह में दोनों हथेलियों को रखें। धीरे–धीरे आगे की ओर झुकते हुए, हथेलियों को आगे बढ़ाने का प्रयास करें। जितनी दूर हथेलियों को ले जा सकते हैं, ले जाएँ। थोड़ी देर इसी मुद्रा में रुकें, फिर वापस उसी तरह से हथेलियों को पीछे की ओर लाएँ।

जमीन की जगह अब दोनों हथेलियों को दायें पैर पर रखकर उसी प्रकार आगे झुकते हुए उन्हें आगे की ओर बढ़ाएँ। दाएँ पैर के पंजों को पकड़ें। कुछ देर रुक कर धीरे–धीरे हथेलियों को वापस पीछे लाएँ। पूरी क्रिया को 5 बार दोहराएँ। थोड़ी देर विश्राम करें, फिर यही क्रिया बायें पैर से करें।

पीठ के बल लेट जाएँ और पैरों को घुटने से मोड़कर 1 फुट की जगह बनाएँ। पंजों को जमीन पर रखें। दोनों हाथों से घुटनों को पकड़कर पैरों को उठाते हुए पेट की तरफ लाएँ और पैर फैलाएँ। इस पूरी क्रिया को 10 बार दोहराएँ।

लाभ—जाँघों के तनाव को कम करके उनको लचीला बनाता है, पैरों की थकान दूर करता है तथा पेल्विक माँसपेशियों को बल देता है व प्रसव को आसान बनाता है।

मर्जरासन

वज्रासन में बैठ जाएँ। दोनों हाथों को सामने रखते हुए घुटनों के बल खड़े हो जाएँ तथा कूल्हों को थोड़ा ऊपर की ओर उठाएँ। हाथ घुटनों के समानांतर होने चाहिये। घुटने या तो आपस में जुड़े हुए हों या फिर थोड़ी सी दूरी पर हों। अब साँस अंदर की ओर खींचते हुए सिर ऊपर की ओर उठाएँ। और रीढ़ को अंदर की तरफ ले जाएँ। सिर को जितना पीछे खींच सकती हैं उतना खींचें। जितना हो सके फेफड़ों में हवा भरें। इस अवस्था में तीन सेकंड तक रहें।

अब साँस छोड़ते हुए सिर नीचे की ओर ले जाएँ और रीढ़ को ऊपर की ओर खीचें। यह क्रिया 10 बार दोहराएँ।

लाभ—गले, कंधे व रीढ़ की हड्डी में लचीलापन आता है। स्तनों को सुगठित करता है तथा जाँघों के भाग मजबूत होते हैं। कमर दर्द में आराम मिलता है। यह आसन गर्भवती महिला को सामान्य प्रसव में लाभ देता है। कटि पीड़ा एवं गुदाभ्रंश में लाभदायक है। फेफड़ों को बलवान करता है। गर्भाशय के बाहर निकलने की तकलीफ को दूर करता है।

कंधारासन

करवट लेते हुए पीठ के बल लेट जाएँ। घुटनों को मोड़ लें। पंजों को पूरी तरह जमीन पर टिका दें। और हाथों से एड़ियों को पकड़ने की कोशिश करें। धीरे–धीरे अपने नितंबों व पीठ को जितना हो सके उतना ऊपर की ओर उठाएँ। पैरों और कंधों को हिलने न दें। जब उठा लें तब श्वास छोड़ते हुए इसी स्थिति में 10 तक गिनें। शरीर को सिर, गर्दन, कंधे, हाथ और पैरों द्वारा सहारा दें। इसके बाद धीरे–धीरे पीठ को जमीन पर वापस ले आएँ। 8–10 बार करें।

लाभ—इससे पीठ की माँसपेशियाँ मजबूत होती हैं। पीठ के दर्द में आराम मिलता है। पेट की माँसपेशियों में खिंचाव आने से पाचन तंत्र और प्रजनन तंत्र में सुधार आता है। अतः यह योगासन गर्भपात की समस्या वाली गर्भवती स्त्री के लिए उत्तम है।

सुप्त उदराकर्ष आसन

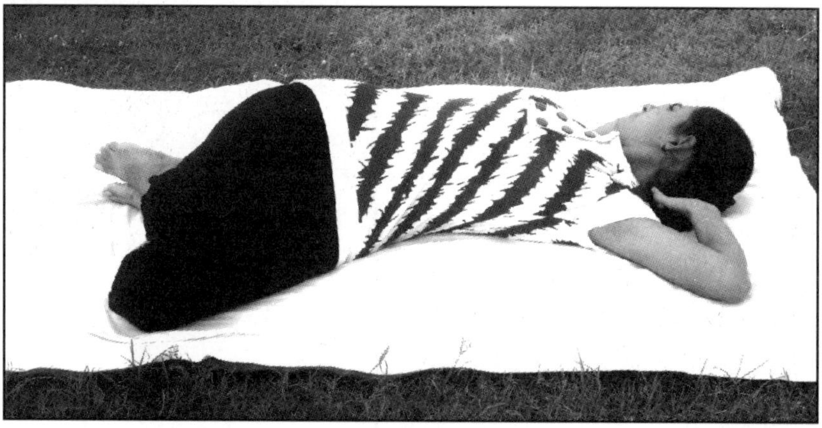

पीठ के बल लेट जाएँ। दोनों हाथों की उंगलियों को फँसाकर सिर के पीछे ले जाएँ। एड़ी को जमीन पर ही रखते हुए घुटनों को मोड़ लें। अब श्वास छोड़ते हुए पैरों को दाहिनी तरफ नीचे ले जाते हुए घुटनों से जमीन को छूने की कोशिश करें और सिर को बायीं तरफ घुमाएँ। पैरों को बायीं तथा सिर को दाहिनी तरफ घुमाते हुए यही क्रिया फिर से दोहराएँ। ऐसा 10–12 बार करें।

लाभ—यह योगासन कामकाजी महिलाओं के लिए ज्यादा लाभदायक है। क्योंकि लम्बे समय तक बैठे रहने से रीढ़ की हड्डी में होने वाली थकान से इससे राहत मिलती है। अपच की समस्या दूर होती है, पाचन क्रिया सुचारु बनाती है।

काष्ठ लक्षण आसन

दोनों पैरों के बीच करीबन एक से डेढ़ फीट की दूरी रखकर पैरों के बल उकडू बैठ जाएँ। दोनों हाथों की उँगलियाँ आपस में फँसाकर पैरों के बीच में जमीन पर लाएँ और फिर उठाते हुए सिर के ऊपर जितना ले जा सकें ले जाएँ। नीचे लाते हुए हाथों की तरफ देखें तथा फेफड़ों से हवा निकलते वक्त 'हा' का स्वर मुँह से निकालें। कोहनियाँ घुटनों के अंदर की तरफ होनी चाहिए। ऐसा 5–10 बार करें।

लाभ—यह पेल्विक के घेरे को ढीला करता है और पेल्विक की मसल्स को टोन करता है। सामान्य प्रसव के लिए तैयार करता है।

कटि चक्रासन

दोनों पैरों के बीच आधे मीटर का अंतर रखते हुए सीधे खड़े हो जाएँ। दोनों हाथ बगल में हों। अब हाथों को कंधे की सीध तक ले जाते हुए गहरी साँस खींचें। अब शरीर को बायीं तरफ मोड़ते हुए साँस छोड़ दें। दाहिने हाथ को बाएँ कंधे पर रखें तथा बाएँ हाथ को कमर के पीछ से दाहिनी तरफ लाएँ। बाएँ कंधे के ऊपर से जितना दूर हो सके, देखें। गर्दन सीधी रखें और शरीर के ऊपरी भाग को स्थिर रखें। दो सेकण्ड के लिए साँस रोकते हुए, पेट व शरीर को इसी अवस्था में और अधिक खींचें। ध्यान रहे, इस पूरी प्रक्रिया में पैर मजबूती से जमीन पर उसी अवस्था में रखें। सामान्य अवस्था में आ जाएँ और दायीं ओर से भी यही प्रक्रिया दोहराएँ। शरीर पर जरूरत से ज्यादा जोर न डालें। 5–10 बार करें।

लाभ—यह आसन कमर, कूल्हे व पीछे के भाग के लिए बहुत लाभदायक है। शरीर में लचीलापन बढ़ाता है। यह आसन गर्भावस्था में शारीरिक व मानसिक तनाव से मुक्ति दिलाता है।

शवासन

पीठ के बल लेट जाएँ। पैरों को बीच से थोड़ा खुला रखें। हाथों को शरीर के बराबर में फैलाकर रखें। हथेलियाँ आकाश की ओर उठी हुई हों। साँस सामान्य गति से ही लें तथा नाक से ही लें। साँस लेते हुए शरीर को पूरी तरह से ढीला छोड़ दें। 10–15 मिनट तक इसी अवस्था में रहें।

लाभ—गर्भावस्था में शवासन करने में माँ को बहुत आराम मिलता है तथा बच्चे का विकास अच्छी तरह से होता है।

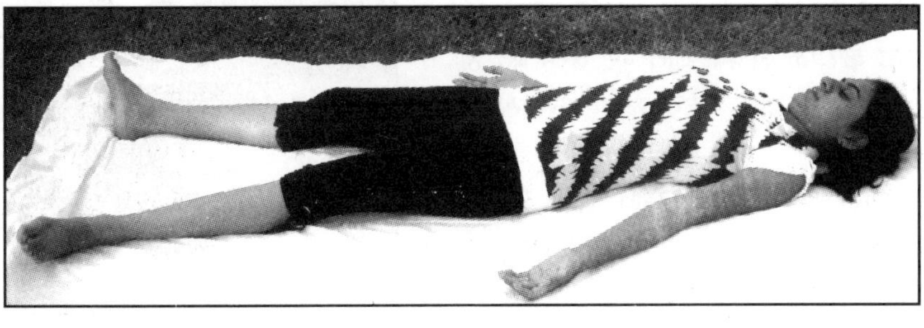

उत्थानासन

दोनों पैरों में एक मीटर की दूरी रखते हुए सीधे खड़े हो जाएँ। दोनों पंजे बाहर की तरफ हों। दोनों हाथों की उंगलियाँ आपस में फँसाते हुए आगे की तरफ झूलने दें। घुटनों को मोड़ते हुए नितंबों को नीचे लाने की कोशिश करें। पूर्वावस्था में आ जाएँ।

लाभ—पीठ के मध्य भाग की, गर्भाशय, जाँघ और कोहनियों की पेशियों को मजबूत बनाता है। यह आसन गर्भावस्था में आपको प्रसव के लिए तैयार करता है।

ध्यान और प्राणायाम

गर्भावस्था में शांत मुद्रा में कुर्सी पर बैठ जाएँ और ध्यान लगाते हुए ओम का उच्चारण करते हुए धीरे-धीरे गहरी साँस लें। इस दौरान एक हाथ पेट के ऊपर रखें व दूसरे को पेट के नीचे रखते हुए उसे सहारा दें।

लाभ—इस आसन से मानसिक तनाव दूर होता है तथा शिशु को पर्याप्त मात्रा में ऑक्सीजन मिलती है।

शीतकारी आसन (प्राणायाम)

इस आसन को करते समय वज्रासन मुद्रा में या कुर्सी पर बैठें। दोनों हाथों से पेट को सहारा दें। अपने जबड़े को कसकर इस तरह बंद करें कि आपके दाँत पूरी तरह बंद हों तथा होठ खुले हों और अब दाँतों के बीच से साँस खींचें, नाक से बाहर निकालें।

लाभ—पूरे शरीर में रक्त का दबाव सही ढंग से नियंत्रित रहता है, थकान व तनाव से मुक्ति और शिशु को पर्याप्त मात्रा में ऑक्सीजन मिलता है।

अनुलोम–विलोम (प्राणायाम)

आँखें बंद रखकर अपने दाहिने हाथ को उठाएँ और दाहिनी कुहनी को बाएँ हाथ की हथेली पर रखें। दाहिनी हथेली की पहली उँगली व अँगूठा साथ लाएँ। दाहिने हाथ की दूसरी व तीसरी उँगली से बायीं नाक को बन्द करें। और दाहिनी नाक से साँस लें। अब दाहिनी नाक को अँगूठे व उँगली से बंद करके बायीं नाक से साँस छोड़ें। यही प्रक्रिया अब बायीं नाक से दोहराएँ। दोनों नासिकाओं से यही प्रक्रिया दस–दस बार दोहरानी चाहिए।

लाभ—शरीर में रक्त संचार अच्छी तरह से होता है, खुद को तनावमुक्त महसूस करेंगी, शरीर में नयी स्फूर्ति आएगी, गर्भावस्था के लिए बहुत लाभदायक व सरल आसन है। इसे करने से रक्तचाप (ब्लड प्रेशर) भी नियंत्रित रहता है।

गर्भावस्था में योग करते हुए इन बातों का विशेष ध्यान रखें

- गर्भावस्था में योग शुरू करने से पहले अपने स्थानीय डॉक्टर से परामर्श जरूर लें।
- योग के दौरान हर 15–20 मिनट के बाद थोड़ा–सा आराम करें।
- कोई भी स्त्री गर्भाधान के 20 सप्ताह पूरे होने के बाद व्यायाम शुरू कर सकती है।

- गर्भावस्था के आखिरी महीने में पीठ के बल लेटकर पैरों को ऊपर करने वाला कोई भी योगासन न करें।
- योग के दौरान आपकी हृदय गति अत्यधिक तेज न हो जाए। यानि कि 140 बार प्रति मिनट से अधिक नहीं होनी चाहिए।
- कोई भी आसन करते समय एक झटके से उसे न रोकें बल्कि धीरे–धीरे अपनी सामान्य मुद्रा में वापस आएँ।
- व्यायाम व योगासन के दौरान कमरे में ए.सी. नहीं चलना चाहिए।
- अगर आप योगाभ्यास के दौरान अनुलोम–विलोम करती हैं तो ऐसा करते हुए साँस रोकें नहीं, क्योंकि इससे बच्चे को साँस लेने के लिए ऑक्सीजन नहीं मिल पाती है।
- गर्भावस्था के दौरान तेज चलना व जॉगिंग नहीं करनी चाहिए। इस दौरान धीरे–धीरे टहलना सेहत के लिए बहुत फायदेमंद होता है।
- व्यायाम व योग करते वक्त जब भी आपको तकलीफ महसूस हो, आपको वह उसी वक्त बंद कर देनी चाहिए।
- अगर आप पहले से योग करती हों तब भी इस अवस्था के लिए कहे गए आसन ही चुनें और उन्हें धीमी रफ्तार से करें।
- **यदि आप पहली बार योग कर रही हों तो बेहतर होगा कि आप किसी प्रशिक्षक से सीखने के बाद उसकी देखरेख या दिशा–निर्देश के अनुसार ही योगासन करें।**
- योगाभ्यास खाली पेट ही करें और इसके करने के बाद 15–20 मिनट तक कुछ न खाएँ।
- योग जहाँ तक हो सके सुबह के वक्त ही करें।
- योग करते समय ढीले–ढाले सूती कपड़े ही पहनें, जिससे शरीर खुलकर साँस ले सके।
- **जबर्दस्ती कोई भी आसन न करें।**
- पेट के बल किए जाने वाले आसन जिनमें बहुत ज्यादा आगे व पीछे की ओर झुका जाता हो वे बहुत ही सावधानीपूर्वक करें।
- ऐसे व्यायाम मुद्राएँ न करें जिनके करने से आपकी माँसपेशियों में खिंचाव या पेट पर दबाव महसूस हो।

परिवेश का प्रभाव

गर्भावस्था के दौरान तनाव व बेचैनी की स्थिति माँ एवं गर्भस्थ शिशु के लिए विशेषकर हानिकारक होती है। अध्ययनों से सिद्ध हुआ है कि गर्भावस्था के दौरान माँ में तनाव की उपस्थिति बच्चों के व्यवहार को प्रभावित करती है। जब गर्भवती महिला तनावग्रस्त होती है, तो उसके शरीर में स्टीरायड्स एवं अन्य हार्मोन्स का स्रावण बढ़ जाता है। यह बच्चे के हृदय एवं धमनियों को प्रभावित करता है। ऐसे वातावरण में पैदा हुए बच्चों में अतिसक्रियता, चिड़चिड़ापन अधिक पाया जाता है। तनाव के माहौल में पैदा हुए बच्चे नींद कम लेते हैं तथा दुग्धपान की कमी उनमें देखने को मिलती है। ऐसे बच्चे भविष्य की आवश्यकताओं के अनुकूल अपने को नहीं ढाल पाते व चिन्ताग्रस्त रहते हैं।

वैज्ञानिक अध्ययनों से यह स्पष्ट हो चुका है कि गर्भावस्था के दौरान महिला को स्वस्थ, शान्त एवं खुशहाल वातावरण दिया जाए, तो सन्तान मानसिक तौर पर शान्त, अधिक सशक्त तथा जीवन में उन्नति करने वाली होती है। ऐसे बच्चे शारीरिक रूप से अधिक स्वस्थ होते हैं।

गर्भावस्था के दौरान तनाव नियंत्रण

- स्वस्थ संतुलित आहार खाएँ। अच्छा खाने से आपको दिन भर के लिए जरूरी ऊर्जा मिलेगी।
- खूब नींद लें। आप जितना कम सोएँगी उतना अधिक तनाव की संभावना होगी। सोने से पूर्व आरामदायक स्नान करने से आपको तनाव नियंत्रण में मदद मिलती है।
- नियमित व्यायाम करें। दैनिक तनाव के कारकों का सामना करने का आदर्श उपाय है व्यायाम। व्यायाम से प्रसव सहज होता है और आगामी प्रसव से जुड़ी कुछ बेचैनी घटती है।
- कुछ प्राकृतिक तनाव घटाने की तकनीकें आजमाएँ जिसमें बायोफीडबैक, योग या प्राणायाम शामिल हैं।
- अपने साथी से नियमित बात करें। आपका साथी आपकी बेचैनी का हल निकालने में मदद कर सकता है और अति तनाव के वक्त आपको राहत दे सकता है।
- अपना कार्य–भार घटाएँ। यदि आपको लगता है कि आप दिन में अत्यधिक काम कर रही हैं तो कुछ काम दूसरों को सौंपने के उपाय खोजें।
- अपने चारों ओर एक स्वस्थ पारिवारिक एवं मनोवैज्ञानिक माहौल का निर्माण करें तथा शुद्ध विचारों को अपनाएँ।
- फुर्सत के समय अच्छी पुस्तकें पढ़नी चाहिए ताकि गर्भस्थ शिशु संस्कार संपन्न हो।
- क्रोध, तनाव, डर और हर तरह की उत्तेजना से दूर रहें।

■■

19 व्यायाम एवं सकारात्मक मुद्राएँ

बदलते परिवेश में स्त्रियों के लिए शारीरिक श्रम की संभावनाएँ पहले की तुलना में कम रह गई हैं। आज अधिकांश घरेलू काम भी उपकरणों की सहायता से चंद मिनटों में होने लगे हैं। जबकि पूर्व में महिलाओं का व्यायाम घरेलू कामकाज के दौरान हो जाता था। वे स्वस्थ और हृष्ट–पुष्ट रहती थीं। इसका लाभ उन्हें प्रसव के दौरान मिलता था। लेकिन आज शारीरिक श्रम कम होने से अलग से व्यायाम या योग करने की जरूरत हो गई है। गर्भावस्था के दौरान व्यायाम करने से गर्भवती स्त्रियों को काफी लाभ होता है। इस समय होने वाली तकलीफों और शिकायतों से राहत पाने में व्यायाम काफी सहायक सिद्ध होता है। इसके करने से आपकी माँसपेशियों के स्वास्थ्य, ऊर्जा व शक्ति में सुधार होगा। **गर्भावस्था के दौरान नियमित व्यायाम एक महिला को बच्चा वहन करने और जन्म देते समय होने वाले शारीरिक तनाव को झलने के लिए तैयार करता है।** स्वस्थ शरीर होने से प्रसव पीड़ा और प्रसव में अत्यंत आसानी हो सकती है। इसके लिए आपको किसी खास उपकरण की जरूरत नहीं होती। इन्हें करने के लिए बस आरामदायक कपड़े और थोड़ी सी जगह चाहिए।

गर्भावस्था के दौरान आप कभी भी व्यायाम शुरू कर सकती हैं। लेकिन कोई भी व्यायाम करने से पहले आपको अपने डॉक्टर से सलाह लेनी चाहिए। उचित व्यायाम करें। पहले धीरे–धीरे शुरू करें, फिर बढ़ाएँ। अपनी गर्भावस्था के दौरान नियमित व्यायाम करने के लाभ ये हैं—

- थकान के प्रति प्रतिरोधक
- पीठ की सशक्त पेशियाँ
- मुद्रा में सुधार
- अनचाही बढ़ी हुई चर्बी कम होगी (खासकर अंतिम तीन महीनों में)।
- तनाव से राहत
- आपमें उत्साह व स्फूर्ति आती है और आप अच्छा महसूस करती हैं।
- प्रसव की शारीरिक जरूरतों के लिए तैयारी।

- फेफड़ों की क्षमता बढ़ती है, प्रसव के दौरान आसानी होती है। रक्त संचार बढ़ता है और खाने का पाचन अच्छी तरह से होता है।
- गर्भावस्था के दौरान होने वाली परेशानियों से राहत मिलती है जैसे जी मिचलाना, छाती में जलन, ऐंठन, अनिद्रा, सूजन, निरंतर पीड़ा एवं बवासीर आदि।
- नींद अच्छी आती है।

व्यायाम को निरंतर धीरे-धीरे पहले तीन महीने तक बढ़ाया जा सकता है। गर्भावस्था के दौरान हल्के फुल्के कौन से व्यायाम करना लाभकारी हैं, आइए जानें। निम्नलिखित व्यायाम प्रसव के लिए आपकी मदद करते हैं। अपने शरीर की जरूरत अनुसार उन्हें चुनें। प्रसव के लिए किए जाने वाले व्यायामों को निरंतर करें।

कीगल एक्सरसाइज

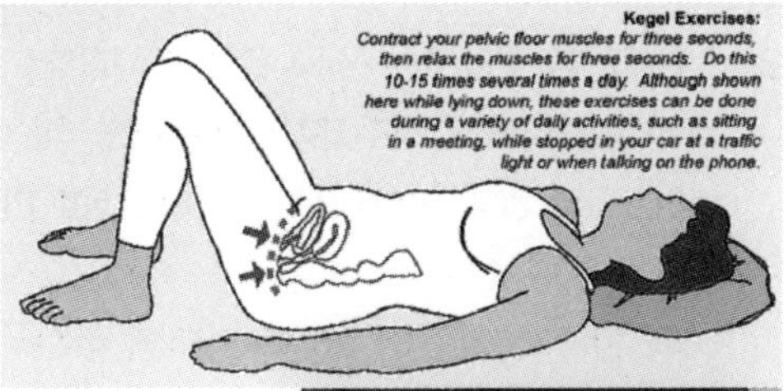

इस एक्सरसाइज से मलाशय एवं योनि के आसपास की जगह का संचार बढ़ता है। इससे बवासीर में फायदा होता है तथा प्रसव के बाद हीलिंग भी जल्दी होती है। इस व्यायाम से मूत्र मार्ग, मूत्राशय, गर्भाशय और मलाशय को सहारा देने वाली पेल्विक फ्लोर माँसपेशियों को हल्के से आंतरिक खिंचाव से टोन किया जा सकता है। ऐसा देखा गया है कि मजबूत पेल्विक फ्लोर से प्रसव का समय भी कम हो जाता है। यह आप कहीं भी और कभी भी कर सकती हैं।

कैसे करें—पेशाब रोकते समय जैसे पेल्विक मसल्स को कसा जाता है, वैसा करें। इसके बाद 1-4 तक आराम से गिनें फिर छोड़ दें। ऐसा दस बार करें। दिनभर में ऐसा 3-4 बार करें।

वॉकिंग एक्सरसाइज

बिना घुटनों और टखनों को तकलीफ दिए खुद को फिट रखने का सर्वोत्तम कार्डियोवैस्कुलर व्यायाम है। यदि आप कोई और व्यायाम नहीं कर पा रही हैं तो यह व्यायाम सबसे सरल व सुरक्षित है जिसे पूरे 9 महीनों तक किया जा सकता है।

कैसे करें—शुरुआत धीरे-धीरे चलने से करें। खासतौर पर तब जब आप गर्भावस्था से पहले ज्यादा सक्रिय न रही हों। बाद में 20 से 30 मिनट तक तेज चलने का अभ्यास करें।

सावधानी—बहुत ज्यादा थकने तक या साँस फूलने तक न चलें, क्योंकि उस समय ऑक्सीजन आप ही उपयोग करेंगी, जबकि वह आपके बच्चे को मिलनी चाहिए।

शोल्डर रोटेशन

विधि—अपने दाएँ हाथ की उँगलियों को दाएँ कंधे पर रखें और कोहनी को इस तरह घुमाएँ जैसे गोला (सर्कल) बना रहे हों। इसे प्रत्येक दिशा में घुमाएँ।

इसी तरह बाएँ हाथ की कोहनी से करें।

1. **डबल आर्म**—अपने दोनों हाथों को दोनों कंधों पर रखें और एक साथ गोलाई में घुमाएँ। गोलाई में घुमाते समय कोशिश करें कि जितना हो सके हाथों को पीछे की तरफ से घुमाएँ। ध्यान रहे कि हाथ आगे लाते समय दोनों कोहनियाँ एक दूसरे को स्पर्श करें।
2. **साँस की प्रक्रिया**—जब हाथ को गोलाई में पीछे की ओर घुमाने लगें तब साँस अंदर की ओर लें और जब हाथ सामने की ओर आए तब धीरे–धीरे साँस छोड़ दें।

यह क्रिया 5–5 बार प्रत्येक दिशा में करें।

लाभ—इससे पीठ के ऊपरी हिस्से में रक्त संचार और लचीलापन बढ़ता है। हृदय और फेफड़ों के आस–पास का तनाव कम होता है। श्वास की प्रक्रिया अच्छी होती है। गर्दन का तनाव कम होता है। गर्भवती स्त्रियों में यह दुग्ध ग्रंथि को अच्छी तरह से कार्यशील बनाती है।

पैरों के लिए व्यायाम

- एड़ी के बल चलें।
- पंजों के बल खड़े हों।
- एक पंजे को सीधा जमीन पर रखें और दूसरे को एड़ी के बल ऊपर करें। यह प्रक्रिया बारी–बारी से दाएँ–बाएँ पैर से दोहराएँ।
- जमीन पर लेटकर एक पैर को ऊपर करें। इसे दाएँ–बाएँ पैर से दोहराएँ।
- सीधे लेटकर पंजों को खींचें।

लाभ—इससे पैरों का भारीपन और माँसपेशियों का तनाव कम होगा।

एड़ियों में मरोड़

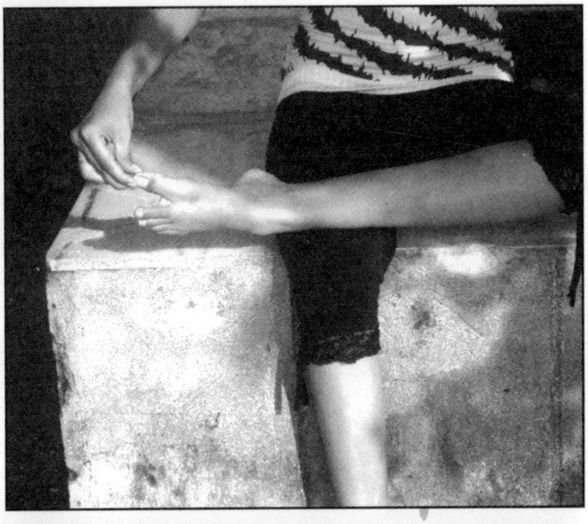

विधि—कुर्सी पर बैठ जाएँ। अब बाएँ पैर को ऊपर उठाकर दाएँ पैर के घुटनों पर रखें। दाएँ हाथ से बाएँ अँगूठे को पकड़ें और गोलाई में चारों तरफ घुमाएँ। 10–10 बार प्रत्येक दिशा में घुमाएँ।

लाभ—इससे पैरों की ऐंठन दूर होती है। रक्त प्रवाह ठीक रहता है। गर्भावस्था में यह व्यायाम करने से पैरों में सूजन नहीं आती और पैर सुन्न नहीं होते।

* * *

विधि—जमीन पर सीधे लेट जाएँ। दोनों टखनों को एक दूसरे पर रखकर जाँघों को एक साथ मिलाएँ और माँसपेशियों में खिंचाव पैदा करें।

लाभ—इससे कूल्हे की माँसपेशियों को आराम मिलेगा। इसे दस बार दोहराएँ।

* * *

विधि—जमीन पर लेटकर घुटनों को मोड़ें। फिर पेट एवं कूल्हे की माँसपेशियों को भीतर की तरफ खींचें। कमर को जमीन से सटाकर कमर के निचले हिस्से को दाएँ बाएँ तिरछा करें। इस व्यायाम को पाँच बार दोहराएँ।

लाभ—इससे पीठ दर्द में आराम मिलेगा।

* * *

विधि—जमीन पर इस तरह बैठें कि पैर एक दूसरे से सटे रहें फिर घुटनों को जमीन पर जितना सम्भव हो सके, हथेलियों से दबाएँ। इस स्थिति में थोड़ी देर रुकें।

लाभ—घुटनों के दर्द में राहत मिलेगी।

विधि—जमीन पर उकडू या पैर के बल बैठें। पहले बायाँ पैर आगे निकालें और एक कदम आगे बढ़ाएँ। फिर दायाँ पैर बाहर निकालें और एक कदम आगे बढ़ाएँ। इसी तरह बैठे-बैठे चलें। इस व्यायाम को पाँच-सात बार दोहराएँ। बेहतर होगा कि किसी अनुभवी व्यक्ति से मार्गदर्शन ले लें।

लाभ—यह व्यायाम आपके शरीर को प्राकृतिक प्रसव के लिए तैयार करता है। आपकी माँसपेशियों को लचीला बनाता है।

बैठी स्थिति का व्यायाम

जमीन पर बैठ जाइए। आपकी पीठ सीधी रहे, एड़ियाँ आपस में जुड़ी हों और आपके घुटने आराम से लटके रहें। अपने टखने पकड़ते हुए, अपना वस्तिप्रदेश (धड़ का निचला हिस्सा) और पैरों को साथ लाइए। अपनी कोहनी के सहारे दोनों घुटनों को जमीन की तरफ दबाते समय आपको अपनी भीतरी जाँघों में खिंचाव महसूस होगा। दिन में कई बार कुछ मिनट के लिए इसी स्थिति में बैठती रहें, पीठ सीधी, घुटने तकरीबन जमीन को छूते हुए।

लाभ—इस व्यायाम से जाँघ की भीतरी माँसपेशियों और धड़ के निचले हिस्से को सशक्त करने तथा आपका आसन सुधारने में मदद मिलती है। ये आपके वस्तिप्रदेश के जोड़ों को लचीला बनाए रखता है और प्रसव में आसानी होती है।

दाब का व्यायाम

धीरे–धीरे अपनी एड़ियों के बल पर बैठ जाइए। अपनी एड़ियों को नीचे रखने की कोशिश करें और अपना वजन बराबर रखें। अपनी कोहनियों से जाँघों को बाहर की ओर दबाएँ, जिसमें पेट व जाँघों के बीच का हिस्सा और जाँघ खिंचेगी। दिन में कई बार इसका अभ्यास करें।

लाभ—प्रसव के लिए यह एक अच्छी मुद्रा है और यदि आप इस मुद्रा को चुनती हैं तो आपका शरीर प्रसव के लिए तैयार हो जाएगा। पीठ दर्द व कब्ज से राहत दिलाएगा।

वस्तिप्रदेश का झुकाव (पेल्विक टिल्ट्स)

पीठ के बल लेट जाएँ, अपना एक हाथ पेट पर रखें और दूसरा पीठ के नीचे डालें। (अपने चौथे महीने के बाद अपने कंधे तकिए पर रखें ताकि आपका सिर छाती से ऊँचा रहे।) अपने घुटने मोड़ें, साँस लेते हुए पेट फुलाइए, फिर छोड़ते हुए अपना पेट पिचकाइए। इसमें अपने पैरों की बजाय अपने पेट की माँसपेशियों का उपयोग जारी रखें। आपके धड़ का निचला हिस्सा जमीन से थोड़ा ऊपर उठ सकता है। 1 सेकंड रुकें और छोड़ दें। 10 बार दोहराएँ। 3 सेटों में यह क्रिया 30 बार करें।

आपके पेट की माँसपेशियों की दृढ़ता के लिए व्यायाम

अपने घुटने मोड़कर लेट जाएँ और अपने पैर जमीन पर रखें। धीरे-धीरे अपने पैर आगे फैलाते हुए उन्हें पूरा सीधा करें, लेकिन अपनी पीठ जमीन पर अच्छी तरह दबाकर रखें। एक घुटना ऊपर खींचें और बाद में दूसरा घुटना खींचें, अपनी पीठ जमीन से उठने न दें। बाद में अपने पैरों को सीधा करते हुए आराम से रखें। इसे पाँच बार दोहराएँ।

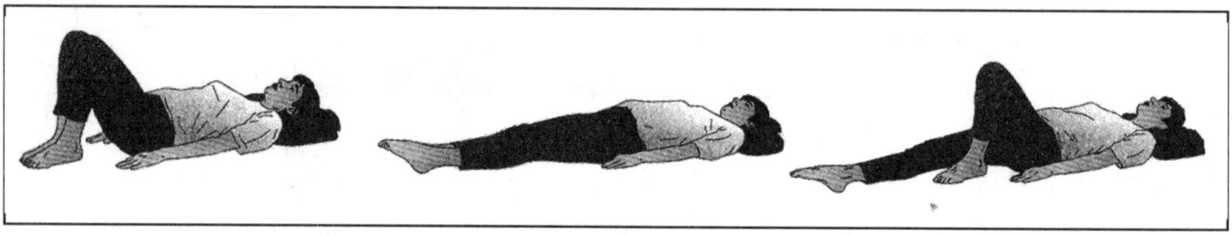

प्रसव के दौरान श्वसन तकनीक

प्रसव के दौरान श्वसन के व्यायाम आपको दर्द का सामना करने में मदद कर सकते हैं और यदि प्रसव लंबा खिंचता है तो यह खासकर सहायक हो सकते हैं। धीरे और सहजता से गहरी साँस लें। सिकुड़न की शुरुआत में नाक से धीरे-धीरे गहरी साँस खींचें। इससे आपके गर्भाशय को ऑक्सीजन मिलेगा। अपने मुँह से आह भरने की भाँति हवा बाहर छोड़ें। सिकुड़न के दौरान आपको हर उच्छ्वास पर ध्यान केंद्रित करना चाहिए, इससे आपको आराम मिलेगा।

यदि सिकुड़न के दौरान आपको जोर लगाने की इच्छा हो तो जब तक जोर खत्म न हो साँस मुँह से जोर से बाहर छोड़ें। साँस छोड़ने से पहले साँस लेना न भूलें। जब जोर लगाने की जरूरत खत्म हो जाये तब अपनी पिछली श्वसन पद्धति पर लौट आएँ, जिसका उपयोग पहले आप कर रही थीं। आपको जोर लगाने की तीव्र जरूरत न महसूस हो तो अपने सिकुड़न के दौरान तब तक जोर न लगाएँ, जब तक जरूरत महसूस न हो, और पहले की तरह श्वसन पद्धति जारी रखें।

शारीरिक मुद्राएँ

खड़े रहने का सही तरीका

चित्र में दिखाए गए अनुसार खड़ी रहें। खड़े रहने पर पीछे न झुकें। ज्यादातर गर्भवती स्त्रियाँ अपने शरीर का वजन संतुलित करने के लिए अपने शरीर को पीछे झुकाकर संतुलित करती हैं। ऐसा न करें।

* पैरों के बीच एक अंतर रखकर सीधे खड़ी रहना सही ढंग है।

✻ ✻ ✻

बैठने का सही तरीका

* कुर्सी की पीठ का आधार लेकर सीधी बैठना ही बैठने का सही तरीका है। झुककर न बैठें। इससे आपका पेट दबता है।

✻ ✻ ✻

किसी वस्तु को नीचे से उठाने का तरीका

* भारी वस्तु जमीन से उठाते समय पैर सीधे रखकर नीचे न झुकें। कुछ भी उठाने के लिए अपनी पीठ को सीधा रखें और अपने घुटने मोड़ें। जहाँ तक हो भारी सामान न उठाएँ।

सोने का सही तरीका

* सीधे न सोएँ। करवट लेकर सोएँ। पैरों के बीच तकिया रखना आराम देता है।

* * *

* जमीन पर बैठकर अपने पैर सीधे फैला लें। अब अपने दोनों हाथ पीछे की तरफ जमीन पर ऐसे रखें कि वह आपके शरीर को सहारा दें। इस मुद्रा में 5–10 मिनट तक रोजाना बैठें।
  लाभ—मूत्र मार्ग, योनि और भुजाओं के आसपास की पेशियाँ शिथिल हो जाती हैं और तनाव से मुक्ति मिलती है।
* जमीन पर दीवार के सहारे बैठें। अपने पीछे कुशन या तकिए का आधार लें अपने पैरों को घुटनों से मोड़ लें। अब हल्के से आगे की तरफ झुककर बैठें। अपने हाथों को जमीन पर अपनी बगलों की तरफ से रखें। इस मुद्रा में भी रोजाना 10–15 मिनट तक बैठें। दोनों पैरों के बीच थोड़ी दूरी रखें।
  लाभ—हल्के से झुककर बैठने से नितंबों व पेडू क्षेत्र की पेशियाँ शिथिल हो जाती हैं।
* वज्रासन में बैठें। इसी मुद्रा में पीठ की मालिश कराएँ।
  लाभ—मालिश करने से प्रसव पीड़ा सुसह्य हो जाएगी। ये पीठ दर्द और कब्ज की समस्या से बचाएगा।

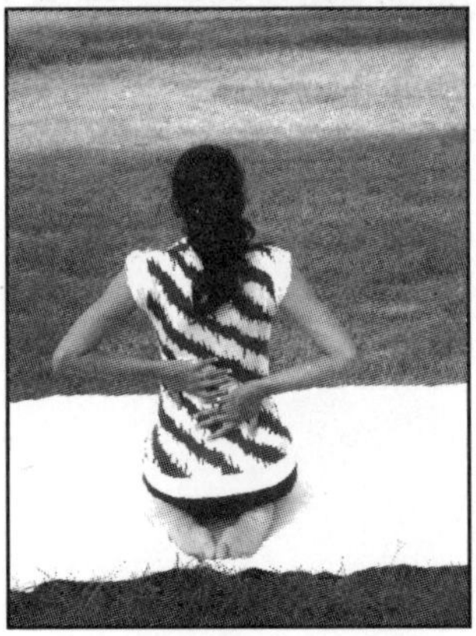

गर्भावस्था में क्या पहनें?

20

गर्भावस्था हर महिला के लिए सुखद अनुभव है। लेकिन इस अवस्था में शरीर का आकार अनिश्चित रूप से बढ़ता है, जिसके फलस्वरूप गर्भवती के कपड़ों का नाप दिन ब दिन बदलता जाता है। बहुत तंग व कसे हुए कपड़ों में उसे साँस लेने में दिक्कत महसूस होती है और बच्चे की ग्रोथ (बढ़त) पर भी असर पड़ता है।

हर हाल में ध्यान रखें—गर्भावस्था में क्या पहना जाए इसका विशेष महत्व है। इस दौरान ढीले-ढाले वस्त्र ही पहनने चाहिये। चूँकि इस दौरान शरीर का आकार विशेष रूप से पेट निरंतर बढ़ता रहता है। इसलिए पुराने परिधानों को खोल कर ढीला करने का व्यर्थ प्रयास न करें।

अपने पहनावे या एक्सेसरीज में कोई भी बदलाव लाने से पहले इस बात का ध्यान रखना बेहद जरूरी है कि वो आपके लिए आरामदेह है या नहीं, ऐसे किसी भी बदलाव से बचें जो आपके शारीरिक गतिविधि, रक्तप्रवाह या गिरने, चोट लगने की सम्भावना को बढ़ाता हो।

विशेषज्ञों के अनुसार—गर्भवती महिलाओं को पसीना ज्यादा आता है क्योंकि गर्भावस्था में चयापचय दर (मेटाबॉलिक रेट) 20% बढ़ जाती है। इसलिए उन्हें हल्के कपड़े पहनने चाहिये। सिंथेटिक या सिल्क के परिधानों से दूर ही रहना चाहिये। विशेषकर गर्मी के मौसम में ये परिधान त्वचा को नुकसान पहुँचाते हैं। दूसरे कसे हुए होने के कारण छीजने व फटने का भय बना रहता है। कसे हुए बैल्ट, स्टॉकिंग या मोजे जिनमें इलास्टिक लगा हो या फिटिंग वाले कपड़े न पहनें। ये रक्तसंचार में रुकावट पैदा करते हैं।

गर्भावस्था के दौरान क्या पहनें

इलास्टिक या फलालेन (स्पोर्ट्स के लिए इस्तेमाल किया जाने वाला) ट्राउजर पहनना आरामदायक रहता है।

- गर्मियों में गहरे रंगों के परिधानों से बचें जो कि गर्मी सोख लेते हैं। इनकी जगह नरम-मुलायम सूती वायल तथा खद्दर के कपड़े से बने परिधान ही पहनें जो पसीना सोखते हैं तथा ठण्डे रहते हैं।

- सर्दी के मौसम में गरम कपड़े पहनें। ध्यान रहे कि गर्म कपड़े आरामदायक या लेयर वाले हों, ताकि आप उनमें आराम महसूस कर सकें।
- गर्भावस्था में वक्ष का आकार भी काफी बढ़ता है। गर्भ के ठहरते ही स्तनों का आकार बढ़ना शुरू हो जाता है। ऐसे में समय-समय पर अपनी ब्रा का साईज बदलती रहें। बहुत कसी हुई फुल इलास्टिक व नाइलोन की पट्टियों वाली ब्रा इस अवस्था में कम से कम न पहनें। अंतः वस्त्रों की खूबसूरती के साथ-साथ उनके आरामदायक होने पर भी ध्यान दें। सूती (कॉटन) की नरम मुलायम ब्रा और पेन्टीज पहनें जो कि तन व मन की बेचैनी को कम कर राहत पहुँचाती है।
- गर्भावस्था के लिए अपने साइज व मौसम के अनुरूप 4-5 नए परिधान बनवा लीजिए।
- अगर आप घर पर ही रहती हैं तो ढीले-ढाले गाऊन बनवा सकती हैं। इस अवस्था में गाउन पहनना सबसे अच्छा व सुविधाजनक रहता है। क्योंकि इसमें नाड़ा बांधना नहीं पड़ता। नाड़ा बांधने से पेट पर कसाव महसूस होता है और गर्भवती महिला को बेचैनी महसूस होती है। गर्मी के मौसम में पॉपलीन या किसी अन्य सूती कपड़े की नाइटी या गाउन बनवा सकती हैं। सर्दी का मौसम हो तो किसी गर्म कपड़े, मोटे खादी, कॉट्सवूल का पूरी बाँह का गाउन बनवाएँ।
- बाहर आने-जाने के लिए 2-4 ढीले-ढाले सूट बनवाएँ बिना प्लीट्स वाले। सलवार में नाड़े से अगर दिक्कत महसूस होती हो तो उसकी जगह इलास्टिक का प्रयोग कर सकती है। इलास्टिक माप के अनुसार अपने आप सिकुड़ या फैल जाता है।

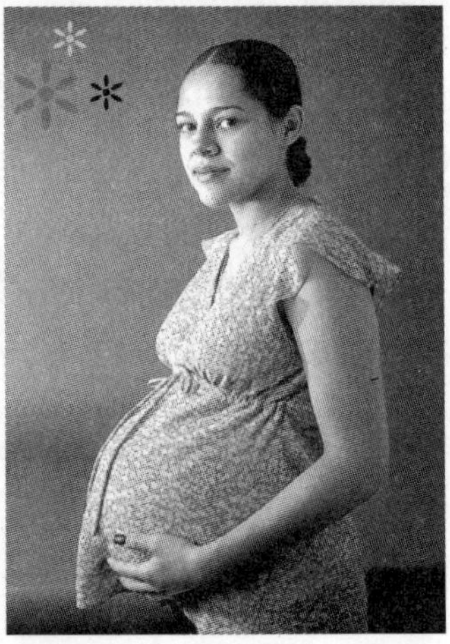

- गर्भावस्था के दौरान साड़ी भी पहनी जा सकती है लेकिन उसे पहनते वक्त ध्यान रखें कि साड़ी बांधने के लिए पेटीकोट का नाड़ा ढीला बांधें क्योंकि पेट पर कसाव की वजह से उठना-बैठना मुश्किल हो जाता है। ब्लाउज एकदम फिटिंग का न पहनें। गर्भावस्था में 3-4 ढीले ब्लाउज बनवा लेने चाहिये। कमर पर टाइट होने पर नीचे के 1-2 हुक खुले ही छोड़ दें। व्यर्थ ही उन्हें बंद करने का प्रयास न करें। ताकि साँस लेने में कोई परेशानी न हो। किन्तु रात्रि को साड़ी ब्लाउज बदलकर ढीला गाउन या नाइटी ही पहनें।
- गर्भावस्था के दौरान कई महिलाओं के पेट के साथ-साथ कूल्हों का साइज भी बढ़ जाता है। इन महिलाओं को पेटीकोट बड़े घेरे का पहनना चाहिये ताकि उठने-बैठने में परेशानी न हो।

गर्भवती महिलाओं के लिए आकर्षक परिधान

गर्भावस्था के दौरान बहुत ज्यादा महँगे कपड़ों पर पैसा लगाना समझदारी नहीं, क्योंकि ये कपड़े डिलीवरी के बाद आपके काम तो आयेंगे नहीं। अतः जहाँ तक हो सके कम वजन वाले, लेकिन स्टाइलिश कपड़े खरीदें।

- अपने हसबैंड की टीशर्ट, स्वेटर व शर्ट्स को अपने लूज स्कर्ट्स, ट्राउजर्स या लॉगिंग के साथ पहन सकते हैं।
- यदि आपके पैर खूबसूरत हैं तो शार्ट ड्रेसेज पहनकर आप और भी ज्यादा आकर्षक नजर आ सकती हैं। और यदि आपके कॉलर बेन्स खूबसूरत हैं तो आप लो-नैक वाले आउट फिट या ब्लाउज पहनें। यानि गर्भावस्था के दौरान भी आपकी कोशिश ये होनी चाहिये कि आप हर हाल में दिलकश नजर आएँ और इसके लिए अपने प्लस प्वाइंट्स को हाइलाइट करने की हर संभव कोशिश करें। फिर चाहे आउट फिट हो, मेकअप हो या बॉडी लैंग्वेज, हर तरह से आकर्षक दिखने का प्रयास करें।
- यदि शाम की पार्टी में जाना है तो ढीले-ढाले पॉन्च्यो स्टाइल टॉप के साथ लेंगिग्स (स्लेक्स) व स्टाइलिश नेकपीस आपको गॉर्जियस लुक देगा और आप खुद को आत्मविश्वासी महसूस करेंगी। ट्रेडीशनल आउट फिट पहनना चाहें तो जॉर्जेट शिफान आदि की हल्की साड़ियाँ आपके लिए बेहतरीन विकल्प हैं। इससे आपको रॉयल लुक मिलेगा। आप चाइनीज सैटिन पायजामा के साथ स्मार्ट सा टॉप व मोतियों की लड़ियों वाला शॉल भी पहन सकती हैं।
- गर्भावस्था के शुरुआती कुछ महीनों में आप सॉफ्ट कॉटन के लूज टॉप के साथ ट्राउजर या स्कर्ट पहनें। ए-लाइन या इम्पॉयट वेस्ट लाइन वाली ड्रेसेज या ढीली-ढाली शर्ट भी इन दिनों के लिए उपयुक्त है। आपकी सुविधा के लिए ट्राउजर्स में मुलायम इलास्टिक या डोरी लगी होनी चाहिए ताकि आप उन्हें लूज या टाइट कर सकें।
- ट्राउजर के साथ ऑक्सफोर्ड शर्ट (मोटे मुलायम सूती फैब्रिक से बनी शर्ट) आपके लिए सबसे आरामदायक आउटफिट है और स्मार्ट लुक भी देता है। इसे पूरे नौ महीने पहना जा सकता है।

लांग स्कर्ट के साथ लांग जर्सी, ट्यूनिक ट्राई करें। ये स्मार्ट तो लगती ही हैं, आरामदेह भी होती हैं।

गर्भवती स्त्रियों के लिए आजकल खास तौर से तैयार किए गए मैटरनिटी इनरवेयर मिलते हैं जो आरामदेह होते हैं।

ड्रेस को स्मार्ट लुक देने के लिए आप मैचिंग स्टोल या स्कार्फ ले सकती हैं।

अगर आपको जींस पहननी ही हो तो टाइट जींस नहीं बल्कि स्ट्रेचेबल डेनिम या सिल्की डेनिम से बनी लूज फिटिंग वाली जींस पहननी चाहिए।

- लूज टीशर्ट के साथ ट्यूनिक स्टाइल वाली पैंट या कैपरीज गर्भावस्था में सबसे ज्यादा आरामदायक और शालीन परिधान होता है।
- रंगों का चयन करते वक्त गहरे रंगों की ड्रेसेज का चुनाव करें। इससे आपकी फिगर सही शेप में दिखेगी।
- गर्भावस्था के छठे से नवें महीने तक पहनने के लिए आप किसी अच्छे स्टोर से दो–तीन मैटरनिटी पैंट और एक्स एल साइज के टॉप जरूर खरीद लें।

कुछ स्त्रियाँ ऐसा सोचती हैं कि गर्भावस्था के दौरान उनका शरीर बेडौल हो जाता है, इसलिए इस अवस्था में वे आकर्षक दिख ही नहीं सकतीं। यही मानकर वे बिना सोचे समझे ढीला–ढाला कुछ भी पहन लेती हैं, ऐसा नहीं करना चाहिए। इस समय भी आपको हमेशा सही फिटिंग की ड्रेस पहननी चाहिए।

गर्भावस्था के दौरान कुछ भी अच्छा नहीं लगता, तन व मन बेचैन व अस्वस्थ से प्रतीत होते हैं। ऐसे में आपका पहनावा आपको बहुत राहत पहुँचाता है। जहाँ तंग व कसे हुए कपड़े आपकी बेचैनी को बढ़ाते हैं, वहीं ढीले–ढाले परन्तु सही फिटिंग के खूबसूरत परिधान आपके तन व मन पर अच्छा प्रभाव डालते हैं।

ध्यान रहे, आप क्या पहनती हैं, इसका असर बच्चे के विकास पर भी पड़ता है। इसलिए पुराने कपड़ों से उधेड़कर ढीला करने की बजाए 3-4 नए परिधान बनवाएँ सिर्फ गर्भावस्था के लिए। जिससे आप स्वयं को अच्छा महसूस करें।

याद रखें, प्रेगनेंसी के दौरान जैसी आप दिखती है, वैसी कभी और नहीं लग सकती, इसलिए मन में अपने शारीरिक बदलाव को लेकर हीनभावना लाने या खुद को छिपाने की जरूरत नहीं, पूरे आत्मविश्वास के साथ अपनी प्रेगनेंसी का आनंद लें। प्रेगनेंसी के दौरान आप जितनी सुंदर दिखेंगी, उतना ही अच्छा महसूस करेंगी और आपके इस आत्मविश्वास का असर होने वाले बच्चे पर भी पड़ेगा।

21

गर्भावस्था और त्वचा की देखभाल

गर्भवस्था के दौरान हार्मोन बदलाव के कारण त्वचा में भी कई तरह के परिवर्तन आते रहते हैं। कुछ स्त्रियों की त्वचा अचानक चमकने लगती है। जबकि कुछ महिलाओं को कई तरह की समस्याओं का सामना करना पड़ता है। परन्तु बहुत ज्यादा परेशान होने की जरूरत नहीं है। बस जरूरत है थोड़ी सी सावधानियों और थोड़ी सी अतिरिक्त देखभाल की। फिर देखिए, कैसे रहती हैं आप उन दिनों भी खिली–खिली क्योंकि खूबसूरती और गर्भावस्था दोनों का नाता अटूट है, माँ बनना दुनिया का सबसे खूबसूरत एहसास है। गर्भावस्था के दौरान कई शारीरिक, मानसिक और भावनात्मक परिवर्तन का सामना एक स्त्री को करना पड़ता है, जिसका प्रभाव उसके सौंदर्य पर पड़ता है। मगर, यह कोई ऐसी बीमारी का दौर नहीं है कि आपका चेहरा बुझा–बुझा रहे।

> *गर्भावस्था का पल-पल अनजानी खुशी से भरा होता है। फिर इस दौरान सजने-सँवरने में झिझक कैसी! यही खुशी आपकी खूबसूरती में झलके, इसलिए कुछ ऐसी छोटी-छोटी बातें यहाँ दी जा रही हैं, जिन्हें अपनाकर आप गर्भावस्था के दौरान खूबसूरत रह सकती हैं।*

गर्भावस्था में यूँ रखें त्वचा का ख्याल

तैलीय त्वचा–गर्भावस्था के दौरान होने वाले मुँहासों का परंपरागत दवाइयों से इलाज मत कीजिए। अपने डर्मेटोलॉजिस्ट की सलाह लें तथा उसे बतायें कि आप गर्भवती हैं या गर्भधारण की योजना बना रही हैं। इस तरह आप गर्भावस्था के लिए उपयुक्त त्वचा की देखभाल के नियम का विकास कर पाएँगी।

- गर्भावस्था में तैलीय त्वचा की देखभाल के लिए मैकेनिकल एक्सफोलियंट का उपयोग कीजिए ताकि त्वचा साफ रहे। इसका उपयोग सप्ताह में तीन बार कीजिए।
- त्वचा की मृत कोशिकाएँ जो कि रोमछिद्रों को बंद कर देती हैं उनको अपनी त्वचा की सतह से हटाइए। इस काम के लिए बहुत बारीक कण वाले जेंटल स्क्रब सबसे उपयुक्त हैं। सप्ताह में दो या तीन बार प्रयोग करें।

- प्रत्येक दो सप्ताह में ब्यूटी पॉर्लर जाकर क्लिजिंग फेशियल जरूर करवाएँ। ब्यूटी पॉर्लर को अपनी त्वचा के विषय में सम्पूर्ण जानकारी दें।
- नॉन ड्राइंग क्लिजट का उपयोग रोज दो बार आपने चेहरे पर कीजिए। मॉयश्चराइजिंग साबुन का उपयोग मत कीजिए, क्योंकि इनमें इमोलियंट्स होते हैं जो रोमछिद्रों को बंद कर देते हैं।
- धूप से बचने के लिए रोज तेलयुक्त सनब्लॉक लगाइए।
- रोमछिद्रों में से तेल धीरे-धीरे निकले इसके लिए सप्ताह में एक बार क्लैरीफाइंग मास्क का उपयोग कीजिए।
- अगर मौसम गर्म है तो हल्की टोनिंग क्रीम या माइल्ड एस्ट्रिजेंट के प्रयोग से त्वचा को रिफ्रेश कर सकते हैं।
- चेहरे को दिन में तीन-चार बार अवश्य धोएँ।

सर्दियों में अगर त्वचा शुष्क लगे तो मॉयश्चराइजिंग लोशन का प्रयोग करना चाहिए।

रूखी त्वचा

गर्भावस्था के दौरान शुष्क त्वचा की समस्या और बढ़ सकती है और इसका असर पूरे शरीर पर होता है। गर्भावस्था के दौरान शरीर में खून की मात्रा ज्यादा होती है, साथ ही गर्भ में पल रहे शिशु को आवश्यक तरल पदार्थ की आवश्यकता होती है। आपकी त्वचा की नमी शिशु की इन जरूरतों को पूर्ण करने में लग जाती है। नतीजनन त्वचा बहुत अधिक शुष्क और खुजली वाली हो जाती है।

- कोर्टिसोन या हाइड्रोकोर्टिसोन युक्त मरहमों का उपयोग खुजली में राहत पाने के लिए न करें।
- अपने चेहरे को रोज दो बार फॉर्मूलेटेड सौम्य क्लिंजर से धोइए। फिर अच्छा मॉयश्चराइजर लगाना चाहिए।
- खूब पानी पीजिए। इससे त्वचा अंदर और बाहर दोनों से नम रहती है। यह बचाव का पहला तरीका है। इससे शरीर के विषाक्त कीटाणु बाहर निकल जाते हैं।
- शुष्क त्वचा के लिए एक अच्छे इमोलियंट मॉयश्चराइजर और सन ब्लॉक का उपयोग कीजिए।
- कुनकुने पानी से केवल 1-2 बार ही स्नान कीजिए।
- नहाने के बाद हर बार तेल लगाइए और इसके ऊपर मॉयश्चराइजिंग क्रीम, इससे बहुत शुष्क त्वचा में राहत मिलेगी।
- मॉयश्चराइजिंग मास्क का उपयोग सप्ताह में एक बार कीजिए।
- ज्यादा शुष्क त्वचा के लिए मैकेनिकल एक्सफोलियंट का इस्तेमाल कीजिए जिससे मृत त्वचा की कोशिकाओं को हटाया जा सके और आपके रोम छिद्र खुल सकें।
- गर्भावस्था में रूखी त्वचा को अधिक पोषण की जरूरत होती है। साबुन की जगह आप उबटन का इस्तेमाल कर सकती हैं। घर में ही तेल बनाकर इससे पूरे शरीर की मालिश करें।

तेल बनाने की विधि—50 मि.ली. तिल का तेल, 10–10 बूँदें चंदन व जेरेनियम तेल, 5 बूँदें रोजवुड व यलंग तेल तथा 10 मिली. अंकुर तेल सभी को मिला लें। इसी तेल से आप स्तनों की भी मालिश कर सकती हैं। स्तनों को 15–20 बार आगे की ओर खींचें। इससे आपको बच्चे को दूध पिलाने में आसानी रहेगी और तकलीफ कम होगी।

- त्वचा बहुत ज्यादा शुष्क है तो किसी मसाज क्रीम से कुछ मिनट चेहरे पर मसाज करके, चेहरे को साफ करके फिर कोई लोशन या मॉयश्चराइजर लगाएँ।
- रूखी त्वचा के लिए इस दौरान फेशियल बेहद आरामदायक होता है। साथ ही क्योंकि ये स्पर्श चिकित्सा (टच–थैरेपी) का रूप है, इसलिए इनसे मिलने वाले आराम से मनोवैज्ञानिक लाभ मिलता है।

गर्भावस्था के दौरान त्वचा पर कई तरह की समस्याएँ हो सकती हैं, इनमें मुख्य हैं—

मुँहासे

गर्भावस्था के शुरू में कुछ महिलाओं को मुँहासे हो जाते हैं, खासकर उन्हें जो गर्भधारण से पहले मासिक के दौरान इसकी शिकार हो जाती थीं। जबकि कुछ महिलाओं के मुँहासे गर्भावस्था में ठीक हो जाते हैं। समय रहते अगर इन मुँहासों की ओर ध्यान न दिया जाए तो दाग का रूप ले लेते हैं और लगातार बने रहते हैं।

- इसके लिए लौंग को 2 बूँद दूध में घिसकर मुँहासों पर लगाया जाए तो वे बड़ी आसानी से और जल्दी गायब हो जाते हैं।

स्ट्रैच मार्क्स (खिंचाव के निशान)

गर्भावस्था के समय जब पेट और स्तन का आकार बढ़ता है तो ज्यादातर महिलाओं के पेट और स्तन पर खिंचाव के निशान पड़ जाते हैं। स्त्री की त्वचा के रंग के अनुसार ये छोटी, दबी धारियाँ, गुलाबी, लाल–भूरी या गहरे भूरे रंग की हो सकती हैं। कुछ महिलाओं के कूल्हों, जाँघों, नितंबों या स्तनों पर ऐसी धारियाँ हो जाती हैं। ये निशान त्वचा में फैलाव के कारण आते हैं। इसलिए इनसे बचने के लिए त्वचा को नमी प्रदान करती रहें। क्योंकि इस दौरान त्वचा पर खिंचाव पैदा होने से त्वचा शुष्क लगती है और खुजली भी होती हैं। नाखूनों से खुजलाने से समस्या गंभीर हो सकती है।

- मसाज द्वारा ये निशान कम किए जा सकते है। मसाज सर्कुलर स्ट्रोक्स (गोलाकार) में करना चाहिए। मसाज के लिए तिल के तेल का प्रयोग उपयुक्त रहता है। पूरे शरीर की मसाज करना अच्छा रहता है।
- त्वचा की नमी बनाए रखने के लिए इन स्थानों पर बार–बार एलोवेरा जेल लगाते रहें।
- 1–1 चम्मच चंदन, गुलाब पाउडर, आधा चम्मच एलोवेरा व पपीता पाउडर, 10 बूँदें बादाम तेल, 2 बूँदें लेवेंडर तेल इन सबको दूध या मलाई में मिलाकर उबटन तैयार करें। इस उबटन को नहाने से पहले धीरे–धीरे पेट व जाँघों पर लगाएँ। 10 मिनट बाद हल्के हाथों से रगड़कर निकाल दें और स्नान कर लें।

- दही में बेसन और हल्दी मिलाकर उबटन का भी प्रयोग कर सकती हैं। इसे नहाने से पूर्व लगाएँ।
- 50 मिली. तिल के तेल में 20 बूँदें लेवेंडर तेल, 5 बूँदें नेरोली तेल तथा 10 मिली. अंकुर का तेल मिलाकर इस मिश्रण से रोज रात में हल्के हाथों से मसाज करें।
- हल्दी और नीबू युक्त प्री–बाथ क्रीम का प्रयोग स्ट्रेचमार्क्स कम करता है।
- अपने डॉक्टर की सलाह पर कोई स्ट्रेच मार्क्स रीलिफ क्रीम भी आप इस्तेमाल कर सकती हैं।
- मसाज के लिए आप जैतून के तेल, लेनोलिन या बेबी ऑयल काम ले सकती हैं।

प्रेगनेंसी मास्क (झाइयाँ)

यह गर्भावस्था के दौरान होने वाली आम समस्या है। इसमें नाक, ठोडी, माथे या गालों पर कत्थई रंग के चकत्ते, जिन्हें झाइयाँ कहते हैं, पड़ जाते हैं, पर प्रसव के बाद धीरे–धीरे गायब भी हो जाते हैं। अगर इस तरह की समस्या है तो इसका समाधान इस प्रकार है—

धूप से बचाव करें। सनगार्ड हमेशा इस्तेमाल करें, क्योंकि इन दिनों त्वचा बहुत संवेदनशील हो जाती है, इसलिए मौसम चाहे कोई भी हो, सूरज की अल्ट्रावायलेट किरणें काफी हानिकारक साबित होती हैं।

- फेशियल कराएँ साथ ही मुँहासे नहीं हैं तो स्क्रब से सफाई करें।
- थोड़ा सा दही गहरे धब्बों पर लगाएँ और 20 मिनट बाद चेहरा धो लें।
- भरपूर मात्रा में पानी पीएँ और पूरी नींद लें।
- संतरे के छिलकों का एक चुटकी चूर्ण लेकर उसमें चार बूँद नींबू का रस और चार बूँद तुलसी के पत्तों का रस मिलाकर असली शहद एक चम्मच लेकर लेप बना लें। इस लेप को चेहरे पर लगाकर 5 मिनट तक रहने दें। इसके बाद धो लें। इससे चेहरे की झाइयाँ दूर होकर चेहरा चिकना हो जाता है।
- आहार में विटामिन 'सी' की मात्रा बढ़ा दें जैसे संतरे, नीबू का रस आदि।

गर्भावस्था में आपका मेकअप ऐसा हो

गर्भावस्था में शरीर में रक्त प्रवाह बढ़ जाता है। यह प्रवाह आपकी त्वचा की सतह के ठीक नीचे स्थित छोटे वेसेल में भी बढ़ता है। गर्भावस्था के हार्मोन से त्वचा की ग्रंथियाँ तेल छोड़ती हैं, जिससे आपकी त्वचा चमकदार हो जाती है। इस समय भीतरी खुशी ही चेहरे पर एक चमक का काम करती है। इसलिए मेकअप जितना हो सके, हल्का रखिए। मेकअप के प्रॉडक्ट कैमिकल की बजाए वेजिटेबल बेस वाले हों और आसानी से लगाए व हटाए जा सकें। इसलिए ऐसे समय में क्रीम की बजाय पाउडर आधारित उत्पाद ही प्रयोग करना अच्छा रहता है। पूरे चेहरे पर फाउंडेशन लगाने से पहले सनस्क्रीन लगाएँ। फाउंडेशन या कंसीलर गर्भावस्था के दौरान उभरे गहरे निशान या दाग–धब्बों को भी आसानी से छिपा लेता है। लिप लाइनर, काजल, आइब्रो पेंसिल, ग्लॉस वगैरह इस दौरान आसानी से इस्तेमाल किए जा सकते हैं। ध्यान रखें कि आपके सभी सौन्दर्य उत्पाद अच्छे ब्रांड के हों और उनकी एक्सपाइरी डेट खत्म न हुई हो, अन्यथा एलर्जी होने की संभावना रहती है।

मेकअप कैसे करें

1. चेहरे को फेस वाश से या साबुन से अच्छी तरह धोलें।
2. चेहरे के दाग धब्बों और आँखों के नीचे आए काले घेरों को छुपाने के लिए कंसीलर लगाएँ। (अपने फाउंडेशन से एक शेड लाइट)
3. फिर फाउंडेशन लगाएँ, लेकिन सिर्फ उन स्थानों पर जहाँ कंसीलर न लगाया हो। फाउंडेशन येलो टोन वाला लें।
4. बेस की तरह पिंक ब्लशर को गालों पर फैलाएँ।
5. लिपस्टिक की जगह लिप ग्लास लगाना न भूलें।
6. थोड़ा हल्का परफ्यूम भी छिड़क सकती हैं।

गर्भावस्था में नाखून की देखभाल

- गर्भावस्था के दौरान नाखून बहुत तेजी से बढ़ते हैं। संतुलित पौष्टिक आहार से नाखून में चमक आ जाएगी। इसके अलावा कभी–कभी मैनीक्योर करें पर ध्यान रहे कि किसी कैमिकल्स का प्रयोग इस दौरान न करें। क्योंकि यह कैमिकल्स नाखूनों के ज़रिए त्वचा में जाकर नुकसान पहुँचा सकते हैं।
- हाथों पर हैंड लोशन लगाएँ। फिर हल्के रंग की नेलपॉलिश लगाएँ।
- आप नाखूनों की खूबसूरती निखारने के लिए नीम के तेल का प्रयोग कर सकती हैं। तेल की मालिश नाखूनों की जड़ों में करें।
- लम्बे नाखून कीटाणुओं को संरक्षण देते हैं, इससे कीटाणु शरीर में प्रवेश कर सकते हैं और कोई गंभीर संक्रमण फैला सकते हैं। इसलिए सुझाव यही है कि गर्भावस्था व छोटे बच्चे के साथ लम्बे नाखून न रखें।

गर्भावस्था में दाँतों की देखभाल

गर्भावस्था के दौरान दाँतों की अतिरिक्त देखभाल आवश्यक है। इस दौरान दाँतों से खून बहना, उनमें कीटाणु पैदा होना, मसूढ़ों से खून निकलना, मुँह से बदबू आना, मुँह में छाले आना आदि शिकायतें पाई जाती हैं। अतः दाँत मजबूत तथा चमकदार बने रहें, इसके लिए गर्भावस्था के दौरान दाँतों की सफाई तथा पर्याप्त कैल्शियम आहार का ख्याल रखना चाहिए। दाँत, मसूढ़े, जीभ आदि का स्वास्थ्य सही होने से स्वस्थ लार तैयार हो सकती है।

- रोज सुबह–शाम मंजन द्वारा दाँतों और मसूढ़ों की मसाज करें।
- थोड़ी–थोड़ी देर बार खाते रहने से दाँत दर्द की समस्या आती है, इसलिए नियमित अंतराल पर ही खाएँ और हर बार खाने के बाद कुल्ला करें।

- त्रिफला, बबूल, बकुल, अनार, लोध्र, खैर इनके छिलके गुलबेल, विलू, ज्येष्टमध के पाउडर में मिलाकर उस मंजन से दाँतों व मसूढ़ों को मलकर साफ करें। कुल्ला किया हुआ पानी गर्दन उठाकर गले के पिछले हिस्से की ओर ले जाएँ। इससे गले के पिछले हिस्से में चिपका पदार्थ बाहर आ जायेगा। साथ ही टॉन्सिल जैसे गले के रोग से संरक्षण मिलता है।
- तिल के तेल से मसूढ़ों की मसाज करें।
- यदि मॉर्निंग सिकनेस के कारण उल्टियाँ होती हैं तो इसके बाद तुरंत ब्रश करें।
- यदि मसूढ़े बहुत सेंसिटिव हो गए हों तो दर्द कम करने के लिए उन पर बर्फ लगाएँ।
- सॉफ्ट टूथब्रश इस्तेमाल करें। दाँतों को हल्के से फ्लॉस करें।

मीठा, कोल्ड ड्रिंक्स और ऐसी चीजें जो दाँतों के लिए नुकसानदेह हैं, न लें।

- कैल्शियम एवं विटामिन 'डी' डॉक्टर के निर्देशानुसार लें। सुबह की हल्की धूप में अवश्य बैठें।
- डेन्टिस्ट से नियमित दाँतों का चेकअप करवाते रहें।
- दाँतों की समस्या के लिए कई बार इमर्जेंसी में दाँतों का एक्सरे लेना पड़ता है। एक्सरे लेने से पहले अपने गायनाकोलॉजिस्ट से सलाह लें तथा अपने दाँतों के डॉक्टर को अपनी गर्भावस्था के बारे में अवश्य बताएँ।

टाँगों पर असर

गर्भावस्था के दौरान अधिकतर महिलाएँ अपने पोस्चर पर ध्यान नहीं देती, जिससे कमर, गर्दन और टाँगों के जोड़ों पर काफी असर पड़ता है। गर्भावस्था के दौरान वजन बढ़ने से भी टाँगों में दर्द रहने लगता है। इससे बचने के लिए ज्यादा देर खड़ी न रहें, न ही बैठी रहें। बीच–बीच में बैठ कर किए जाने वाला कार्य करें।

- हमेशा सीधी चलें, झुककर नहीं।
- जब भी बैठें, आपका पोस्चर सीधा हो।
- पैर फैलाकर बैठने या पेट के उभार को छुपाने की कोशिश में कंधे झुकाकर चलने से शरीर बेडौल लगेगा।
- पैरों में सूजन आने पर कभी–कभी पैर ऊँचे करके लेटें।
- अधिक देर तक खड़े होकर काम न करें। डॉक्टर को दिखाएँ।

आँखों पर असर

शरीर की थकावट का असर आँखों पर पड़ता है और कई बार ध्यान न देने से आँखें कमजोर हो जाती हैं।

- आँखों को स्वस्थ रखने के लिए भरपूर नींद लें।
- लगातार टी.वी. न देखें और लंबे समय तक या कम रोशनी में किताबें न पढ़ें।
- लेटकर न पढ़ें।
- रोज सुबह नंगे पाँव हरी घास पर चलें।

- सीधे बैठकर अपनी आँखों की गोलाई में घुमाकर आँखें बंद कर लें। इस प्रक्रिया को पाँच से दस बार करें।
- बादम या जैतून के तेल से बंद आँखों की पलकों पर हल्के हाथों से मालिश करें।
- एक कप सरसों के तेल में अजवायन डाल कर इसे गुनगुना कर लें, फिर इसमें दो टिकिया कपूर की डालें। ठंडा होने दें। इस तेल से सिर की मालिश करें। इससे आँखों को आराम मिलेगा।
- शरीर में पोषक तत्वों की कमी की वजह से कुछ स्त्रियों के आँखों के नीचे काले घेरे बन जाते हैं। यह आहार में आयरन (लौह) की कमी से होते हैं। इस समस्या से बचने के लिए आहार की पौष्टिकता पर ध्यान दें।

गर्भावस्था में ये बिल्कुल न करें

- अगर आपको नाखून या होठ चबाने की आदत है तो नेलपेंट कुछ समय के लिए छोड़ दें और लिपस्टिक की बजाय ग्लॉस से काम चलाएँ। नाखून छोटे रखें तो और अच्छा है।
- किसी भी तरह का मशीनी ट्रीटमेंट, लेजर थैरेपी, फोटो फेशियल वगैरह इस दौरान बिल्कुल न कराएँ। इनकी किरणें गर्भस्थ शिशु के लिए नुकसानदेह हो सकती हैं।
- कैमिकल बेस्ड कॉस्मैटिक प्रॉडक्ट की जगह वेजिटेबल बेस्ट प्रॉडक्ट्स इस्तेमाल में लें।
- वैक्सिंग, ब्लीच कराने से पहले तथा ब्यूटी प्रॉडक्ट्स या मसाज ऑयल इस्तेमाल में लेने से पूर्व अपनी डॉक्टर से सलाह जरूर लें।
- आजकल बढ़े हुए पेट पर टेटू जैसी चीजें बनवाना फैशन में आने लगा है। परन्तु इसके परिणाम अभी तक स्पष्ट नहीं है, इसलिए बेहतर होगा कि इनसे बचें।
- ब्यूटी पालर्स का चुनाव सोच–समझकर करें। वहाँ की सफाई व गुणवत्ता का ध्यान भी रखें।

गर्भावस्था में लिपस्टिक जहाँ तक हो सके कम से कम इस्तेमाल में लें। और अगर लगाना जरूरी हो तो खाना खाने से पहले उसे अच्छी तरह से पोंछ लें और फिर खाना खाएँ। क्योंकि लिपस्टिक खाने के साथ पेट में चली जाती है और गर्भस्थ शिशु को नुकसान पहुँचाती है। ज्यादातर शिशु इस वजह से पैदा होते वक्त पीलिया से ग्रस्त होते हैं।

गर्भावस्था में बाल रहे सिल्की एवं शाइनी

22

गर्भावस्था के दौरान लापरवाही बरतने से बालों के सौंदर्य और सेहत पर बुरा असर पड़ता है। गर्भावस्था के दौरान बालों का टूटना और झड़ना एक सामान्य प्रक्रिया है। इन दिनों शारीरिक क्रियाएँ तेज होती हैं और इसका प्रभाव बालों पर भी पड़ता है, जिससे बालों का तेजी से विकास होता है। कई महिलाओं के बालों में इन दिनों काफी चमक आ जाती है और बाल घने हो जाते हैं, लेकिन कई महिलाओं की शिकायत होती है कि इस अवस्था में उनके बाल टूटते और झड़ते हैं।

ऐसा होना ये दर्शाता है कि बालों के झड़ने का मुख्य कारण गर्भवती स्त्री के शरीर में खनिज और विटामिन की कमी है, खाने में पोषक तत्वों का असंतुलन, महिला का एनीमिक होना, नजला या फिर शरीर में हार्मोनल बदलाव होना होता है। ऐसी अवस्था में तुरंत डॉक्टर की सलाह लेकर उसका पालन करना चाहिए, नहीं तो आपके और आपके बच्चे की सेहत पर इसका विपरीत प्रभाव हो सकता है। ऐसी गर्भवती महिलाओं को अपने आहार में विटामिन और मिनरल की मात्रा बढ़ा देनी चाहिए। इसके अलावा हमेशा ऐसे जैल या कंडीशनर का इस्तेमाल करें, जिसमें विटामिन 'सी' और 'ई' हो।

इन दिनों यह भी देखा गया है कि जिनके बाल तैलीय होते हैं वे और ज्यादा तैलीय हो जाते हैं और जिनके बाल रूखे हैं वे और ज्यादा रूखे हो जाते हैं। वैसे ही कर्ली बाल स्ट्रेट और स्ट्रेल बाल, कर्ली हो जाते हैं। इतना ही नहीं इन दिनों बालों के रंगों पर भी प्रभाव पड़ता है। इसलिए बहुत जरूरी है कि आहार को संतुलित रखें और बालों की साफ-सफाई एवं देखभाल पर ध्यान दें, ताकि यह समस्या काफी हद तक नियंत्रित हो सके।

इसलिए नीचे दिए गए ब्यूटी टिप्स को अपनाकर आप अपने बालों को स्वस्थ रख सकती हैं और गर्भावस्था के दौरान व प्रसव के बाद बाल गिरना कम करने के उपाय कर सकती हैं—

खास तरह के शैम्पू का प्रयोग—रूखे बालों वाली गर्भवती महिलाओं को महीने में सिर्फ चार बार शैंपू करना चाहिए, जिससे उनके बाल मजबूत बने रहें। माइल्ड शैंपू का प्रयोग करें, जिसमें डिटर्जेंट की मात्रा कम हो, इससे आपके बालों का नेचुरल ऑयल बना रहेगा। शैंपू करने के बाद मॉयश्चराइजिंग कंडीशनर से बालों को साफ करें, जो बालों को मुलायम बनाए रखता है। हमेशा गुनगुने या ठंडे पानी का उपयोग बाल धोने के लिए कीजिए।

ऐसे शैंपू और कंडीशनर का उपयोग कीजिए जिसमें बायोटिन और सिलिका हो। बहुत सूखे बालों को तेल और गर्म तौलिये का उपचार दें।

सही कंघी का इस्तेमाल—अपने बालों को सुलझाने के लिए ब्रश की बजाय चौड़े दाँत वाले कंघे का इस्तेमाल कीजिए। कभी भी गीले बालों को कंघी मत कीजिए, क्योंकि इस समय ये लचीले होते हैं और आसानी से टूटते हैं। कंघी

करने से पहले उंगलियों से बालों के उलझन छुड़ा लीजिए। अपना कंघा अलग रखिए और दूसरे का कंघा इस्तेमाल कभी मत कीजिए।

बालों का स्टाइल—अगर आपका चेहरा भरा हुआ और बाल मोटे हैं, तो ऐसे में लंबा हेयर स्टाइल आपको ज्यादा सूट करेगा। अगर आपके बाल रूखे, लम्बे और कमजोर हैं, तो उसे छोटे आकार में कटवा लें, जिससे उन्हें आसानी से संभाला जा सके। अगर आपके बाल तैलीय हैं, तो सीधा रखने के बजाय उन्हें लेयर में कटवाएँ। बालों पर दबाब डालने वाली किसी भी हेयर स्टाइल जैसे–पौनी टेल, कर्लिंग रॉलर आदि से बचिए। सीधे बालों को घुँघराला बनाने के लिए रोलर्स के इस्तेमाल से बचें। कोशिश कीजिए कि हर तीन महीने पर माँग निकालना बदल दें, ताकि बालों पर कोई दबाव न पड़े। इस अवस्था में लेजर या ओजोन की सिटिंग्स नहीं लेनी चाहिए, इससे आपके और आपके बच्चे की सेहत पर विपरीत प्रभाव पड़ सकता है।

ब्लो ड्रायर का इस्तेमाल न करें—अपने बालों को सुखाने के लिए ब्लो ड्रायर की जगह सूखे तौलिए का इस्तेमाल कीजिए। तौलिए से भी जोरदार रगड़कर बालों को सुखाने से बचिए। बालों को प्राकृतिक तरीके से अपने आप सूखने दें। अगर आपको हेयर ड्रायर या अन्य किसी गर्म उपकरण का उपयोग करना ही पड़े तो इसे लो या मीडियम हीट पर रखिए और बालों से 6 इंच से ज्यादा दूर रखिए।

नेचुरल हेयर कलर—गर्भावस्था में पर्मानेंट या रासायनिक पदार्थ युक्त हेयर कलर का इस्तेमाल करने के बजाय उन्हें प्राकृतिक रंग में ही रहने दें। आर्टिफिशियल डाई में पेरोक्साइड और अमोनिया जैसे कठोर केमिकल होते हैं, इससे एलर्जी, अस्थमा जैसी बीमारियाँ हो जाती हैं, जिनका असर गर्भ में पल रहे बच्चे पर पड़ता है। इसलिए कैमिकल बेस्ड डाई के बजाय स्टैंडर्ड हर्बल डाई का प्रयोग डॉक्टर की सलाह से कर सकती हैं। या फिर इन दिनों में नेचुरल (हिना) का प्रयोग कर सकती हैं।

खुश रहें—टेंशन भी बालों के टूटने का एक बड़ा कारण है, इसलिए इन दिनों जहाँ तक हो सके खुश रहने की आदत डालनी चाहिए। जब भी आप तनाव महसूस करें, तो कुछ ऐसा करिए जिससे आपको आराम महसूस हो, जैसे कोई पुस्तक पढ़ना, संगीत सुनना या फिल्म देखना।

हार्मोन संतुलन—आपके शरीर में गर्भावस्था के दौरान तथा बाद में एस्ट्रोजन हार्मोन संतुलित व परिवर्तित होता है जिसकी वजह से बालों के गिरने की शुरुआत हो सकती है। डॉक्टर से संपर्क कीजिए ताकि हार्मोन का उपयुक्त संतुलन सुनिश्चित किया जा सके।

बालों के लिए खानपान

इन दिनों खान–पान का विशेष ध्यान रखना चाहिए। शरीर को पोषक तत्वों की काफी जरूरत होती है, जिसकी कमी से गर्भवती को विशेषकर बालों की परेशानियों का सामना करना पड़ता है। बाल का मुख्य तत्व केरोटिन नामक प्रोटीन है। बालों की जड़ें मजबूत रहें इसके लिए प्रोटीनयुक्त आहार लें। अंकुरित दालें, सोया दूध, दूध से बने पदार्थ, अंडा, माँस, मछली का सेवन करने से इस दौरान बालों की समस्याएँ बहुत कम होती हैं।

कुछ महिलाओं को गर्मी के कारण बालों में रूखेपन व रूसी की समस्या होती है। ऐसे में माइल्ड शैम्पू का प्रयोग करें या फिर घर में ही शैम्पू बनाएँ।

शैम्पू बनाने की विधि—शिकाकाई, रीठा, कपूर, सुगंधी, संतरा छिलका, दही, मुलतानी मिट्टी सभी को मिलाकर इस मिश्रण से बाल धोएँ।

- बालों की नियमित (कम–से–कम हफ्ते में 1–2 बार) तेल मालिश करें। रात को तेल मालिश करके सुबह बाल धो लें।

तेल बनाने की विधि—50 मिली. तिल के तेल में रोजमेरी, लेवेंडर तथा जेरेनियम 20 बूँद तथा अंकुर तेल 10 मिली. मिलाकर तेल बनाएँ।

23

गर्भस्थ शिशु को पहचानें

गर्भावस्था में शारीरिक व मानसिक तौर पर आप काफी बदलावों व तकलीफों का सामना कर रही होती हैं किन्तु जब आपके उदर में आपका मासूम शिशु अपनी प्रथम हरकत या हलचल शुरू करता है तब आपको यह महसूस होता है कि आप अब अकेली नहीं रह गई हैं। अब आप दो बन चुकी हैं। जहाँ गर्भ के भीतर शिशु की हलचल आपको सुखद अहसास के साथ–साथ आनंद प्रदान करती है, वहीं आपको यह आश्वासन भी मिलता रहता है कि अंदर सब कुछ ठीक है। अतः अपने पति व परिवार के साथ शिशु की इन गतिविधियों का आनंद उठाइये। शुरु में यह हलचल पेट में तितलियों के घूमने या पानी के बुलबुले के गिरने जैसा अहसास देती है, परन्तु न तो यह पीड़ादायक होती है और न ही असुविधाजनक।

गर्भिणी की बच्चेदानी या गर्भाशय में स्थिर होने के पश्चात् गर्भ की बढ़ोतरी होती है। पहले दिन वीर्य अंडे के साथ मिलकर 'कलल' (गाढ़ा चिकना द्रव) तथा अगले दस दिनों में बुलबुला जैसा बन जाता है।

भावी शिशु की कोशिकाएँ अलग–अलग होने लगती हैं। इसकी तीन परतें बन जाती हैं। बीस दिन में माँस के पिंड (छिछड़े) तथा पच्चीस दिन का हो जाने पर पंचभूत के मिश्रण वाले लक्षण स्पष्ट हो जाते हैं। एक महीने के पश्चात् भ्रूण लगभग पूर्ण हो जाता है। अंगुलाकार विकास जो कि क्रोनिक विली कहलाता है, प्रारंभ हो जाता है। इसका विकास मूत्र झिल्ली से प्रारंभ होकर नाभि नाल तक होता है। भ्रूण इस समय एक मटर के बराबर के आकार का हो जाता है।

छठा हफ्ता (दूसरा महीना) — 6

WEEK WEEK WEEK WEEK WEEK

- गर्भावस्था का पता मासिक चक्र नियत दिन पर न आने पर ही चलता है और इस दौरान शिशु चार हफ्तों का हो जाता है। मासिक धर्म रुक जाता है और आमतौर पर बच्चे के जन्म के कुछ समय बाद तक बन्द रहता है।
- डिम्ब ग्रंथि से अण्डा निकलना बंद हो जाता है।
- भ्रूण का आकार इस समय एक छिपकली के समान लगता है और यह ऐम्नियॉटिक द्रव में तैरता रहता है।
- भ्रूण की लम्बाई करीब एक–डेढ़ सेमी. और वजन करीब 20–22 ग्राम हो जाता है।
- आँख, नाक, कान, पलकों का निर्माण शुरू हो जाता है।
- हाथ, पाँव की शाखाओं का फूटना और उनमें अंगुली के चिह्न बनने लगते हैं।
- माँ के पेट का आकार इतना बड़ा नहीं होता कि कोई उसे गर्भवती मान लें।
- इस दौरान उसके स्तनों में भारीपन आ जाता है और उनका विकास होने लगता है।

- इस समय माँ का जी मिचलाता है और उसे उल्टी आती है। ऐसा सुबह उठने के समय ही ज्यादातर होता है, इसीलिए इसे 'मॉर्निंग सिकनेस' का नाम दिया गया है।
- यूरिन या पेशाब करने की अवधि भी बढ़ जाती है।
- यदि आप अल्ट्रासाउंड कराएँ तो आप बच्चे को पागलों की तरह उछलते–कूदते देख सकते हैं, पर इन क्रियाओं का अनुभव अभी नहीं होता है।

आठवाँ हफ्ता (दूसरा महीना) 8

- इस समय भ्रूण मनुष्य की तरह दिखने लगता है। वह अपनी माँसपेशियों के व्यायाम के लिए हिलना डुलना प्रारंभ कर देता है। वह गर्भ के खाली स्थान में कलाबाजियाँ खाता रहता है ठीक एक मछली के बच्चे की तरह, परन्तु इन हलचल को आप महसूस नहीं कर पाती हैं।
- शरीर की तुलना में सिर ज्यादा बड़ा होता है और कान का बाहरी हिस्सा बनने लगता है।
- हाथ और पैर आकार लेने लगते हैं और उनकी अंगुलियाँ धुंधली–धुंधली दिखने लगती हैं।
- आँखें पलकों से ढक जाती हैं और 24 हफ्तों तक बंद रहती हैं।
- अन्य मुख्य अवयव बन जाते हैं। दिल धड़कने लगता है और धमनियों में रक्त प्रवाह होना शुरू हो जाता है।
- भ्रूण के गुर्दे व पेट काम करना शुरू कर देते हैं।

बारहवाँ हफ्ता (तीसरा महीना) 12

- गर्भाशय (यूट्रस) श्रोणि (पेल्विस) से बाहर निकलने लगता है।
- जी मिचलाने व उल्टी की समस्या दूर हो जाती है।
- इंद्रियाँ पूर्ण रूप से विकसित हो जाती हैं। उसमें सूक्षम चेतना उत्पन्न हो जाती है। गर्भ की अनेक इच्छाएँ भी गर्भिणी की इच्छा व रुचि के रूप में प्रकट होती है।
- भ्रूण का विकास बेशक हो जाता है, पर यह कहना मुश्किल होता है कि उसका लिंग क्या है।
- इस हफ्ते के अंत तक हाथ पैरों की यंत्रिक गति ज्यादा ठीक हो जाती है, क्योंकि स्नायु और नाड़ियाँ ज्यादा बेहतर ढंग से कार्य करने लगती हैं।
- स्त्री के गर्भाशय में बीजाण्डासन (प्लेसेंटा) बन जाता है और यह शिशु के वजन से छह गुना बड़ा हो जाता है।
- गर्भ में भ्रूण की लम्बाई करीब ढाई से पौने तीन इंच होती है और उसका वजन करीब 70 ग्राम।
- इस माह में अगर आवश्यकता हो, तो गर्भिणी के जीवन की रक्षा के लिए गर्भपात करवाया जा सकता है, पर जब अगले महीने में गर्भ स्वस्थ व सुस्थिर हो जाए, तो ऐसा करना गर्भिणी की मौत का कारण भी बन सकता है।
- गर्भस्थ शिशु लगभग 3 इंच तक विकसित हो जाता है और इसका वजन 1 औंस से कम होता है।
- अल्ट्रासाउंड द्वारा शिशु के आंतरिक अंगों के कार्य को देखा जा सकता है।
- इस दौरान जिस ऐम्नियॉटिक द्रव में शिशु रहता है, वह उसे पीना प्रारम्भ कर देता है। 13वें हफ्ते तक वह हिचकियाँ लेना प्रारम्भ कर देता है जिसे आप अपनी धड़कन के साथ नियमित रूप से महसूस कर सकती हैं।

सोलहवाँ हफ्ता (चौथा महीना) 16

- शिशु का सिर उसके शरीर की अपेक्षा ज्यादा बड़ा हो जाता है।
- रक्त वाहिकाओं के चमकने व भ्रूण का शरीर पारदर्शी होने की वजह से लाल लगने लगता है।
- दिल जोरों से धड़कने लगता है व माँसपेशियाँ सक्रिय हो जाती हैं।
- इस समय लिंग का निर्धारण करना संभव होता है।
- प्लेसेंटा और गर्भस्थ शिशु का वजन बराबर हो जाता है।
- गर्भाशय (युट्रस) का आकार बढ़ने से माँ का बढ़ा पेट दिखाई देने लगता है।
- माँ बच्चे की गतिविधियों उसके घूमने आदि को महसूस करने लगती है।
- गर्भस्थ शिशु की लम्बाई 6 इंच हो जाती है।
- शिशु बाहर की आवाजों को सुन सकता है।
- वह लानूगो नामक बालों से ढका रहता है और उसकी त्वचा पारदर्शी होती है।
- इस महीने नाखून दिखाई देने लगते हैं।
- गर्भस्थ शिशु चार महीने की अवस्था से पेट में घूमने लगता है। यह गर्भस्थ शिशु के स्वस्थ होने की गारंटी है। पहले गर्भ के दौरान यह अहसास गर्भवती स्त्री को पाँचवें महीने से होता है। जबकि दूसरे गर्भ के दौरान चौथे महीने से ही गर्भवती स्त्री को यह अहसास होने लगता है।

बीसवाँ हफ्ता (पाँचवाँ महीना) 20

- भ्रूण पूरी तरह से मानव आकृति ले लेता है। उसकी भौंहें बन जाती हैं तथा पलकें बढ़ने लगती हैं।
- त्वचा पर आए रोएँ पूरे शरीर को ढक लेते हैं।
- फेफड़ों का पूरी तरह से विकास नहीं होता है।
- इस समय गर्भाशय बड़ा हो जाता है। माँ बच्चे के घूमने को महसूस करने लगती है।

गर्भस्थ शिशु को माँ के शरीर से आहार व ऑक्सीजन प्लेसेंटा के माध्यम से प्राप्त होता है।

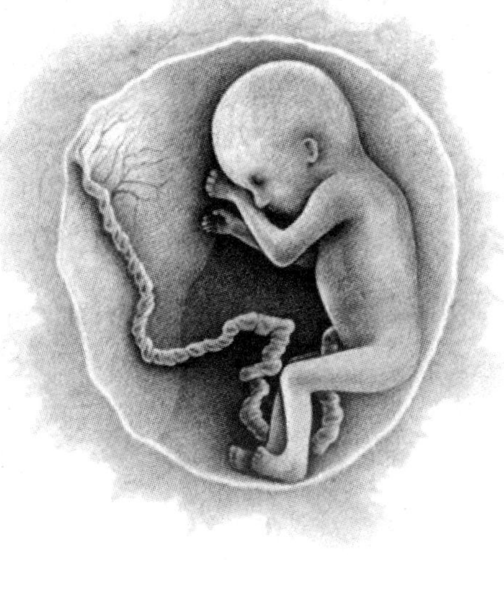

- शिशु के शरीर में रक्त और माँस की वृद्धि होती है वहीं गर्भिणी के शरीर में दुर्बलता और पीलापन आ जाता है।
- इस समय बच्चे की माँसपेशियाँ और ज्यादा मजबूत हो जाती हैं और सोने पर बच्चा ज्यादा गतिशील हो जाता है।
- उसके जबड़े की हड्डी में दाँत बनने प्रारंभ हो जाते हैं।
- शिशु की लम्बाई 25 सेमी. तथा वजन लगभग 12 औंस होता है।
- इस दौरान शिशु शारीरिक क्रियाएँ करना शुरू कर देता है, जैसे—पैर चलाना, हाथ चलाना, मुक्केबाजी, पल्टी मारना।
- उसके सिर पर कुछ बाल आ जाते हैं और वह अपनी मुट्ठी बांध सकता है।
- गर्भ के भीतर शिशु के सोने और जागने का अपना समय होता है। वह गर्भ के बाहर की ध्वनियों से प्रभावित होता है। इसलिए जब आस–पास का वातावरण शान्त होता है और आप शान्त अवस्था में होती हैं तब वह अपनी गतिविधियाँ तेज कर देता है। हो सकता है रात को आपकी नींद एक निश्चित समय पर खुलती है, क्योंकि उस समय शिशु हलचल कर रहा होता है और वह यह नहीं जानता कि यह आपके सोने का समय है।

चौबीसवाँ हफ्ता (छठा महीना) 24

- अब बच्चे की त्वचा कम लाल हो जाती है, क्योंकि उसमें वसा की कमी आ जाती है और पतली होती है।
- इस माह से वसा चेहरे पर जमा होने लगती है।
- पलकें अलग हो जाती हैं। पर पुतली को एक झिल्ली से ढके रहती हैं।
- सिर बहुत बड़ा हो जाता है।
- शिशु की शक्ति, वर्ण (रंग) और ओज में वृद्धि होती है।
- कमर की माँसपेशियों खिंचने से कुछ औरतों को कमर दर्द रहने लगता है, क्योंकि इस दौरान अपने बढ़ते हुए पेट का भार संतुलित करने के लिए अपने कंधे पीछे की ओर झुकाने लगती है।
- माँ लेटकर आराम महसूस करती है और हर समय सोते रहना पसंद करती है।
- शिशु का अंगूठा अँगुलियों से दूर हो जाता है और वह उसे चूसने की कोशिश करता है।

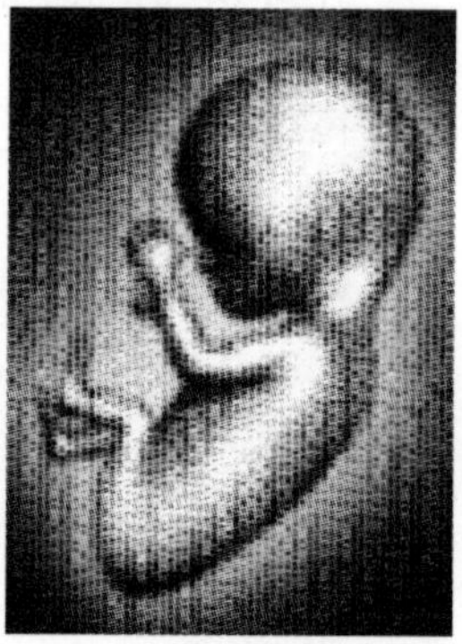

- इस दौरान शिशु की हलचल अधिक अच्छी तरह महसूस होती है। अगर आपका शिशु गर्भ के भीतर बेचैन होगा और आप अपने पेट पर हाथ रखें तो आप उसकी कुहनी और घुटने को पेट में मुक्केबाजी करते हुए महसूस कर सकती हैं। शिशु को पेट के एक हिस्से से दूसरे हिस्से में जाते हुए भी महसूस कर सकती हैं, क्योंकि कभी आपका पेट एक ओर से ऊपर उठता है तो कभी दूसरी ओर से।

अट्ठाइसवाँ हफ्ता (सातवाँ महीना) 28

- सातवें माह में गर्भस्थ शिशु रस, रक्त, माँसपेशी, वसा, अस्थि, मज्जा व वीर्य इन सातों धातुओं, शरीर के पूर्ण विकसित व स्पष्ट अंगों से युक्त और वात, पित्त, कफ के सभी गुणों से सम्पूर्ण शिशु हो जाता है।
- उसका वजन बढ़ जाता है।

गर्भस्थ शिशु को पहचानें

- गर्भाशय के अंदर शिशु तेजी से घूमने लगता है। डॉक्टर उसकी दिल की धड़कन सुन पाते हैं।
- वह अपनी आँखें खोलने लगता है व पुतली को ढकने वाली झिल्ली हट जाती है।
- इस समय बच्चे का जन्म हो जाता है तो वह साँस ले सकता है, हल्के–हल्के रो सकता है।
- सतमासा शिशु अगर जन्म लेता है तो वह बुद्धि, अंग, कद व शरीर से दुर्बल तो रहेगा, पर स्वस्थ और दीर्घायु रह सकता है।
- माँ को अपच या छाती में जलन रहने की शिकायत हो जाती है। कब्ज भी रहने लगता है।
- गर्भस्थ शिशु में अपने पाँवों को तेजी से हिलाने की क्षमता आ जाती है। बच्चे की किक्स को लेकर माँ सतर्क रहने लगती है।
- उसके गर्भाशय में संकुचन महसूस होने लगता है।
- शिशु का वजन 2 पौंड तथा लंबाई 14–15 इंच होती है।
- शिुश एक मोम की तरह पदार्थ से ढका रहता है जो उसकी त्वचा को बचाता है और वसा की परत का निर्माण करता है और जन्म के समय शरीर का तापमान सही रखने में मदद करता है।
- इस समय दिन भर में अलग–अलग गतिविधियों को आप महसूस कर सकती हैं। हालाँकि कुछ शिशु अपेक्षाकृत शांत होते हैं, इसलिए कम हलचल करते हैं। अतः घबरायें नहीं और अपनी शंका के निवारण के लिए अपने चिकित्सक से मिल लें।

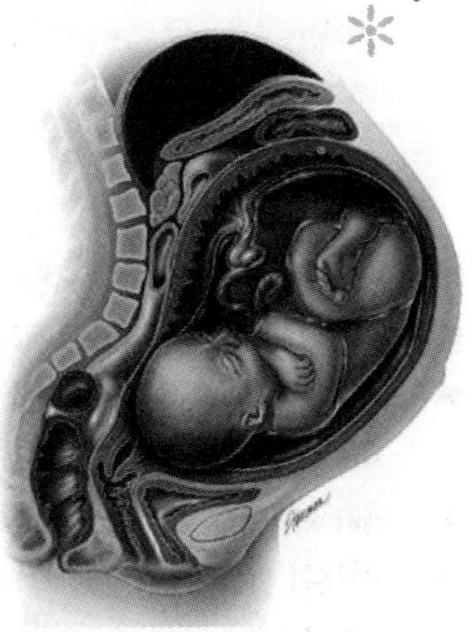

बत्तीसवाँ हफ्ता (आठवाँ महीना) 32

WEEK WEEK WEEK WEEK WEEK

- बच्चे की त्वचा अभी लाल होती है और थोड़ा खिंचाव रहता है, पर उसमें अब थोड़ा फैट जमा हो जाता है, जिससे वह बाहर के वातावरण में रह सके।
- शिशु के सिर की हड्डियाँ बहुत नरम व लचीली होती हैं।
- उसके फेफड़े विकसित हो जाते हैं।
- शिशु तेज आवाजें सुनने लगता है। अगर इस समय गर्भस्थ शिशु को एक ही प्रकार का संगीत सुनाया जाये तो वह जन्म के पश्चात भी उसे पहचानने लगता है। प्राकृतिक संगीत व क्लासिकल संगीत की धुनें उसे जहाँ शान्त करती हैं वहीं शोरगुल वाला संगीत उसे आक्रामक बनाते हैं। अर्थात् आस–पास का माहौल व आवाजें गर्भस्थ शिशु के मानसपटल पर प्रभाव डाल रही होती हैं।
- स्वस्थ होते हुए भी माँ अपनी ऊर्जा में कुछ कमी महसूस कर रही होती है।
- माँ का उदर काफी उभर आता है।
- कई औरतों को शाम के समय एड़ियों में सूजन की समस्या रहने लगती है। यह ज्यादा खड़े रहने की वजह से हो सकती है क्योंकि माँ और शिशु का सारा वजन एड़ियों पर पड़ रहा होता है।

- गर्भस्थ शिशु की लम्बाई 16 इंच, वजन 3.5 पाउंड हो जाता है।
- शिशु का चेहरा पूर्ण रूप से विकसित हो जाता है तथा यदि उसका जन्म इस माह में होता है तो उसके जीने की उम्मीद 80 प्रतिशत होती है।

छत्तीसवाँ हफ्ता (नवाँ महीना) 36

- इस समय गर्भाशय का आकार और बड़ा हो जाता है जिसकी वजह से माँ को असुविधा होने लगती है।
- माँ को अक्सर छाती में जलन की शिकायत रहने लगती है।
- माँ को पेट के बड़े हुए आकार की वजह से करवट लेने, लेटने आदि में परेशानी होती है। बैठना मुश्किल लगता है। पेट का भार बढ़ने की वजह से कमर में दर्द बढ़ जाता है। वह जल्दी थकने लगती है।
- इस समय माँ चाहने लगती है कि जल्दी से प्रसव हो जाए।
- गर्भस्थ शिशु की त्वचा व कंधे के नीचे फैट जमा हो जाने की वजह से भ्रूण का वजन बढ़ता है परन्तु लम्बाई में नाममात्र की वृद्धि हो सकती है।
- शिशु पूर्ण रूप से विकसित हो चुका होता है।
- यदि वह लड़का है तो उसके अंडकोश अपनी जगह ले लेते हैं।
- बच्चे के नाखून बड़े हो जाते हैं और वह स्वयं को ही खुरच लेता है।
- शिशु का वजन प्रतिदिन लगभग एक औंस (28.35 ग्राम) बढ़ता है।

चालीसवाँ हफ्ता 40

- पिछले मासिक धर्म से चालीस सप्ताह शिशु के पूर्ण और सुरक्षित विकास की सही अवधि है।
- अब गर्भावस्था पूरे समय पर होती है। माँ के अन्दर बच्चे के जन्म लेने की इच्छा तीव्र हो जाती है।
- गर्भस्थ शिशु का वजन दो हजार पाँच सौ ग्राम से चार हजार पाँच सौ ग्राम के बीच हो सकता है।
- उसकी लम्बाई करीब बीस इंच हो जाती है।
- गर्भस्थ शिशु की त्वचा ज्यादा सौम्य हो जाती है।
- सिर पर बाल आ जाते हैं।
- सिर की हड्डियाँ ज्यादा मजबूत हो जाती हैं।
- सिर का आकार शरीर के अनुपात में आ जाता है, यानि शरीर की लम्बाई के अनुसार एक चौथाई हो जाता है।
- शिशु आँख खोल पाता है। कान और नाक का निर्माण सही ढंग से हो जाता है।
- लड़के व लड़की के हिसाब से प्रजनन अंगों की संरचना हो जाती है।
- इसी माह में प्रसव पीड़ा तथा शिशु का जन्म होता है।

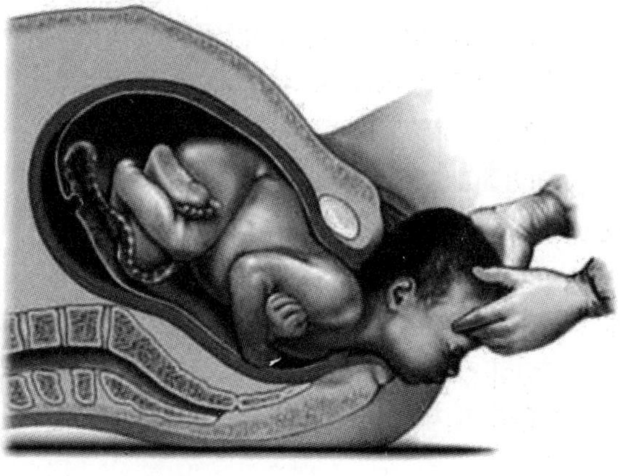

जन्म के निर्धारित समय से पूर्व

गर्भावस्था में 36वें हफ्ते के बाद शिशु जन्म के लिए तैयार होता है। आखिरी हफ्ते में आपको बहुत कम हलचल महसूस होगी। इस समय वह निम्नलिखित किसी एक अवस्था में हो सकता है—

1. इसमें सिर नीचे की ओर होता है, और आप अपने श्रोणि क्षेत्र में दबाव महसूस करती हैं, जैसे शिशु सिर को नीचे की ओर धकेल रहा हो।
2. इसमें शिशु का अधोभाग नीचे की ओर होता है और आप उसके सिर को पसलियों में महसूस करती हैं। साँस लेने में तकलीफ होती है और शिशु मूत्राशय में पैर चलाता है जिससे आपको बार–बार पेशाब जाने की इच्छा होती है।
3. इसमें शिशु आपकी पीठ की रीढ़ के साथ अपनी पीठ लगा देता है और बलपूर्वक पेट में पैर चलाता है। उसका सिर आपके मूत्राशय पर दबाव डाल सकता है, जिससे आपको बार–बार पेशाब जाने की इच्छा होती है।
4. इस स्थिति में शिशु आपके पेट में एक ओर से दूसरी ओर तक लगता है, जिससे आप दोनों ओर से जबरदस्त दबाव महसूस करती हैं।

हलचल महसूस न होने की स्थिति—ऐसी स्थिति में तुरन्त अपना चेकअप अपने चिकित्सक से कराएँ। तब अल्ट्रासाउंड से दिल की स्थिति और धड़कन मापी जाती है और उपचार शुरू किया जाता है।

गर्भावस्था के दौरान शिशु की ये सभी गतिविधियाँ आपके लिए एक अनोखा और आरामदायक अनुभव होंगी, इसलिए इनका आनंद लीजिए और एक से दो होने को महसूस कीजिए।

■■

गर्भावस्था में अधिक खतरे की स्थितियाँ एवं तुरन्त डॉक्टरी जाँच

24

गर्भावस्था के दौरान हालाँकि अनगिनत परिवर्तनों के साथ अलग–अलग लक्षण देखने को मिलते हैं, लेकिन कई ऐसे लक्षण हैं जो खतरे का कारण बन सकते हैं। ये सभी लक्षण खतरे के सूचक हैं जिनसे आप खतरों की जल्दी पहचान कर सकते हैं तथा ऐसी किसी भी समस्या का सामना होने पर तुरंत डॉक्टर से संपर्क करें।

- लगातार होने वाली उल्टी
- सर्दी लगना या बुखार बने रहना
- पेट में दर्द होना
- यूरिन के दौरान जलन होना
- सिर दर्द, सिर चकराना और कभी–कभी साथ में आँखों के सामने अंधेरा छाने की शिकायत होना। यह खून में जहर फैलने के लक्षण हैं और तत्काल सावधानी से इलाज न किए जाने पर इससे मौत भी हो सकती है।
- हाथ–पाँव या चेहरे में सूजन आना व दौरे पड़ना।
- वेजाइना (योनि) से खून बहना या पानी गिरना।
- भ्रूण (बच्चे) की हलचल महसूस न हो रही हो।
- खून की कमी होना, बेहोशी, साँस का फूलना तथा कमजोरी महसूस करना आदि।

रक्तचाप 140/90 या इससे अधिक होने की स्थिति में तुरंत अपने डॉक्टर से सम्पर्क करें।

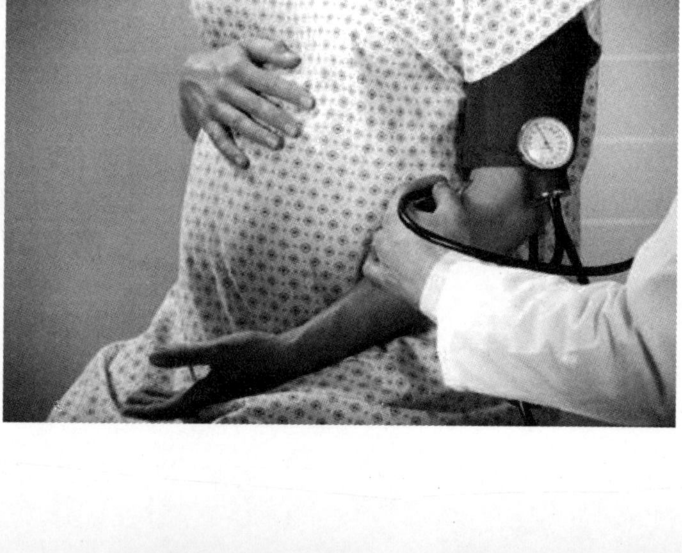

अधिक जोखिम वाली गर्भावस्था में इन चीजों से बचें

- गर्म व चिपचिपे मौसम में व्यायाम न करें।
- अगर आपको हृदय संबंधी कोई विकार हो, पहले गर्भपात हो चुका हो, रक्तस्राव हो रहा हो, बच्चे का विकास ठीक तरह से न हो रहा हो या जुड़वाँ बच्चे हों तो व्यायाम न करें।
- चाय, कॉफी या अल्कोहल के सेवन से बचें। धूम्रपान न करें।
- बहुत ज्यादा गर्म पानी में न नहाएँ।
- गर्भावस्था के आखिरी दिनों में तथा उन दिनों में जब भी असुविधा महसूस हो रही हो, संभोग नहीं करना चाहिए।

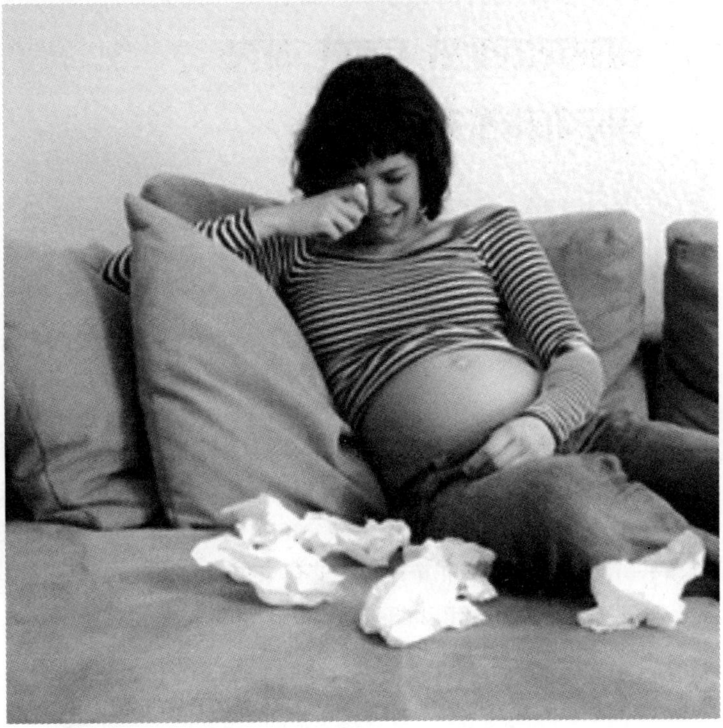

गर्भावस्था के समय अत्यधिक तनाव से बचें, अन्यथा आने वाले बच्चे के स्वास्थ्य पर इसका बुरा प्रभाव पड़ता है।

अस्पताल से पहले और अस्पताल के बाद

25

जैसे–जैसे प्रसव का समय नजदीक आता है, अस्पताल जाने और वहाँ से संबंधित जानकारी प्राप्त करना जरूरी हो जाता है क्योंकि प्रसव पीड़ा झेलने के बाद यदि अस्पताल अच्छा न हो तो पीड़ा दोगुनी हो जाती है। आपको ऐसा अस्पताल चाहिए जो आपका और आपके बच्चे का पूरा ध्यान रखें। प्रसव पूर्व, प्रसव की तैयारी करना बहुत महत्वपूर्ण है। पहले–पहल माँ बन रही स्त्री के लिए यह जानना जरूरी है कि प्रसव से पहले कैसी तैयारी की जानी चाहिए और प्रसव के बाद किन बातों का ख्याल रखना चाहिए।

अस्पताल का चुनाव

प्रसव की तिथि से एक माह पूर्व ही किसी पास के अच्छे और माने हुए अस्पताल का चयन कर लें। आप चाहें तो जिस डॉक्टर से चेकअप करवा रही हैं, यदि वह पास के किसी क्लीनिक या अस्पताल में कार्यरत है, तो आप उस अस्पताल का चयन कर सकती हैं। अगर आपका बजट कम हो तो सरकारी अस्पताल आज भी कम बजट में अच्छी सुविधा उपलब्ध कराते हैं और विश्वसनीय भी हैं। अस्पताल में रजिस्ट्रेशन जरूर करवाएँ जिसमें आपका नाम, घर का पता, फोन नम्बर, ब्लड ग्रुप व आप और आपके शिशु के स्वास्थ्य का आँकड़ा आदि नोट किया जाता है। अस्पताल का चुनाव करते वक्त यह भी ध्यान में रखें कि वहाँ सारी आपातकालीन सुविधायें उपलब्ध हों और **शिशु विशेषज्ञ प्रसव के वक्त वहाँ उपलब्ध हो।**

अस्पताल कब जाएँ

प्रसव की तय स्थिति के आस–पास अपने लिए रूम बुक कराएँ। मेटरनिटी वार्ड कहाँ है, अस्पताल में प्रसव पीड़ा के दौरान किससे संपर्क करना है, इमरजेंसी में किससे संपर्क करना है, कौन–से फोन नंबर है जिन पर आप जानकारी ले सकती हैं, ये सारी बातें अपनी डायरी में नोट कर लें। अस्पताल में प्रसव के दौरान कहाँ और कैसे पहुँचना है, इससे संबंधित रास्तों का पहले ही निरीक्षण कर लें। प्रसव पीड़ा शुरू होते ही तुरन्त अस्पताल पहुँचें।

डॉक्टर को बताएँ

अगर आप अपना प्रसव ऐसे अस्पताल में करवा रही हैं जहाँ आपका नियमित चेकअप करने वाली डॉक्टर उपलब्ध नहीं है तो अपनी सारी रिपोर्ट केस हैंडल करने वाली नई डॉक्टर को जरूर दिखाएँ। अगर कोई खास दवा ले रही हों तो वह भी बताएँ। ताकि प्रसव के दौरान सारी बातों की जानकारी आपका प्रसव कराने वाली डॉक्टर को हो। अस्पताल आते वक्त अपनी सारी रिपोर्ट साथ रखें।

अस्पताल के लिए जरूरी किट

प्रसव के समय कुछ खास चीजों की आवश्यकता पड़ती है। अतः आप एक बैग लें और उसमें नीचे दी जाने वाली सारी चीजें रख लें।

- एक घड़ी रखें, ताकि आपको शिशु के जन्म का ठीक पता रहे।
- एक बोतल पानी रखें।
- यदि आपके पाँव ठंडे हो जाते हैं, तो गर्म मोजे अवश्य रखें।
- टॉयलेट का सामान, टूथब्रश, टूथपेस्ट, साबुन, शैंपू आदि रखें।
- एक कंघी रखें, टॉवल, हाथ मुँह पोंछने के लिए एवं कुछ साफ सुथरी चादरें।
- दो नाइट गाउन या नाइट सूट रखें (जो स्तनपान कराने में सुविधाजनक हो) जिसमें आप आराम महसूस करें।
- सेनेटरी नैपकिन, अंडर गार्मेंट्स, नर्सिंग ब्रा या सही फिटिंग वाली ब्रा, डिस्पोजेबल अंडरवियर।
- स्लीपर एक जोड़ी ऐसी जो फिसलें नहीं।
- डिटॉल की बोतल व रुई का बंडल।
- कुछ मनोरंजन की चीजें जिसमें आप आराम महसूस करें जैसे संगीत सीडी, किताबें, छोटे-मोटे गेम आदि।
- कुछ ऐसे स्नैक्स जो स्वास्थ्यवर्धक हों, जिन्हें आप भूख लगने पर खा सकें या फल वगैरह आदि रखें।
- आखिरी व सबसे महत्वपूर्ण चीजें, जो आपसे ज्यादा आपके होने वाले बच्चे के लिए जरूरी है वे हैं—कपड़े, नैपी, कंघी, साबुन व पाउडर, बेबी ऑयल, टॉवल।
- कुछ पैसे व महत्वपूर्ण फोन नम्बर और आपकी मेडिकल फाइल।
- यदि आप चाहें तो एक कैमरा या वीडियो कैमरा रखें, ताकि आप उन सुनहरे पलों को कैमरे में कैद कर सकें।
- फलानेल का कपड़ा (हॉट टॉवल के रूप में ब्रेस्ट सेंकने के लिए), निप्पल क्रीम।

आपातकालीन प्रसव किट

आपने अस्पताल में पंजीकरण करा लिया हो, लेकिन फिर भी एक आपातकालीन प्रसव किट तैयार रखें। क्योंकि कई बार घर पर ही प्रसव की स्थिति बन जाती है। ऐसी स्थिति से निबटने के लिए एक साफ सुथरा बिस्तर, पहनने के लिए गाउन, काटन व सैनिटरी पैड का बंडल, डिटॉल की बोतल, गर्म करने के लिए साफ बर्तन, ब्लैड का नया पत्ता, नाल बांधने के लिए सूती धागा, साबुन प्लास्टिक शीट, सेट्रीमाईड सोल्यूशन (एक प्रतिशत), एक टार्च, मोमबत्ती और माचिस की डिबिया होना किट में आवश्यक है। एक डायरी में अस्पताल व नर्स का नंबर नोट करके घर के सभी सदस्यों को दें ताकि इमरजेंसी में वह इनका उपयोग कर सकें।

अस्पताल के बाद

घर आने के पश्चात् अपने लिए साफ सुथरा और हवादार कमरा चुनें। बेड के पास टेबल रखें जिस पर आप अपने और बच्चे की जरूरत की दवाएँ, कॉटन, डिटॉल आदि रख सकें। बोतल से दूध अगर पिला रही हैं तो 3–4 अच्छी तरह से स्टरलाईज बोतलें और दूध का डिब्बा पास में ही रखें। बच्चे का चेकअप और कौनसा टीकाकरण करवाना है, नोट करके रखें।

अस्पताल में रहते हुए डॉक्टर से शिशु का जन्म प्रमाण-पत्र लेना न भूलें। तत्पश्चात् नगर निगम से भी शिशु का जन्म प्रमाण-पत्र बनवाएँ।

प्रसव के लक्षण

26

जब बच्चा माँ के शरीर के बाहर रहने लायक हो जाता है तो औरत का शरीर बच्चे को स्वतः ही बाहर धकेलने लगता है। यही प्राकृतिक प्रक्रिया प्रसव–पीड़ा कहलाती है।

प्रसव शुरू होने के संकेत निम्न प्रकार के होते हैं—

- अचानक रक्तस्राव होना।
- लगातार सिर दर्द होना।
- कमर से पेट की ओर रुक–रुक कर दर्द।
- बार–बार उल्टी।
- पलकों, मुँह या पाँव पर सूजन।
- आँखों के सामने अंधेरा छाना या चक्कर आना।
- गर्भस्थ शिशु का घूमना कम होना या रुक जाना।
- गर्भाशय का संकुचन बच्चे के जन्म से कई दिन पहले भी शुरू हो सकता है किन्तु सामान्यतया ये संकुचन काफी अन्तर के बाद होता है। जब संकुचन ज्यादा तेज, पीड़ादायक, नियमित तथा जल्दी–जल्दी होने लगता है तभी वास्तविक प्रसव दर्द शुरू होना समझना चाहिए।
- कई बार बिना दर्द के गर्भाशय का मुँह खुलने लग जाता है तब औरत की योनि से खून से मिश्रित लेसदार तरल पदार्थ निकलने लग जाता है।

ऐसी अवस्था में तुरन्त अस्पताल पहुँचें। यदि आप ग्रामीण क्षेत्र में हैं, तो प्रशिक्षित दाई या स्टॉफ नर्स से सम्पर्क करें। दो दर्द के अन्तराल में स्त्री को आराम करना चाहिए व गहरी साँस लेते रहना चहिए।

आपके प्रसव के लिए कुछ सुझाव

- प्रसव पीड़ा से राहत पाने के लिए श्वसन तकनीक (अध्याय : 'व्यायाम एवं सकारात्मक मुद्राएँ' देखें) का उपयोग करें।
- सिकुड़न के दौरान अपनी नजरें किसी वस्तु या स्थान पर टिकाएँ, इससे आपको अपने सिकुड़न से ध्यान हटाने में मदद मिलेगी या फिर सिकुड़नों के दौरान आप अपनी आँखें बंद कर सकती हैं।

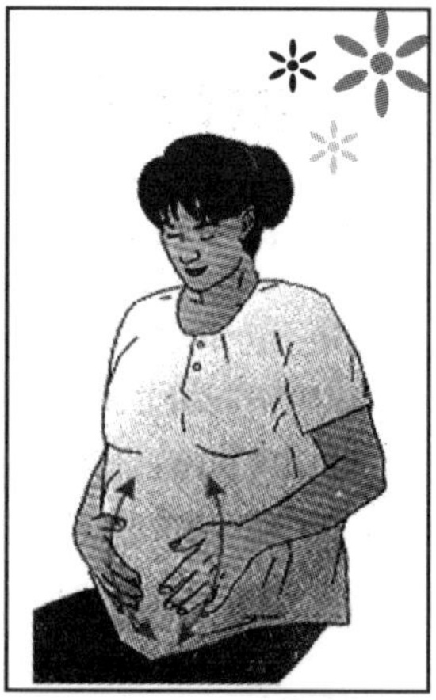

- अपने सिकुड़न के दौरान उंगली की नोक से हल्की मालिश करें। आप या आपका साथी अपने दोनों हाथ पेट के निचले हिस्से पर रखें और उंगलियों से हल्के दबाव के साथ अपने हाथ धीरे-धीरे ऊपर की ओर पेट के शीर्ष पर ले आएँ और बाद में नीचे की ओर बाहर ले जाते हुए आरंभिक स्थान पर आ जाएँ। सिकुड़न के दौरान अपने पेट पर इसी तरह उंगलियों से गोलाकार बनाएँ।
- चूँकि सारी पीड़ाएँ प्रसव की पीड़ा नहीं होती इसलिए आपको असली और 'नकली' प्रसव पीड़ा में फर्क करना होगा। असली प्रसव पीड़ा नियमित अंतरालों पर उभरती है और स्थिर गति से बढ़ती जाती है। इससे आपके गर्भाशय की झिल्लियों में टूटन भी हो सकती है, जिससे आपकी योनि से रक्त-मिश्रित द्रव का स्राव होगा। दूसरी ओर 'नकली' प्रसव पीड़ा की बारंबारता अनियमित होती है। 'नकली' प्रसव पीड़ा धीरे-धीरे तीव्र नहीं होगी, लेकिन यह वास्तव में कम होकर थोड़ी देर में गायब हो जाती है, खासकर जब आप इधर-उधर घूमती हैं।
- शिशु को तेज सिकुड़न के दौरान बाहर की ओर धकेलने के लिए जोर लगाएँ। जोर कुछ इस तरह होना चाहिए जैसे हम कब्जी के दौरान शौच जाते वक्त लगाते हैं। जोर तभी लगाएँ जब उसकी जरूरत महसूस हो और आपका चिकित्सक ज़ोर लगाने के लिए कह रहा हो।

प्रसव-पीड़ा कम करने के घरेलू नुस्खे

प्रसव के समय जब कोई स्त्री अत्यधिक कष्ट पा रही हो और प्रसव न हो रहा हो तो निम्नलिखित घरेलू नुस्खे अपनाने से निश्चित लाभ होगा।

- 200 मिली. पानी में 50 ग्राम हरे या सूखे आँवलों के उबालें। जब 80 मिली. पानी ही उबलने के बाद बच जाए तब उसे आँच पर से उतार लें तथा शहद मिलाकर इस पानी को थोड़ी-थोड़ी देर में प्रसूता को पिलाएँ। इससे प्रसूति सहज रूप से हो जाएगी।
- प्रसव काल में कष्ट के समय मकोय की जड़ पीसकर नाभि के नीचे लगाने से प्रसव आसानी से हो जाता है।
- अत्यधिक प्रसव कष्ट भोग रही स्त्री की कमर में कण्टकारी की जड़ को बाँधने से सुखपूर्वक प्रसव हो जाता है।
- नीम की जड़ को प्रसव पीड़ा से तड़प रही स्त्री की कमर में बांधने से गर्भ आसानी से बाहर आ जाता है। परन्तु प्रसव उपरान्त तुरन्त ही जड़ को खोल देना चाहिए।
- ऊँटकटारा की जड़ को पानी में घिसकर थोड़ी मात्रा में प्रसव पीड़ित स्त्री को पिलाने से प्रसव आराम से व जल्दी होता है। यह अत्यंत लाभप्रद घरेलू नुस्खा है।

प्रसव पीड़ा के समय तुलसी के पत्तों का रस पिलाने से पीड़ा नहीं होती तथा प्रसूति सरलता से होती है।

- अमलतास के छिलकों के 5 ग्राम चूर्ण को 200 ग्राम पानी में उबालकर, उसे छान लें। फिर उसमें शक्कर मिलाकर गर्भवती स्त्री को जिसके प्रसव पीड़ा शुरू हो चुकी हो पिलाने से प्रसव पीड़ा कम होती है तथा प्रसव भी सुखपूर्वक होता है।
- बथुआ के 10 ग्राम बीज लेकर उन्हें 500 ग्राम पानी में उबालें। आधा रह जाने पर उसे उतार लें तथा छानकर प्रसव कष्ट सह रही स्त्री को पिलाएँ। प्रसव पीड़ा से मुक्ति मिलेगी तथा प्रसव शीघ्र होगा।
- गर्भावस्था के अन्तिम चार महीनों में नमक कम से कम खाने से प्रसव पीड़ा कम होती है।
- लाल घूँघची (चिरमठी) 3 नग लेकर बारीक पीस लें। फिर थोड़ा-सा पुराना गुड़ मिलाकर दोनों को खूब घोटें और तीन गोलियाँ बना लें। इन तीनों गोलियों को एक साथ गुनगुने पानी से खिला दें। यदि स्त्री को प्रसव पीड़ा ज्यादा हो रही हो और बच्चा पैदा न हो रहा हो तो दवा से 10 मिनट में बच्चा बाहर आ जाएगा।
- चुम्बकीय पत्थर को रेशमी कपड़े में बाँधकर स्त्री के बाएँ हाथ में पकड़ा देने से कुछ ही देर में बच्चा सरलता से पैदा हो जाता है। परीक्षित है।
- प्रसव कष्टप्रद होता हो तो 6 ग्राम हल्दी पिसी हुई गरम दूध में मिलाकर सुबह शाम कुछ दिनों तक नवें महीने में पिलाएँ।
- प्रसवकाल के अन्तिम भाग में जबकि कोई यांत्रिक अवरोध न हो, जरायु की क्रियाहीनता के कारण विलम्ब होता हो, उस हालत में शीघ्रता से प्रसव कराने के लिए चीनी का प्रयोग उपयुक्त होता है। 25 ग्राम चीनी जल में गलाकर आधा घण्टे के अन्तर से कई बार देना चाहिए।

यदि चौथे माह से बच्चा होने तक अर्थात् नौं महीने तक गर्भिणी एक नीबू की शिकंजी नित्य पिया करे तो प्रसव सरलता से बिना कष्ट के होगा।

- एक बाजरे के दाने के बराबर हींग एक गुड़ के टुकड़े में रखकर निगल जाएँ। दो घूँट से अधिक पानी न पीएँ। शीघ्र ही प्रसव बिना कष्ट होगा।
- देर से प्रसव होने से बेचैन, उत्तेजित महिलाओं को तेज कॉफी देने से लाभ होता है।
- एरण्ड का तेल नाभि पर लगाएँ। इससे प्रसव शीघ्रता से सरलता से होगा।
- लौकी 20 ग्राम भाप में उबालें। फिर निचोड़कर गाढ़ा-गाढ़ा रस निकालकर 30 ग्राम शहद में मिलाकर पिलाने से प्रसव जल्दी व आसानी से होगा।
- प्रसव के समय पीड़ा में राहत पहुँचाने के लिए बन्द गोभी के ताजे पत्तों का रस विशेष रूप से उपयोगी है।
- गर्भवती स्त्रियाँ यदि सुबह दूध के साथ अंजीर का सेवन करें तो प्रसूति के समय की पीड़ा ज्यादा नहीं सहनी पड़ती और प्रसव जल्दी होता है।

दर्द शुरू होते ही 10 ग्राम सोंठ और 50 ग्राम शहद मिलाकर चटाएँ।

- प्रसव पीड़ा को कम करने के लिए गाजर के बीज और उसके पत्तों का क्वाथ पिलाया जाता है।
- गाजर के बीजों की धूनी देने से प्रसव वेदना कम होकर सरलता से प्रसव होता है।
- अपामार्ग की जड़ कमर में बाँधने से स्त्रियों को सुखपूर्वक प्रसव होता है।
- पिठवन की जड़ पीसकर, स्त्री की नाभि, पेडू पर लेप करने से प्रसव शीघ्र होता है।
- प्रसूति के समय ताजे गोबर (1–2 घण्टे के भीतर का) को कपड़े में निचोड़कर एक चम्मच रस पिलाने से प्रसूति शीघ्र हो जाती है।
- गर्भिणी की कमर में तुलसी की जड़ बाँधने से प्रसव वेदना कम होती है और प्रसव सरलता से हो जाता है।
- तुलसी के बीजों को कुछ देर तक जल में भिगो दें। जब सारा जल लुआबदार हो जाए तो उसे अच्छी तरह मर्दन कर मिश्री मिलाकर पान करने से प्रसव के समय तथा उसके बाद होने वाली वेदना शान्त हो जाती है।
- प्रसव पीड़ा को पूर्णतः तो समाप्त नहीं किया जा सकता, लेकिन प्रसव पीड़ा के समय को कम किया जा सकता है। इसके लिए गर्भावस्था में नित्य खुली ताजा हवा में घूमने जाएँ। गर्भावस्था के आठवें महीने में रात को दस बादाम और 15 मुनक्का दोनों को अलग–अलग पानी में भिगो दें। प्रातः मुनक्का को गाय या भैंस के घी में तल लें। इसे एक गिलास गरम दूध में डालकर खाएँ और दूध पी जाएँ। बादाम भी छीलकर साथ में खाएँ। यह क्रम जब तक प्रसव हो नहीं जाए तब तक चालू रखें। जब प्रसव पीड़ा शुरू हो जाए तो पेट गरम पानी से धोएँ, स्पंज करें। ऐसा करने से प्रसव शीघ्र एवं पीड़ा कम होगी।
- शरीफा अर्थात् सीताफल के बीजों का चूर्ण योनि पर लेप करने से सुखपूर्वक प्रसव होता है।
- राई के चूर्ण के साथ भुनी हींग खाने से गर्भिणी के पेट से बच्चा सुखपूर्वक बाहर आ जाता है।
- भुनी हुई हींग का चूर्ण घी में मिलाकर खाने से सन्तान सुख से पैदा होती है।

नारियल का गोला और मिश्री खाने से प्रसव का दर्द सहनीय बन जाता है।

प्रसव के समय की समस्यापूर्ण स्थितियाँ

इंडक्शन

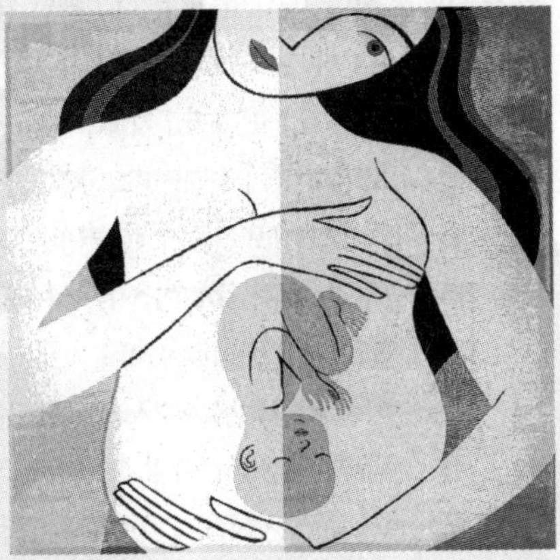

जब लेबर पेन (प्रसव पीड़ा) शुरू नहीं होता तो उस समय कृत्रिम तौर से प्रसव पीड़ा आरंभ करनी पड़ती है। इसे इंडक्शन कहते हैं। प्रसव की तय तारीख (ड्यूडेट) पूरी होने के बाद भी अगर प्रसव पीड़ा नहीं शुरू होती है, तो माँ व गर्भस्थ शिशु दोनों के जीवन को खतरा हो सकता है। माँ का रक्तचाप अधिक हो या बिना प्रसव पीड़ा के अगर गर्भाशय का मुँह खुल जाए और योनि से चिपचिपा तरल पदार्थ निकल रहा हो तो ऐसी स्थितियों में भी इंडक्शन की जरूरत होती है। इसमें इंट्रावीनस (त्वचा में अंदर तक) ड्रिप लगाते हैं, जो भ्रूण में सिकुड़न पैदा करती है या फिर सावधानी से तेज औजार गर्भाशय के मुख से ऐम्नियॉटिक सेक (पानी की थैली) को भेदने के लिए डाला जाता है।

फोरसेप्स डिलीवरी

कभी–कभी जब संकुचन तेज नहीं होते या गर्भस्थ शिशु तकलीफ देह स्थिति में हो तो शिशु को बाहर निकालने के लिए फोरसेप्स का इस्तेमाल करना पड़ता है। बच्चे के सिर को फोरसेप्स से पकड़कर हल्के हाथों से खींच लिया जाता है।

वैक्यूम डिलीवरी

इस तरह की प्रसव स्थिति का कारण फोरसेप्स जैसा ही होता है। इसमें सक्शन द्वारा शिशु के सिर पर मैटल कैप लगा दी जाती है और शिशु को धीरे से खींच लिया जाता है।

सिजेरियन

इस तरह की डिलीवरी ऑपरेशन द्वारा पेट को काटकर की जाती है। सिजेरियन के बाद वो सारी सावधानी की जरूरत होती है, जो साधारण ऑपरेशन के बाद बरती जाती है।

ब्रीच बर्थ

गर्भस्थ शिशु का सिर यदि ठीक स्थिति में नहीं होता तो बच्चे उल्टे पैदा होते हैं। प्रसव के समय बच्चे के पैर पहले बाहर आते हैं बाद में सिर। ऐसे प्रसव में काफी धैर्य व ध्यान की जरूरत होती है।

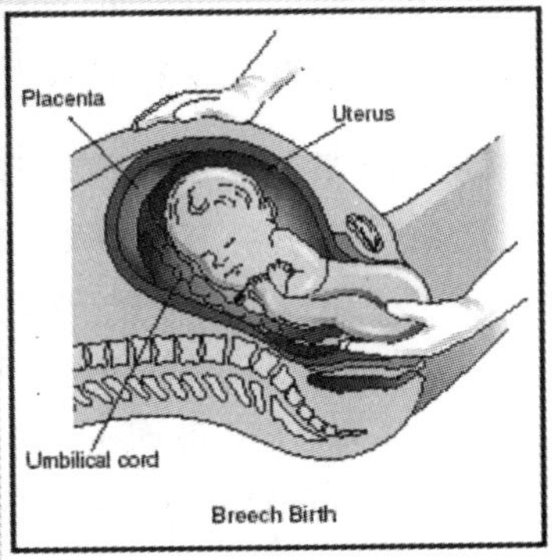

Breech Birth

एपिसिओटॉमी

योनि और गुदाद्वार के बीच की त्वचा जिसे पेरीनीयम कहते हैं, को काटा जाता है, जिससे बच्चे का सिर आसानी से निकल सके। बाद में इसे सिल देते हैं।

सिजेरियन क्या है?

प्रायः प्रसव की असामान्य स्थिति में माँ और बच्चे को खतरे से बचाने के लिए 'सिजेरियन डिलीवरी' करना आवश्यक हो जाता है। प्रसव का यह वैज्ञानिक, सुरक्षित और कारगर तरीका है। यह सुविधा मान्यता प्राप्त शल्य चिकित्सा केन्द्रों/अस्पतालों में उपलब्ध है। इस सम्बन्ध में महिलाओं के मन में अनेक भ्रांतियाँ एवं आशंकाएँ व्याप्त हैं, जो गलत हैं। ऑपरेशन से प्रसव के मुख्य कारण इस प्रकार हैं—

1. बच्चे की दिल की धड़कन कम होना।
2. अनियमित, असामान्य रूप से बच्चेदानी का सिकुड़ना।
3. गर्भाशय का मुँह न खुलना।
4. माँ व बच्चे की हड्डियों का असामान्य होना या होने वाले शिशु का वजन अधिक होने से गर्भाशय से बाहर आने में रुकावट होना।
5. नाल का पहले बाहर आ जाना।
6. बिना मुँह खुले पानी की थैली का फट जाना।
7. आँवल (प्लेसेंटा) का अपनी जगह से खिसक/हट जाना या असामान्य जगह स्थित होना।
8. खून बहना अथवा प्रसव के दौरान माँ को मिरगी के दौरे या मुँह से झाग आना।
9. बच्चा अत्यधिक कमजोर हो या पानी की कमी से सामान्य प्रसव में खतरे की संभावना होना।
10. बच्चे का उल्टा या असामान्य अवस्था में होना।
11. पिछले प्रसव के दौरान बच्चे की अकारण मृत्यु हो गई हो, तो ऑपरेशन द्वारा प्रसव जरूरी होता है।
12. नितम्बों की हड्डियों का छोटा होना।
13. गर्भाशय का मुँह जन्मजात कमजोर होना।
14. यदि गर्भवती को इक्लैपिसिया हो और उसके कारण गर्भस्थ शिशु का विकास प्रभावित हुआ हो। इस स्थिति में स्त्री के हाथों और पैरों में सूजन आ जाती है, रक्तचाप काफी बढ़ जाता है।
15. गर्भाशय बहुत संकुचित हो या फट गया हो।
16. प्रसव मार्ग में कैंसर या फाइमोसिस के कारण रुकावट होना।
17. प्रसव पूर्व गर्भाशय में प्लेसेंटा प्रेविया के कारण भारी रक्तस्राव हो।
18. कूल्हे की हड्डी (पेल्विस) का द्वार संकरा होना।
19. पूर्व में गर्भाशय की शल्य चिकित्सा होना।
20. पूर्व में दो प्रसव शल्य चिकित्सा द्वारा होना।

सिजेरियन के बाद की सावधानियाँ

1. संक्रमण, थ्रोम्बोसिस, योनि से अत्यधिक रक्तस्राव की स्थिति शल्य क्रिया से प्रसव के बाद भी संभव है। इनसे बचने के लिए शरीर की स्वच्छता, टाँकों की सफाई, स्वच्छ पैड का प्रयोग, ज्यादा देर तक लेटे ना रहना, घूमना आरम्भ करना, अच्छा पोषण, पर्याप्त नींद जरूरी है।
2. ऑपरेशन के तीसरे दिन से थोड़ा घूमना आरम्भ करना चाहिए, आप उठकर बाथरूम तक जा सकती हैं।
3. धीरे-धीरे घूमने का समय बढ़ाती जाएँ।

4. शिशु को स्तनपान आप पहले दिन से ही शुरू कर सकती हैं। तीसरे दिन से बच्चे को बैठकर दूध पिलाएँ, उसका वजन अपने हाथों में रखें और टाँकों पर दबाव न पड़ने दें। इस काम के लिए अपने सहयोगी की मदद लें।
5. टाँकों में दर्द, सूजन, रिसाव होने पर चिकित्सक से परामर्श लें।
6. टाँके ठीक से जुड़ जाने के बाद, टाँकों के आस–पास सफाई करना जरूरी है।
7. सिजेरियन प्रसव के बाद तीन महीने तक महिलाएँ भारी वजन न उठाएँ।
8. अत्यधिक रक्तस्राव के कारण मासिक धर्म का अनियमित हो जाना, कमर दर्द, आँतों में रुकावट, घाव का पकना, हर्निया आदि शारीरिक परेशानियाँ भी हो सकती हैं।

सिजेरियन दूसरे प्रसव के वक्त

यह गलत धारणा है कि एक बार सिजेरियन कराने के बाद हर बार सिजेरियन कराना ही पड़ता है। यदि और कोई समस्या न हो तो दूसरी बार सामान्य प्रसव भी हो सकता है। विशेषज्ञों के अनुसार 3 से अधिक बार सिजेरियन ऑपरेशन नहीं कराना चाहिए। यह स्त्री के लिए खतरनाक साबित हो सकता है।

दर्द रहित प्रसव कैसे

एक बच्चे को जन्म देना स्वयं दूसरा जन्म पाने जैसा होता है। ऐसा कहने की सबसे बड़ी वजह है प्रसव के दौरान होने वाला असहनीय दर्द। परन्तु मातृत्व सुख के लिए प्रसव पीड़ा भी सहने का अपना एक सुख होता है। माँ बनने की खुशी में महिला इस दर्द को खुशी–खुशी बर्दाश्त कर लेती है, पर आज महिलाएँ प्रसव पीड़ा के नाम से ही डर उठती हैं, इसलिए गर्भावस्था के समय वे चाहती हैं कि प्रसव ऐसी हो जिसमें दर्द ना हो। वर्तमान में चिकित्सा जगत में हुए शोध ने इस परेशानी को कम कर दिया है। अब दर्द सहन करना स्त्री की नियति एकदम नहीं है। स्त्री अब मुस्कराते हुए अपने बच्चे को जन्म दे सकती है। दर्द रहित प्रसव की विधि को वाकिंग एपीड्यूरल कहते हैं।

वाकिंग एपीड्यूरल या कंबाइंड स्पाइनल एपीड्यूरल एनलगेसिया

इसके इस्तेमाल से प्रसव के तरीके में महत्वपूर्ण बदलाव आया है। यह पूरी तरह से सुरक्षित प्रक्रिया है। इसमें स्त्री को इंजेक्शन के द्वारा दवाई दी जाती है।

1. यह मात्र पाँच मिनट में असर करता है।
2. इसका असर 1 से 4 घंटे तक रहता है।
3. इससे कमजोरी या हाइपरटेंशन, डिप्रेशन, सुन्न पड़ जाना जैसी कोई समस्या नहीं होती।
4. यह सामान्य प्रसव (नार्मल डिलीवरी) की संभावना को बढ़ाता है। नार्मल डिलीवरी से होने वाले बच्चे कम बीमार पड़ते हैं, और भावनात्मक रूप से ज्यादा मजबूत होते हैं।
5. यह लेने में सुरक्षित और बेहद आसान है। इसके कोई साइड इफेक्ट नहीं हैं। इसके लेने के बाद बिना किसी दर्द के प्रसव क्रिया को देखा जा सकता है।

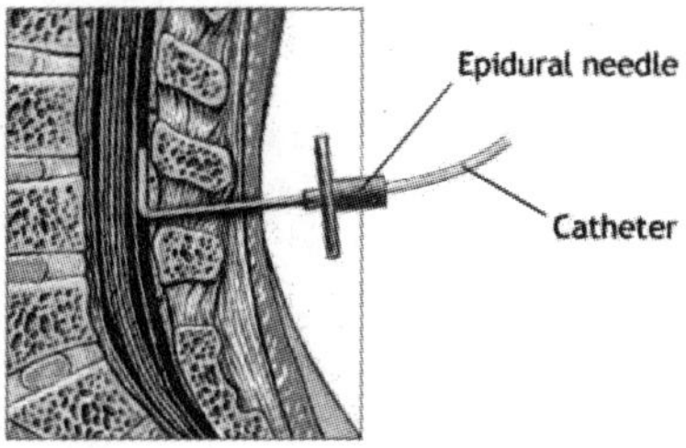

दर्द रहित प्रसव के अन्य तरीके

1. पेथोडीन की सुई से प्रसव पीड़ा कम होती है।
2. ऑक्सीजन के साथ एंटोनोक्स सुँघाने से पीड़ा से राहत मिलती है।
3. गर्भवती महिला की पीठ पर टेन्स मशीन रखी जाती है, जिससे इलेक्ट्रीकल स्टीमुलेशन दिया जाता है और दर्द से राहत मिलती है।

■■

प्रसव के बाद रखें ख्याल

27

प्रसव व गर्भावस्था के दौरान स्त्री जननांगों और गर्भाशय के आकार में परिवर्तन होता है। प्रसवोपरान्त करीब 6 सप्ताह में धीरे–धीरे यह अपनी सामान्य और प्राकृतिक अवस्था में आने लगते हैं। प्रसवोपरान्त गर्भाशय से जो स्राव होता है, उसे चिकित्सकीय भाषा में लोकियल डिस्चार्ज कहते हैं। सामान्य तौर पर यह 24 दिन तक रहता है। इस पूरे समय में नवप्रसूता को विशेष देखभाल की जरूरत होती है। इस दौरान वह शारीरिक रूप से बहुत नाजुक होती है। उसे संक्रमण जल्दी होने का खतरा रहता है। बच्चा होने के बाद आयी शिथिलता से उसे थकान महसूस होती है, इसलिए नींद खूब आती है। अक्सर इस दौरान लोग जच्चा–बच्चा को देखने आते हैं। उनसे दोनों को संक्रमण हो सकता है इसलिए प्रसूता के कमरे में जाने से पहले जूते–चप्पल बाहर ही उतरवाएँ। नवजात शिशु को किसी की गोद में न दें और न ही उसे चूमने दें। अगर किसी की गोद में देना जरूरी हो तो उसके हाथ अच्छी तरह से साबुन से धुलवायें।

प्रसूतावस्था में जो रोग होते हैं उन्हें सूतिका रोग कहते हैं। अतः प्रसूता स्त्री को पथ्य आहार–विहार का ही सेवन करना चाहिए। मैथुन, शीतल आहार–विहार तथा ठण्डी औषधियों का पूर्णरूप से परित्याग कर देना चाहिए।

रक्तस्राव और सफाई

प्रसवोपरान्त कुछ दिनों तक रक्तस्राव कुछ ज्यादा होता है। इसके लिए सैनेटरी पैड का प्रयोग करें। कपड़े इत्यादि के इस्तेमाल से बचें। दिन में पाँच–छह बार पैड बदलें। यदि आप रुई का इस्तेमाल कर रही हैं, तो साथ में गॉज भी लें। रुई के ऊपर गॉज लपेटकर इसे इस्तेमाल में लाएँ। सीधी रुई लगाने पर रेशे अन्दर चले जाएँगे, जिससे संक्रमण हो सकता है, मवाद पड़ सकता है।

- प्रसव के पश्चात् नीम के पत्तों को यवकुट करके पानी में उबाल लें फिर इससे योनि की सफाई करें। इससे योनि शुद्ध व संकुचित होगी।
- बच्चेदानी और योनि के आस–पास के भाग को क्षीरी वृक्षों के काढ़े से अच्छी तरह से धोकर साफ करें। संक्रमण से बचाव होगा।

मालिश

नवप्रसूता के शिथिल शरीर में ऊर्जा के संचार के लिए मालिश एक अच्छा उपाय है, बशर्ते मालिश करने वाली प्रशिक्षित दाई हो और तेल या घी शुद्ध हो। अच्छी मालिश से शरीर दर्द से भी छुटकारा मिलता है। इससे प्रसूता का पेट चुस्त व शरीर दृढ़ होता है।

चाहे बच्चा गर्मियों में हुआ हो, जच्चा–बच्चा दोनों को गुनगुने पानी से ही नहाना चाहिए। इससे शरीर को आराम मिलता है। प्रसूता को तेज हवा के झोंकों से भी बचना बहुत जरूरी है।

- तिल के महीन चूर्ण को दूध की मलाई, ग्लिसरीन और कैस्टर ऑयल (अरण्डी का तेल) मिलाकर मालिश करने से प्रसूता के अंगों में नई शक्ति का संचार होगा तथा निखार भी आता है।

टाँकों की देखभाल

अक्सर सामान्य प्रसव की स्थिति में भी नीचे टाँके लगते हैं। इनकी स्वच्छता का विशेष रूप से ध्यान रखें। आजकल घुलनशील टाँके लगते हैं। इन टाँकों में शुरू में दर्द होता है, इसके लिए डॉक्टर द्वारा लिखी गयी दवाएँ नियमित लें। ज्यादा देर तक बिस्तर पर लेटे न रहें, थोड़ी बहुत देर बैठें भी। बैठने से लोकिया के स्राव में सहूलियत होती है। थोड़ा–थोड़ा घूमें भी, इससे कब्ज की शिकायत नहीं रहेगी।

शौच के समय डिटॉल या किसी भी ऐन्टीसेप्टिक सल्यूशन की कुछ बून्दें पानी में डालकर इस्तेमाल में लाएँ। योनि को भी ऐसे ही पानी से नियमित धोएँ। इससे आराम मिलेगा, संक्रमण नहीं होगा व टाँके भी नियत समय तक घुलकर समाप्त हो जाते हैं। इस दौरान योनि का सेंक भी किया जा सकता है, जिसे 'वार्म बाथ' कहते हैं।

एक टब गुनगुने पानी में तीन–चार बूँद डिटॉल या प्रोवडीन–आयोडीन सल्युशन की डालें और इसमें कुछ समय के लिए इस प्रकार बैठें कि टाँकों वाला हिस्सा पानी में डूबा रहे। पर टाँगें दूर–दूर चौड़ी न हों। उन्हें मिलाकर बैठें। इसे हॉट सिट्ज बाथ कहते हैं। इससे टाँकों की सिकाई के साथ–साथ सफाई भी हो जाती है। यदि टब बाथ संभव नहीं है, तो एक मग गुनगुने पानी में डिटॉल की दो तीन बूँदें डालकर मग से पानी की धार बनाते हुए टाँकों पर डालें या पानी के छींटें दें। दिन में तीन–चार बार ऐसा करें।

टाँकों की स्थिति में आलथी-पालथी मारकर न बैठें। टाँकों पर जोर पड़ेगा।

सूतिका ज्वर

इस ज्वर का मुख्य कारण है प्रसव के समय व पश्चात् प्रसूता के आस–पास व कमरे में अस्वच्छता व गंदगी। इस रोग में प्रसूता को सिर दर्द, शरीर में जकड़न, कँपकँपी छूटना, बुखार, मुँह का फीकापन, बेचैनी, अधिक नींद, कब्ज तथा जीभ पर मैल आदि लक्षण पाए जाते हैं। ऐसी स्थिति में निम्न घरेलू नुस्खे प्रयोग में लाने चाहिए अन्यथा लगातार बुखार रहने की स्थिति में नव प्रसूता को फौरन डॉक्टर के पास ले जाएँ।

- जीरा, अजवायन, धनिया का काढ़ा पिलाएँ।
- सोंठ, काकड़ासिंगी तथा पीपलामूल। इन सबको मिलाकर सेवन करने से प्रसूता स्त्री का ज्वर तथा वात रोग दूर हो जाते हैं।
- दशमूल क्वाथ 25–25 ग्राम दिन में दो बार पिलाने से प्रसूता के सभी प्रकार के ज्वर समाप्त हो जाते हैं।
- सोंठ 1 ग्राम, अजवायन आधा ग्राम पीसकर गरम दूध के साथ लेने से सभी प्रकार के ज्वर (प्रसूता के) समाप्त हो जाते हैं।
- सौभाग्यवटी 2–2 गोली सुबह–शाम गरम पानी से लेने से प्रसूता को लाभ मिलता है।
- अजवायन का चूर्ण 1 ग्राम, गुड़ 5 ग्राम मिलाकर खिलाने से तथा ऊपर से दूध देने से प्रसूता ज्वर नष्ट होता है।
- प्रसूता को पीपलामूल का चूर्ण एक ग्राम, गरम दूध से दिन में तीन बार दें। ज्वर से छुटकारा मिलेगा।
- चाय में दस बूँद लहसुन के रस की डालकर तीन–चार बार पीएँ। सूतिका ज्वर में फायदा होगा।
- जायफल बारीक पीसकर कपड़े से छान लें। तीव्र ज्वर में 3 ग्राम दवा खांड के शरबत के साथ रोगिणी को पिला दें। रामबाण साबित होगी। सूतिका ज्वर में परन्तु दो–तीन मात्रा से अधिक नहीं देनी चाहिए।
- 10 ग्राम छोटी पीपल को तवे पर भूनकर उसका बारीक चूर्ण बना लें और सुबह–सुबह शहद में मिलाकर नवप्रसूता को दें। इसका सेवन करने से बुखार और शरीर दर्द दोनों से मुक्ति मिलती है।
- तुलसी की 12 ग्राम पत्तियों को इलायची के पाउडर में मिला लें। इस चूर्ण को आधा लीटर पानी में उबालें। जब यह पानी आधा रह जाए तब इसे उतार लें। दूध में शक्कर व इस पानी को मिलाकर 4–4 चम्मच प्रसूता को पिलाने से बुखार में कमी आएगी।
- तुलसी के सूखे पत्ते, पिप्पली और अतीस 50–50 ग्राम, सोंठ 10 ग्राम, लौंग 10 ग्राम, इन सबको एक साथ मिलाकर चूर्ण बना लें। 1–1 ग्राम चूर्ण दिन में 3 बार गर्म दूध या चाय के साथ देने से सूतिका ज्वर का शमन होता है।
- नीम की पत्तियों का स्वरस पिलाने से सूतिका ज्वर का शमन होता है। इसे प्रसूता स्त्री को पहले ही दिन से दिया जा सकता है।
- ज्वर की स्थिति में प्रसूता को प्रताप लंकेश्वर तथा गोदंती भस्म का मिश्रण वैद्य को दिखाकर दें। लाभ होगा।

प्रसूता के दाँतों की देखभाल

प्रसव के बाद प्रसूता के दाँतों की देखभाल करना भी आवश्यक है। यदि उनके प्रति सावधानी न रखी जाए तो उनके शीघ्र कमजोर होने की सम्भावना रहती है।

- आँवले के चूर्ण में सेंधा नमक मिलाकर मंजन करने से दाँत मजबूत रहते हैं।
- सफेद भगोरी, कत्था, माजूफल—ये सब बराबर मात्रा में लेकर, महीन चूर्ण बनाकर उससे प्रसूता को सुबह–शाम मंजन करना चाहिए। इससे दाँतों की जड़ें मजबूत हो जाती हैं।
- प्रसूता अवस्था में पानी पीते वक्त अपने दाँत बन्द करके धीरे–धीरे पानी को पीना चाहिए। इससे पानी दाँतों में लगता नहीं है तथा उन्हें कमजोर भी नहीं कर पाता।

गर्भाशय की शुद्धि

- मोठ के आटे की रोटी गुड़ के साथ खाने से प्रसव के बाद गर्भाशय की शुद्धि होती है।
- प्रसव के बाद हींग का सेवन करने से गर्भाशय की शुद्धि होती है तथा हींग गर्भाशय–संकोचक का कार्य करती है।
- प्रसव के तुरन्त बाद स्त्रियों को सोंठ पाक दिया जाए तो यह गन्दा खून निकालकर शरीर की शक्ति को बनाए रखता है। सोंठ के महीन चूर्ण को घी में सेंकें। जब आधा सिक जाए तब चीनी मिला लें और नीचे उतार लें। यह पाक प्रसूता के लिए सभी दृष्टि से लाभप्रद है।
- गर्भाशय में रुकी हुई गंदगी साफ करने के लिए प्रसूता को गोखरू पीसकर उसका काढ़ा पिलाएँ।

प्रसूता को सादा पानी देने की बजाय अजवायन डालकर उबाला पानी पीने को दें। इससे गर्भाशय में कीटाणु नहीं होते, उदर में वायु नहीं बनती, कब्ज नहीं होती, शरीर फूलता नहीं, भूख खुलकर लगती है। कमर दर्द नहीं होता, दुग्ध उत्पादन अच्छा होता है, गर्भाशय में वायु की विकृति नहीं होती तथा अपान वायु की क्रिया ठीक से होती है।

- गर्भाशय की शुद्धि के लिए तेजपात के पत्तों को पीसकर उसका काढ़ा प्रसूता को पिलाएँ।
- अजवायन और गुड़ का हलवा शुद्ध घी में बनायें तथा प्रसूति के तुरन्त बाद प्रसूता को खिलाने से गर्भाशय की शुद्धि होती है, भूख लगती है और दस्त साफ होता है।
- गर्भाशय में रुका हुआ खून बाहर निकालने के लिए मजीठा का काढा बनाकर प्रसूता को दो दिन तक पिलाएँ।
- प्रसूति अवस्था में योनि मार्ग में अजवायन की धूनी देने से योनि तथा गर्भाशय में कीटाणुओं का प्रवेश नहीं होता, धुनर्वात (टिटनेस) की बीमारी नहीं होती।
- बच्चे को जन्म देने के बाद प्रसूता के यौनांग धातु के समान होते हैं। हवा लगने पर कई तरह के रोग लग जाते हैं। आक के किलो भर पत्ते पाँच लीटर पानी में उबालकर उसकी भाप प्रसूता के कूल्हों पर डालें। यह सब बन्द कमरे में करें। एक सप्ताह तक रोज पाँच–दस मिनट के लिए भाप दिलाएँ। पसीना आएगा और विकार निकल जाएगा। प्रसूता को कोई रोग नहीं होगा।

प्रसूति काल में मेथी को अन्य चीजों के साथ मिलाकर, किसी भी रूप में नियमित खिलाने से गर्भाशय शुद्ध होता है। भूख लगती है, दस्त साफ आता है तथा मेथी शरीर की शिथिलता को भी दूर करने में मददगार साबित होती है।

अछवानी

सामग्री—दूध 500 ग्राम, शक्कर 150 ग्राम, मेवा (बादाम, पिस्ता, काजू, किशमिश आदि) 150 ग्राम, सोंठ 5 ग्राम, अजवायन, पीपर, जीरा प्रत्येक 33 ग्राम तथा आवश्यकतानुसार घी लें।

विधि—सबसे पहले मेवा, अजवायन, पीपर, सोंठ सभी को मिक्सी में बारीक पीस लें। कढ़ाई में घी गरम कर लें तथा धीमी आँच में जीरा भूनें। फिर पिसा हुआ मिश्रण घी में मिलाकर 5 मिनट तक सेंकें। अंत में दूध और शक्कर मिलाकर 5 मिनट तक पकाएँ। इसके बाद इस पेय को हल्का गर्म रहने पर प्रसूता को पिलाएँ।

लाभदायक—इस पेय के सेवन से प्रसूता स्त्री के गर्भाशय में रुके हुए अपरा (Placenta) के अंश या गर्भाशय के अन्य दोष बाहर आ जाते हैं। प्रसवोपरांत एवं रक्तस्राव होने पर यह पेय पूरे एक हफ्ते तक पीना चाहिए।

प्रसूतिजन्य दुर्बलता

मेवे का दूध

सामग्री—गेहूँ 25 ग्राम, खसखस 20 ग्राम, बादाम, काजू, नारियल (कसा हुआ) प्रत्येक 10–10 ग्राम, दूध आधा लीटर, शक्कर 200 ग्राम, दालचीनी 2 ग्राम, लौंग व इलायची आवश्यकतानुसार।

विधि—गेहूँ व खसखस को 6–8 घण्टे अलग–अलग भिगोकर महीन पीस लें। पिसे हुए गेहूँ में एक गिलास पानी मिला लें। कड़ाही में घी गर्म करके लौंग व दालचीनी व इलायची (तीनों का मोटा चूर्ण) डालकर थोड़ा भून लें। फिर पिसी हुई खसखस को थोड़ा सा भून लें। इसके पश्चात् गेहूँ का घोल व दूध डाल दें। उबाल आ जाने पर सभी मेवों को मिला दें। जब घोल पककर के आधा रह जाए तब शक्कर मिलाएं। लीजिए तैयार है आपका मेवा मिश्रित दूध।

लाभदायक—इस पेय के सेवन से प्रसूता के शरीर को ताकत मिलती है, पीने में स्वादिष्ट होता है तथा पौष्टिक है। इससे कैल्शियम, प्रोटीन, विटामिन 'बी', वसा तथा आयरन भरपूर मात्रा में मिलेगा इसलिए यह पेय स्वास्थ्यवर्द्धक है। सुबह के समय प्रसूता को दिया जा सकता है।

- काले और सफेद तिलों को पीसकर गुड़ के साथ हलवा बनाकर खिलाने से प्रसूता स्त्रियों में बल वृद्धि होती है। इस प्रयोग से वे किसी भी संक्रमक रोग से पीड़ित नहीं होती हैं।
- बच्चा पैदा होने के बाद की दुर्बलता को दूर करने में सिंघाड़े का हलवा अत्यन्त प्रभावी है।
- रोजाना रात को एक गिलास गर्म दूध में 10 ग्राम शतावर चूर्ण व मिश्री मिलाकर पीने से प्रसव के दौरान आई कमजोरी से प्रसूता को निजात मिलती है तथा शारीरिक शक्ति में वृद्धि होती है।

काले तिलों को नारियल, अजवायन व सोंठ के साथ हल्का सा कूट कर बार-बार चबाकर खाने से प्रसूता में नई शक्ति का संचार होता है।

- असगंध का चूर्ण 3 से 5 ग्राम की मात्रा में मिश्री के साथ मिलाकर दूध में सेवन करने से प्रसूता को प्रसव की कमजोरी और दुर्बलता में लाभ होगा।
- बबूल का गोंद देशी घी में तलकर शक्कर की चाशनी में डालकर खिलाएँ। इससे स्त्रियों को प्रसूति के बाद सेवन करने से उनके शरीर को शक्ति मिलती है।
- प्रसूतिजन्य दुर्बलता दूर करने के लिए प्रसूता को नियमित रूप से कचूर का सेवन कराना चाहिए। इसके सेवन से उदरशूल भी दूर हो जाता है।
- सोंठ व अजवायन को गाय के घी में भून लें। उसमें मेवा व शक्कर मिलाकर हलवा बना लें तथा प्रसूता को खिलाएँ। इससे प्रसव बाद की दुर्बलता दूर होगी तथा गर्भाशय व स्तन ग्रंथियाँ भी पुष्ट होंगी।

प्रसव उपरान्त अत्याधिक रक्तस्राव

वैसे तो हर स्त्री को प्रसव पश्चात् रक्तस्राव होता है और यह साधारण तौर पर 25 से 30 दिन तक होता है पर थोड़ा–थोड़ा। अगर यह रक्तस्राव अत्याधिक हो रहा हो तो चिन्ता का विषय है तथा प्रसव पश्चात् ल्यूकोरिया के स्राव की मात्रा भी अधिक हो जाती है। इसके लिए आप निम्न घरेलू उपाय अपना सकते हैं—

- पीपलामूल का चूर्ण घी में मिलाकर प्रसूता को चटाएँ। इससे अत्याधिक रक्तस्राव की स्थिति में फायदा होगा।
- लोंद का चूर्ण (पंसारी के यहाँ मिलता है) को आटे के लड्डू में दवा की तरह मिलाकर प्रसूता को प्रसव के 15 दिन पश्चात् से 1 महीने तक खिलाएँ। ल्यूकोरिया (श्वेत प्रदर) में लाभ होगा।

प्रसूति काल में कमर, पेट व सिर दर्द

- सिर पर कस कर स्कार्फ बांधने से सिर दर्द की शिकायत नहीं होगी।
- शिशु जन्म के पश्चात् प्रसूता के पेट में निरन्तर दर्द उठता रहता है जो कि प्रसव के दर्द के समान होता है तथा बर्दाश्त नहीं किया जा सकता, ऐसी स्थिति में नारियल घिस कर उसे गुड़ के साथ मिलाकर खिलाइए।

- कपूर को 4 गुना जैतून, नारियल या तिल या सरसों के तेल में मिला लें। तेल को थोड़ा गर्म करके उसमें कपूर का चूर्ण डालकर ढक देने से कपूर का तेल तैयार हो जाता है। 10–15 मिनट कमर पर इस तेल की मालिश करें।
- प्रसूता स्त्रियों को अजवायन आहार में किसी भी रूप में देने से उन्हें भूख लग जाती है, अन्न पच जाता है तथा कमर दर्द में आराम मिलता है। अजवायन रोटी के आटे में मिलाकर, पीने के पानी में उबालकर अथवा गुड़ के साथ चक्की बनाकर दे सकते हैं।
- सोंठ का चूर्ण, चीनी, बादाम सबको कूटकर प्रसूता को देने से उसके हर प्रकार के दर्द दूर हो जाते हैं।
- सोंठ और कायफल दोनों समभाग में लेकर कूट पीसकर चूर्ण बना लें। आधा ग्राम से 1 ग्राम तक दवा ताजा पानी से दें। प्रारम्भ में आधा–आधा घण्टे से फिर एक–एक घण्टे से और फिर तीन–तीन घण्टे से दवा दें। केवल 2–3 दिन दवा देना पर्याप्त है। इसके सेवन से प्रसूता का ज्वर, शरीर का दर्द, श्वासकास आदि विकार शीघ्र ठीक हो जाते हैं।
- प्रसूता महिलाओं की कमजोरी, संधिवात, जोड़ों के दर्द के लिए मेथी के बीज का चूर्ण मिलाकर खोए की मिठाई बनाएँ। 15 ग्राम की मात्रा प्रातः दूध से दें।
- प्रसव के बाद कमर दर्द हो तो, हरड़, आँवला, पिपलामूल, सूखा पोदीना, सोंठ और मेहंदी–प्रत्येक पाँच ग्राम लेकर आधा ग्राम नमक मिलाकर पीसें, इसमें पाँच ग्राम शुद्ध गुग्गल मिलाकर लहसुन के रस में गोलियाँ बना लें। सुबह–शाम पानी के साथ निगल लें।
- मेथी की सब्जी खाने से कमर दर्द में लाभ होता है।
- कमरकस (पंसारी से मिलता है) को आटे के लड्डू में गोंद के साथ मिलाकर प्रसव के बाद महीने भर तक खाने से कमर में दर्द नहीं रहता। और अगर कोई पुराना दर्द हो तो इसके खाने से दूर हो जाता है। कमरकस दवाई की तरह ही लड्डू में मिलाएँ, क्योंकि स्वाद में कसैली होती है।
- प्रसूति काल में सिर की मालिश घी से करवानी चाहिए व कायफल के चूर्ण को तीन दिन तक पूरे सिर में माँग निकाल–निकालकर भरना चाहिए। फिर सिर पर कपड़ा बाँध लें तथा तीन दिन तक सिर नहीं धोयें।

प्रसूता के पेट पर सफेद धारियाँ

- गर्भकाल में पेडू, जाँघों व पेट पर खुजाने से बनी धारियों दागों को मिटाने के लिए उन पर नियमित रूप से कुंकुमादि तेल से मालिश करें तो धीरे–धीरे झुर्रियाँ मिट जाती हैं।
- तिल से तेल निकल जाने के पश्चात् जो खली बचती है थोड़ी सी खली लें। हल्दी, ग्लिसरीन, जौ का आटा व थोड़ा सा तेल मिलाकर इसका उबटन करें। इस उबटन से प्रसूता का शरीर पुष्ट होता है तथा शिशु जन्म के पश्चात् त्वचा सिमट जाने से प्रसूता के पेट पर जो धारियाँ पड़ जाती हैं वे भी इस उबटन से धूमिल पड़ जाती हैं तथा पूरे शरीर के अंगों में इस उबटन से नया निखार आता है।

गर्भिणी के छाती, पेट व नाभि के नीचे तुलसी के बीजों को पीसकर लेप करने से दरारें और खुजली मिट जाती है। यदि कपूर और तुलसी मिल जाए तो वह विशेष हितकारी है।

प्रसूता को कब्ज

टाँकों के कारण नवप्रसूता को कब्ज बहुत कष्टदायक होता है। ज्यादा जोर लगाने पर उनके टूटने का डर लगता है। कब्ज दूर करने के लिए निम्न उपाय कीजिए—

- दूध में मुनक्का व अंजीर को उबाल कर दें। कब्ज की शिकायत दूर होगी।
- आहार में हल्का खाना दिया जा सकता है जैसे खिचड़ी, दलिया, हरे शाक इत्यादि। कुछ दिनों के लिए भारी खाने से परहेज रखें।
- पालक का सूप या पालक की दाल फायदेमंद सिद्ध होगी।

प्रसव के बाद दिया जाने वाला आहार

हरीरा

(10–15 दिन प्रसव के तुरन्त् पश्चात् सुबह–सुबह दें)

1. घी 2 बड़े चम्मच गर्म करें, 1 चम्मच हल्दी पानी में घोलकर उसमें छौंक दें। फिर इसमें दूध डाल दें तथा बारीक कटा मेवा (पिस्ता, बादाम) व गुड़ डाल दें।
2. हल्दी एक चम्मच पानी में घोलकर रखें। 2 बड़े चम्मच घी को गर्म करके उसमें पीपल व सोंठ पाउडर डालकर हल्का सा सेंकें फिर हल्दी पानी डाल दें। इसमें बादाम पिस्ता कटा हुआ तथा शक्कर डालकर उबाली ले लें। गर्म–गर्म ही पियें, लाभ होगा।

लाभ—हरीरा का सेवन करने से गर्भाशय की शुद्धि होती है तथा शरीर में नई ऊर्जा का संचार होता है।

गुड़–अजवायन की बर्फी

(7 दिन तक इस बर्फी का सेवन प्रसव के तुरन्त बाद करें।

सामग्री व विधि—अजवायन को पीस लें। गुड़ को बारीक काटकर गर्म करें, जब वह पिघल जाये तो पिसी अजवायन डालकर मिला लें। थाली में घी लगाकर जमा दें। अजवायन व गुड़ बराबर मात्रा में लें।

लाभ—गर्भाशय की शुद्धि होगी तथा नई माँ के दूध उतरेगा व शरीर में ऊर्जा का संचार होगा।

गुड़ व गोला (सूखा नारियल) दोनों को कूटकर एक सार कर लें, 3–4 दिन दें।

लाभ—माँ के दूध में वृद्धि व शक्ति का संचार।

सोंठ की मोई

सामग्री—50 ग्राम बारीक पिसी सोंठ, 5 ग्राम काली मिर्ची, 15 बादाम, 125 ग्राम बूरा। 5–7 पीपल के दाने, 10 ग्राम खोपरा व गोंद।

विधि—कड़ाही में दो बड़े चम्मच घी के डालें। उसमें, काली मिर्ची, बादाम, पीपल व गोंद तल लें। अब आँच पर से कड़ाही उतार लें। उसमें सोंठ व बूरा मिला लें। सोंठ की मोई तीन दिन तक दी जाती है। इसे अगर हवा में खाई जाए तो हवा में रह सकते हैं। नहीं तो बिना हवा के तीन दिन तक इसका सेवन करें। इसे सुबह के समय खिलाएँ। अजवायन के साथ न दें। दोनों में से एक चीज एक दिन में खिलाएँ।

लाभ—इसके सेवन से गर्भाशय शुद्ध होता है, शक्ति का संचार व अपच की शिकायत दूर होती है।

बादाम का हलवा

सामग्री—15 बादाम की गिरी, 100 ग्राम घी, 100 ग्राम शक्कर, 50 ग्राम आटा, काजू व नारियल का खोपरा।

विधि—बादाम रात को भिगो दें। सुबह छिलका उतारकर उन्हें पीस लें। कड़ाही में लाल होने तक सेंकें फिर आटा डालकर थोड़ा सा और सेंक लें। 150 ग्राम पानी अलग से गर्म करके उसे सिके हुए बादाम में डालें। अब शक्कर डालकर थोड़ा सा हिला लें, 5 मिनट बाद बन्द कर दें। अब काजू व नारियल का खोपरा मिलाकर परोसें। यह हलवा प्रसूता को 15 दिन तक खिलाएँ।

गोंद के लड्डू

सामग्री—250 ग्राम गोंद, ½ किलो घी, ½ किलो बूरा, 250 ग्राम खोपरा, 100 ग्राम बादाम, ½ किलो आटा।

विधि—कढ़ाई में घी पिघलाकर आटा डालकर सेंकें। आटे का रंग हल्का भूरा होने तक सेंकें। सेंकने के बाद उसमें गोंद डाल दें। गोंद जब अच्छे से फूल जाये तो आटे को सेंकना बन्द कर दें। ठण्डा होने के बाद बूरा, बादाम व खोपरा डालें। मिलाकर लड्डू बना लें। एक-एक लड्डू का 40 दिन तक सेवन करें।

अन्य सामग्री मिलाने वाली—50 ग्राम गोंद, 50 ग्राम कमरकस, 50 ग्राम सफेद मूसली डालें।

लाभ—गोंद दिमाग को ठण्डा रखती है, कमरकस कमर का दर्द ठीक करेगी व सफेद मूसली ल्यिूकोरिया में फायदा करेगी।

मखाने की खीर

सामग्री—दूध 1 लीटर, मखाने 50 ग्राम, चीनी 5 चम्मच, इलायची आधा छोटा चम्मच, बादाम कटे हुए 4 छोटे चम्मच, पिस्ते कटे हुए 2 छोटे चम्मच, केसर 3 ग्राम, 2 टेबल स्पून देसी घी।

विधि—कड़ाही में घी गर्म करके उसमें मखाने डालकर भून लें, भूने हुए मखानों को प्लेट में निकालकर ठंडा कर लें। ठंडा होने पर मोटा-मोटा कूट लें। दूध को उबलने दें। जब दूध उबल जाए, तब चीनी डालें। थोड़ा गाढ़ा होने पर उसमें मखाने डालकर 10 मिनट तक पकाएँ। केसर इलायची डालें। ठंडा होने के लिए फ्रिज में रखें। बादाम पिस्ते से गार्निश करें।

28

स्तनपान—शिशु के लिए वरदान

स्तनपान कराना स्वाभाविक तथा प्राकृतिक प्रक्रिया है। माता का दूध ही शिशु का सर्वोत्तम आहार है। शिशु के जन्म से पूर्व ही माता के स्तनों में दूध आ जाता है। बच्चे के जन्म के बाद जो पहला दूध होता है वह कॉलेस्ट्रम कहलाता है। यह द्रव पीले रंग का होता है। इस द्रव में पर्याप्त मात्रा में एंटीबॉडीज पाए जाते हैं, विशेषतः इम्यूनोग्लोब्यूलिन नामक तत्व पाए जाते हैं, जिससे शिशु की रोग प्रतिरोधक क्षमता बढ़ती है। यह पतला होता है क्योंकि आरम्भ में शिशु के पाचन अंग पूर्णतया विकसित नहीं होते हैं, अतः वह इसे सरलता से बिना कोई श्रम किये पचा लेता है। पर जैसे-जैसे शिशु की शारीरिक वृद्धि होती है, वैसे-वैसे माता का दूध भी गाढ़ा होने लगता है। इसमें पोषक अवयवों की मात्रा बढ़ जाती है।

माता का दूध पौष्टिकता से भरपूर होता है। इसमें वसा, प्रोटीन, खनिज लवण, चीनी व पानी होता है। यह सब संतुलित मात्रा में होता है, जो मस्तिष्क का विकास करता है। इसमें स्वाभाविक लैक्सेटिव होता है, जो बच्चे के पेट को साफ करता है, जिससे पीलिया होने का डर नहीं रहता।

इस दूध के कुछ जैव रासायनिक लाभ हैं जैसे यह शिशु में कैल्शियम एवं मैग्नेशियम की कमी नहीं होने देता। माँ के दूध में लौह तत्व अधिक होता है जिससे शिशु को रक्त की कमी (एनीमिया) नहीं होती है।

रोगों से बचाता है—माता के दूध द्वारा शिशु के शरीर में किसी भी प्रकार के जीवाणुओं के प्रविष्ट होने की सम्भावना नहीं रहती है। अतः शिशु की अनेक संक्रामक रोगों से रक्षा हो जाती है। ऊपरी दूध में वसा ज्यादा होने से बच्चा मोटा जरूर दिखता है, पर दस्त या एलर्जी होने का डर रहता है। माँ का दूध रोग प्रतिरोधक क्षमता को बढ़ाता है। कान का 'इन्फेक्शन' आँख, हृदय, दमा, गुर्दे, खाज, कैंसर जैसी खतरनाक बीमारियों से लड़ने की ताकत देता है। यह बच्चे को निमोनिया, एलर्जी तथा कुपोषण से बचाता है।

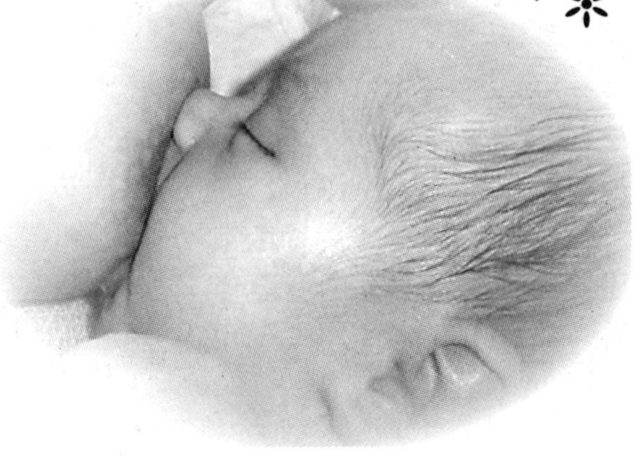

बच्चे के विकास के लिए—वैज्ञानिकों द्वारा यह प्रमाणित हो चुका है कि स्तनपान करने वाले बच्चों का मानसिक स्तर बोतल से दूध पीने वाले बच्चों की तुलना में ऊँचा होता है। जो बच्चे जिन्दगी के पहले छः महीने सिर्फ माँ

का दूध पीते हैं, उनका बौद्धिक विकास बेहतर होता है। बोतल का दूध पीने वालों में बेहतर शारीरिक विकास के साथ-साथ मानसिक विकास नहीं होता है। माँ के स्तनपान करने से बच्चे और माँ के बीच आपस में प्यार और विश्वास पनपता है। स्तनपान करने वाले बच्चों के मुँह के अन्दर की बनावट सही होती है जिससे उनके दाँत ठीक ढंग से निकलते हैं और पक्के होते हैं। ऐसे बच्चों को बोलने में कोई कठिनाई नहीं होती है। माँ के शुरू के गाढ़े पीले दूध (कॉलेस्ट्रम) में विटामिन 'ए' की भरपूर मात्रा होती है, यह शिशु की आँख की रोशनी बढ़ाता है। दोनों ही स्तनों से, बारी-बारी से स्तनपान करवाना चाहिये।

दिन में दूध कितनी बार पिलायें—बच्चे को एक समय में ही भरपेट दूध पिला देना चाहिए। पहले दिन से ही स्तनपान कराएँ। शिशु आरम्भ में थोड़ा-थोड़ा ही दूध पी पाता है अतः उसे जल्दी-जल्दी दूध पिलायें। इससे दूध की मात्रा बढ़ेगी। स्तनपान का समय धीरे-धीरे बढ़ाएँ। तीसरे दिन से जब दूध उतरने लगे तो लगभग दस मिनट तक तीन घण्टे के अन्तराल में स्तनपान कराएँ। **दोनों स्तनों से बारी-बारी से दूध पिलायें।** बच्चा अगर बहुत रोए तो पहले भी दूध दे सकते हैं पर प्रयास यही करें कि उसमें स्वस्थ आदतें पड़ें। रात्रि में 11 से 4 बजे तक जहाँ तक सम्भव हो दूध न पिलाएँ। रात्रि में उसके जागने पर उसे पानी पिला देना चाहिये। तथा उसके सोने से पहले उसे पेट भरकर ही सुलाएँ। दूध पिलाने का समय निश्चित रखने से शिशु की पाचन शक्ति ठीक रहती है, दूध ठीक से पचता रहता है जिससे उदर रोग नहीं होते। जब फुर्सत मिली तब दूध पिलाया यह ठीक नहीं है। बच्चे को जबरन दूध कभी न पिलायें।

प्यार बढ़ता है

स्तनपान करने वाले बच्चे कम रोते हैं क्योंकि माँ के दूध में 'एनडोरफिन' नामक तत्व पाया जाता है, जो बच्चे के दर्द को कम करके उसे आराम देता है। स्तनपान क्रिया के दौरान प्रोलेक्टिन नामक हार्मोन निकलता है जो माँ और बच्चे दोनों का तनाव कम करके आराम प्रदान करता है। माँ दूध पिलाते समय बच्चे को अपने शरीर के साथ लगाती है और प्यार से उसे सहलाती है, इससे बच्चा सुरक्षित महसूस करता है और खुश रहता है। **यह दूध माँ और बच्चे के बीच एक भावनात्मक सम्बन्ध स्थापित करता है।**

स्तनपान से माता को होने वाले लाभ

माता का अपनी गोद में लेकर शिशु को स्तनपान कराना एक मनोवैज्ञानिक कर्म है। माता को इससे शारीरिक एवं मानसिक लाभ होता है। सर्वप्रथम **शारीरिक लाभ**—स्तनपान कराने से माँ के स्तन सुडौल व पुष्ट बने रहते हैं। गर्भावस्था के दौरान गर्भाशय और शरीर का वजन बढ़ जाता है। स्तनपान कराने से गर्भावस्था में संचित वसा पर प्राकृतिक रूप से नियंत्रण होता है क्योंकि दूध बनाने की क्रिया में 200 से 500 कैलोरीज प्रतिदिन खर्च होती है। इससे माँ अपना वजन घटाकर जल्दी ही फिर से आकर्षक व सुडौल लगने लगती है।

साथ ही साथ जब बच्चा बार-बार दूध खींचता है तो शरीर में स्थित 'पिट्यूटरी ग्रन्थि' से 'ऑक्सिटोसिन' नामक हार्मोन निकलता है जो दूध के बहाव को नियंत्रित करने के साथ ही, गर्भाशय को सिकोड़ता है, जिससे उसमें खून बहना बन्द होकर, अपनी प्रसव से पूर्व की सामान्य स्थिति प्राप्त करने में सहायता मिलती है। इससे माँ का पेट कम होता है।

स्तनपान से **मानसिक लाभ** इस प्रकार हैं कि माँ बच्चे के जन्म के पश्चात् काफी भावुक हो जाती है। गर्भकाल व प्रसव के दौरान हुई कठिनाइयों और कष्टों पर स्तनपान, एक मरहम का काम करता है। स्तनपान कराने वाली माँ मानसिक रूप से संतुष्ट व अधिक आत्मविश्वास से भरपूर होती है क्योंकि माँ बच्चे के जीवन की धुरी होती है और वह यह सोचकर ही आत्मसंतोष से भर जाती है कि वह अपने शरीर से बच्चे को पौष्टिकता प्रदान कर रही है, जिससे वह बड़ा हो रहा है। इनके अलावा, अनुसंधानों से पता चला है कि स्तनपान कराने वाली माँ का बहुत सी बीमारियों से बचाव होता है, जैसे स्तन कैंसर, ओवरी का कैंसर, मधुमेह, दिल का दौरा, गठिया इत्यादि। साथ ही साथ स्तनपान परिवार नियोजन और पर्यावरण संरक्षण में भी महत्वपूर्ण भूमिका निभाता है।

स्तनपान कराने का उचित तरीका

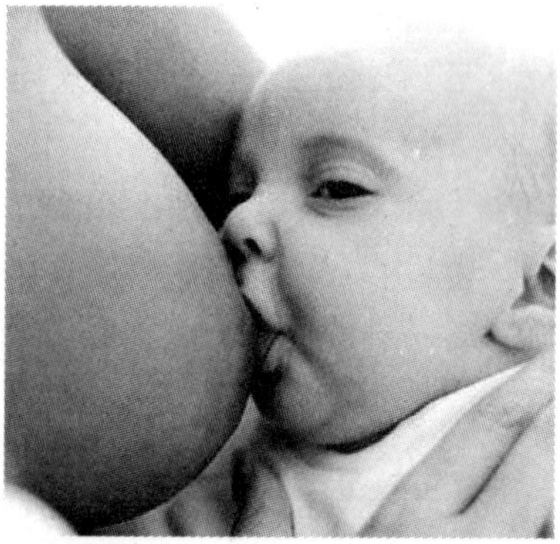

बच्चे के जन्म के घंटे भर के अंदर ही शिशु को माँ के स्तन से लगा देना चाहिए। प्रथम प्रसव में माता को स्तनपान कराने का ढंग सीखना पड़ता है। इसके अतिरिक्त शिशु को भी इस क्रिया हेतु एक अभ्यास करना पड़ता है। प्रसव के तुरन्त बाद माता दुर्बल होती है इसलिए कुछ दिन लेटकर शिशु को दूध पिलाया जा सकता है। तदुपरान्त बैठकर यानि आलथी–पालथी मारकर (सुख आसन में) ही दूध पिलाना सर्वोत्तम ढंग है।

जब माता बैठने लगे तो शिशु को जिस ओर से स्तनपान कराना है उस ओर की बाँह पर शिशु का सिर रखना चाहिए तथा उसका शरीर अग्र बाहु पर रखना चाहिए। शिशु का सिर कुछ ऊँचा रखना चाहिए जिससे मुख स्तन पर पहुँच जाये। दूध पीते समय निप्पल और एरोओला (निप्पल के पीछे का भूरा रंग का घेरा) दोनों बच्चे के मुँह में होने चाहिये अन्यथा उसे चूसने पर भी दूध नहीं मिलेगा। निप्पल का बहुत–सा हिस्सा मुँह के अन्दर होने से बच्चा आसानी से दूध पीता है और दूध का प्रवाह बनता है।

स्तनपान के समय उँगलियों से स्तन का वह हिस्सा जो शिशु की नाक पर दबाव डाल रहा है, उसे पीछे हटा लें। इससे शिशु घुटन का अनुभव नहीं करेगा। दूध पिलाते वक्त माँ व शिशु की स्थिति आरामदेह होनी चाहिए। दूध पिलाने से पूर्व हाथों को साबुन से अच्छी तरह से धोकर रुई के फाहे से स्तनमुख को स्वच्छ करके शिशु के मुँह में देना चाहिए। अन्यथा उसे डायरिया हो सकता है।

यदि नवजात स्तनपान में असमर्थ हो

यदि शिशु किसी कारणवश स्तनपान न कर रहा हो तो उसे स्तनों से निकाला हुआ दूध चम्मच की सहायता से पिलाएँ। बोतल से दूध न दें क्योंकि एक बार बोतल से आसानी से दूध पीने के पश्चात् वह स्तनपान नहीं करना चाहेगा।

स्तनों से दूध निकालने की विधि

या तो शिशु स्तनपान न कर पा रहा हो, या उसे दूध पिलाने के पश्चात् भी स्तन में अतिरिक्त दूध हो और या फिर माता काम पर जाती हो इन परिस्थितियों में स्तनों से दूध निकालकर सुरक्षित रखा जा सकता है। अतः गर्म पानी में तौलिया भिगोकर उसे अच्छी तरह से निचोड़ लें फिर उस तौलिये से स्तनों की सिकाई करें। इसके पश्चात् हाथों को धोकर सुखा लें व स्तनों को पोंछ लें। अब दोनों हाथों से ऊपर की ओर से, छाती से निप्पल तक की ओर मालिश करें। इस पूर्णतया पौष्टिक आहर को फ्रिज में आसानी से संरक्षित किया जा सकता है। इस दूध को उबालने की चेष्टा न करें। कामकाजी महिलाओं के लिए यह उपाय कारगर है।

बीमार शिशु स्तनपान कर सकता है

बीमार शिशु के लिए तो स्तनपान और भी आवश्यक हो जाता है क्योंकि कमजोरी की वजह से उसकी खुराक और बढ़ जाती है। बीमार शिशु एक ही बार में दूध नहीं पी पाता अतः उसे अधिक बार दूध पिलाएँ। माँ का दूध, शिशु किसी भी अन्य पदार्थ की तुलना में आसानी से पचा सकता है। दस्त होने पर माँ का दूध, शरीर में होने वाली पानी की कमी को पूरा करता रहता है।

अगर किसी कारण माँ को दूध न उतरे

ऐसी स्थिति में ऊपर का दूध दिया जा सकता है। अगर आप गाय या भैंस का दूध पिला रहे हैं तो तीन भाग दूध और एक भाग पानी मिलाकर देना चाहिए और उबालकर कुनकुना गर्म रहने तक इसे ठण्डा करके पिलाना चाहिए। बकरी के दूध में फॉलिक अम्ल नहीं होता इसलिए बकरी का दूध पिलाना ठीक नहीं होता।

डिब्बे का दूध (ज्यादातर छः महीने के शिशु से आरम्भ किया जाता है) यानि इन्फैंट फॉर्मूला भी दे सकते हैं। इसके इस्तेमाल से पहले अपनी आर्थिक स्थिति और लागत को ध्यान में रखें। शिशु को प्रतिदिन कम-से-कम 500 ग्राम पाउडर दूध की जरूरत पड़ेगी। यह डिब्बा बन्द दूध भिन्न-भिन्न कम्पनियों द्वारा उत्पादित किया जा रहा है। इन डिब्बों के ऊपर आयु के अनुसार दूध की मात्रा व बनाने की विधि लिखी रहती है। उसी के अनुसार दूध को तैयार करना चाहिए। अन्यथा गलत मात्रा से आपका शिशु बीमार पड़ सकता है। निर्देशों का हमेशा सही पालन करें। अगर दूध पिलाने पर शिशु उल्टी कर दे या बार-बार दस्त करे तो समझें कि दूध हजम नहीं हो रहा है।

पाश्चात्य देशों में आधुनिक नवीन वैज्ञानिक रीतियों से यह सूखा दूध तैयार किया जाता है। यह कीटाणुरहित होता है। यह फटता नहीं है। जहाँ गाय के दूध की उपलब्धता न हो, वहाँ लाभदायक रहता है। तैयार करने में आसान रहता है। इसमें सभी पौष्टिक तत्व स्वास्थ रक्षा के दृष्टिकोण से रखे जाते हैं। जैसे इसमें लौह तत्व व विटामिन्स होते हैं, जो गाय के दूध में कम होते हैं। इसमें गाय के दूध में उपस्थित हानिकारक तत्व कम मात्रा में होते हैं जैसे—सोडियम, मैग्नीशियम, फॉस्फोरस व प्रोटीन। डिब्बा बन्द करने से पूर्व इनकी जाँच कर ली जाती है।

डिब्बा बन्द दूध इस्तेमाल से पहले उसकी एक्सपाइरी डेट अवश्य जाँच लें।

ऊपरी दूध पिलाना तथा बोतल का प्रयोग

ऊपरी दूध में उचित मात्रा में दूध–पानी व चीनी को मिलाकर उचित तापमान में गर्म कर लीजिए। उसके पश्चात् उसे पीने योग्य ठण्डा कर लीजिए। ऊपरी दूध दो तरीकों से पिलाया जा सकता है। पहला है कटोरी चम्मच से और दूसरा बोतल से। कटोरी चम्मच से दूध पिलाना थोड़ा कठिन जरूर होता है पर इससे बच्चे को संक्रमण होने के अवसर न के बराबर रहते हैं। इसकी तुलना में बोतल से दूध पिलाना तो आसान है पर इससे संक्रमण होने के अवसर ज्यादा रहते हैं।

दूध को ठण्डा करने के बाद स्वच्छ और उबली हुई बोतल में छानकर भर लें तथा निप्पल लगाकर बच्चे को पिलाइये। यदि बोतल में दूध ठण्डा हो जाये तो किसी चौड़े बरतन में गर्म पानी भरकर बोतल को उसमें रख दीजिए। उचित तापमान हो जाने पर बोतल को कपड़े से पोंछकर प्रयुक्त करना चाहिए। चौड़े बरतन में पानी निप्पल के नीचे होना चाहिए अन्यथा निप्पल खराब हो जायेगी। पिलाने के लिए दूध को कुनकुना गर्म रहे इतना ठण्डा करके पिलाना चाहिए।

बोतल की स्वच्छता

दूध पिलाने के उपरान्त बोतल की स्वच्छता परमावश्यक है। इसके लिए निम्न बातों का ध्यान रखें—

- ठण्डे जल से बोतल व निप्पल को धोएँ।
- फिर साबुन व गर्म जल से धोएँ।
- बोतल में दूध न रहे इसके लिए उसे बोतल ब्रश से साफ करें। और निप्पल को उपयोग के तुरन्त बाद धो डालें जिससे उसमें दूध न जमें।
- निपिल को आप दोनों तरफ नमक लगाकर धो सकते हैं।
- हर प्रयोग के बाद बोतल व निप्पल को चौड़े मुँह के बरतन में पानी में रखकर 8–10 मिनट तक उबालिए। उसके उपरान्त उसे उतारकर ढककर रख देना चाहिए। जब आवश्यकता हो तभी निकालनी चाहिए।
- निप्पल को आप अगर उबालना न चाहें तो खौलते पानी में डालकर स्वच्छ जरूर कर लेना चाहिए।

डकार दिलाना

बच्चे के पेट में कभी–कभी दूध के साथ वायु प्रविष्ट हो जाती है। अतः दूध पिलाने के पश्चात् उसे कन्धे से लगाकर या उल्टा लिटाकर थपथपाएँ या ऊपर से नीचे की ओर हल्के हाथ से सहलाना चाहिए, इससे वह डकार लेगा और उसका पेट ठीक हो जायेगा। डकार दिलाने के पश्चात् बच्चा दूध की उल्टी नहीं करता है। कभी–कभी बच्चा ज्यादा भूखा होने के कारण अधिक दूध पी जाता है। इस स्थिति में एक स्तन का दूध पिलाने के पश्चात् उसे डकार दिलवाकर और भूख होने पर दूसरे स्तन से दूध पिलाएँ।

डकार दिलाने के पश्चात् बच्चा दूध की उल्टी नहीं करता है।

शिशु को स्तनपान कब तक कराएँ?

शिशु को पहले छः माह तक माँ का दूध ही पिलाना चाहिए। क्योंकि माँ का दूध ही शिशु का संपूर्ण आहार होता है, उसे किसी अन्य चीज की जरूरत नहीं होती है। 6 महीने के पश्चात माताओं को अपना दूध पिलाते रहना चाहिए और साथ ही अन्य ठोस आहार देना चाहिए। जब तक माँ को दूध पर्याप्त मात्रा में आ रहा हो, शिशु को दूध पिलाते रहें। यदि माँ चाहे तो सरलता से दो वर्ष तक अपना दूध पिला सकती है।

- माँ का दूध पीने वाले शिशु को पानी की जरूरत नहीं होती है।
- स्तनपान करने वाले शिशु को ऊपरी दूध पीने वाले बच्चों की अपेक्षा ज्यादा भूख लगती है।

माँ के लिए कुछ सावधानियाँ

- शिशु को उसकी माँग के हिसाब से दूध पिलायें।
- शिशु को स्तनपान कराते समय लेटें नहीं और न ही सोएँ। प्रायः महिलाएँ रात के समय शिशु के मुख में स्तन देकर सो जाती हैं जिससे शिशु का दम घुट जाता है।
- स्तनपान कराने वाली माँ को धूम्रपान व शराब के सेवन से बचना चाहिए।
- यदि माँ किसी रोग की दवा खा रही हो तो स्तनपान कराने से पहले उसे अपने चिकित्सक से परामर्श अवश्य ले लेना चाहिए।
- दूध पीते समय, चूसने की प्रक्रिया में हवा शिशु के पेट में चली जाती है। यदि दूध पिलाने के उपरान्त शिशु की पीठ थपथपाकर डकार न दिलवाई जाए तो उसे दूध की उल्टी हो सकती है। कई बार यह उल्टी इतनी जोर से होती है कि नाक के पिछले हिस्से व कान में भी चली जाती है और कान बहने लगता है।
- स्तनपान के समय शिशु का सिर ऊँचा रखें, अन्यथा श्वास नली में दूध जाने का खतरा रहता है। इससे शिशु की मृत्यु हो सकती है।
- शिशु को मीठा पानी, शहद वाला पानी, मक्खन, काढ़ा या अन्य मिश्रण शुरू के 6 महीने न दें।
- गर्भावस्था व स्तनपान के दौरान माँ को अपनी खुराक का ध्यान रखना चाहिए। हमेशा संतुलित आहार लेना चाहिए।
- आहार में ऐसे पदार्थों का सेवन न करें जिससे शिशु का स्वास्थ्य खराब हो जाए जैसे खटाई, तेज मिर्च मसालेदार तथा गर्म प्रकृति के या बहुत ठण्डी प्रकृति के पदार्थ।

माता को किन अवस्थाओं में स्तनपान नहीं कराना चाहिए?

माँ को निम्न परिस्थितियों में स्तनपान नहीं कराना चाहिए

- क्षय रोग से ग्रसित माँ को स्तनपान नहीं कराना चाहिए। क्योंकि माँ, अपने साथ शिशु को भी रोगग्रस्त कर देगी।
- लम्बी अवधिवाले ज्वर से पीड़ित माँ को शिशु को स्तनपान नहीं कराना चाहिए।
- रक्तस्राव अधिक हो जाने पर शिशु को दूध नहीं पिलाना चाहिए।
- माँ यदि सिफलिस रोग से पीड़ित है तब शिशु को स्तनपान नहीं कराना चाहिए।

- अत्यधिक क्रोध, ईर्ष्या, भय, सन्ताप, चिन्ता या घृणा की स्थिति में माँ को अपने शिशु को स्तनपान नहीं कराना चाहिए।
- रसोईघर के कार्य या कोई भी भारी दम वाला काम करके तुरन्त दूध न पिलाएँ क्योंकि इस समय शरीर गर्म होता है एवं थका हुआ होता है।
- कामोत्तेजित अवस्था में शरीर गर्म हो और शिशु जागकर रोने लगे तो ऐसी अवस्था में दूध नहीं पिलाना चाहिए। ऐसी स्थिति में थोड़ी देर विश्राम कर अपने शरीर को सामान्य अवस्था में लाकर ही दूध पिलाना चाहिए।

नवप्रसूता को स्तन की समस्या

क्रैक निप्पल

यह समस्या शिशु के जन्म के बाद आती है। बार–बार रगड़ लगने से स्तन पर क्रैक पड़ जाते हैं। ऊपर की त्वचा छिल जाती है, जिससे संक्रमण हो जाता है। घाव बनने के बाद कीटाणु पनपने लगते हैं, मवाद भी पड़ सकता है। इसलिए हमेशा बच्चे को बैठकर दूध पिलाएँ। इस बात का ख्याल रखें कि निप्पल पर रगड़ न लगे। क्रैक निप्पल पर घी या नारियल का तेल लगाएँ। बाजार में निप्पल पर लगाने के लिए क्रीम या निप्पल्स शील्ड उपलब्ध है, उसका प्रयोग किया जा सकता है पर दूध पिलाने से पूर्व उन्हें अच्छी तरह से पोंछ लें।

स्तन में मवाद

स्तनों में दूध जमा रहने से उनमें सूजन आ जाती है, जिससे उनमें भारीपन महसूस होता है और बुखार आ जाता है। मवाद पड़ सकता है। अगर तुरन्त उपाय न किया जाए तो यह दवाइयों से भी ठीक नहीं होता और फिर मरीज को बेहोश करके छोटे से ऑपरेशन द्वारा मवाद निकाला जाता है। नव प्रसूता की कोशिश होनी चाहिए कि दूध स्तनों में जमा ना हो।

रिट्रैक्टेड निप्पल

इसमें निप्पल अंदर की ओर मुड़ा होता है, जिसकी वजह से दूध निकल नहीं पाता है और अंदर जमा होता रहता है। इसका उपाय गर्भावस्था से शुरू कर देना चाहिए। गर्भवती स्त्री के निप्पल यदि मुड़े हुए हैं, तो रोज हल्के हाथों से निप्पल को धीरे–धीरे बाहर की ओर लाएँ। बच्चे के जन्म तक निप्पल ठीक अवस्था में आ जाएँगे। अन्यथा अन्दर की ओर धँसे हुए निप्पल से स्तनपान असम्भव हो जाता है। जानकारी न होने पर निप्पल अंदर की ओर धँसे रह जाते हैं। ऐसे में नवप्रसूता को दूध कप में निकालकर बच्चे को चम्मच से पिलाना चाहिए। इससे माँ बच्चे दोनों को लाभ मिलेगा।

स्तनों की देखभाल प्रसव पूर्व व बाद में

- गर्भावस्था के दौरान अपने स्तनों और निप्पलों की खास देखभाल के लिए डॉक्टर की सलाह लें।
- हर रोज नहाते समय स्तनों को साफ पानी से अच्छी तरह धोएँ। कपड़े पहनने से पहले उन्हें कुदरती तौर पर सूख जाने दें।
- गर्भावस्था के आखिरी कुछ हफ्तों में स्तनों से कुछ तरल पदार्थ निकलता है। इसे सूखने नहीं देना चाहिए नहीं तो निप्पल की त्वचा फट जायेगी। इन्हें समय–समय पर धोते रहना चाहिए।
- बच्चे को दूध पिलाने से पहले स्तनों को धोकर अच्छे से पोंछ लें।

- निप्पल पर पपड़ी जमने से निप्पल चटक जाते हैं और संक्रमण की समस्या हो जाती है। ऐसे में एक दो दिन तक हाथ से दूध निकालकर शिशु को पिलायें। निप्पल को ठीक होने के लिए कोई खाद्य तेल या नीबू, अथवा संतरे का रस मलने से घाव ठीक हो जाते हैं।
- कामकाजी माताएँ अपना दूध निकालकर फ्रिज में रख सकती हैं व जरूरत पड़ने पर गरम करके शिशु को पिला दें। दूध को उबालें नहीं।
- स्तनों में दूध का भराव ज्यादा हो अथवा दूध का प्रवाह धीरे–हो तो हर स्तनपान के बाद अतिरिक्त दूध कटोरी में निकाल लें। स्तनों में दूध न जमा होने दें।
- बच्चे के जन्म के बाद बार–बार दूध पिलाने की वजह से कुछ स्त्रियाँ ब्रा पहनना छोड़ देती हैं। ऐसा करना ठीक नहीं है। नर्सिंग ब्रा पहनें जो नीचे से सहारा देती है। हमेशा साफ–सुथरी ब्रा पहनें। ब्रा को धोने के बाद कीटाणुनाशक घोल में भिगोकर सुखाएँ।
- स्नान के बाद स्तनों को तौलिए से हल्के हाथों से रगड़कर पौंछना चाहिए ताकि दुग्ध नलिकाओं के छेद अच्छी तरह से खुल जाएँ।
- गर्भावस्था में स्तनों के आकार बढ़ने और उनमें भारीपन महसूस होने से कई स्त्रियाँ रात को ब्रा पहनना छोड़ देती हैं जिससे स्तन ढीले व बेडौल हो जाते हैं। इसलिए जरूरी है कि गर्भावस्था के दौरान सही साइज की ब्रा पहनी जाए, लेकिन वह टाइट न हो।
- रात को सोने से पहले अपने स्तनों को साबुन लगाकर गर्म पानी से साफ करें। उसके बाद आप विटामिन युक्त क्रीम से स्तनों की हल्की–हल्की मालिश करें।
- अगर आपके निप्पल्स अंदर धँसे हुए हैं तो उन्हें प्रसव पूर्व ही धीरे–धीरे बाहर निकालने की कोशिश करनी चाहिए। यह धीरे–धीरे बाहर की ओर आ जाएँगे। अन्यथा अन्दर धँसे हुए निप्पल्स से शिशु को स्तनपान कराना असम्भव हो जाता है।

निप्पल्स में कटाव से दर्द व असुविधा हो तो क्रीम या निप्पल शील्ड लगाएँ।

स्तनपान के लाभ

- माँ के दूध से बच्चा स्वस्थ एवं बुद्धिमान बनता है।
- प्रसव के तुरन्त बाद स्तनपान आरम्भ कर देने से बच्चेदानी में सिकुड़न आती है और माँ को अपना पहले वाला शरीर पाने में मदद मिलती है।

- किसी भी शिशु दुग्ध फॉर्मूला के मुकाबले माँ का दूध काफी सस्ता पड़ता है। क्योंकि शिशु दूध विकल्पों की लागत की तुलना में माँ के लिए आवश्यक अतिरिक्त आहार की लागत बहुत मामूली होती है।
- स्तनपान का सबसे बड़ा फायदा यह है कि यह हमेशा उपलब्ध है और इसे तैयार करने के लिए किसी बर्तन या पानी जिसमें कीटाणु हो सकते हैं या ईंधन की जरूरत नहीं होती है।
- स्तनपान कराने वाली माँ अपने शिशु को कहीं भी, कैसे भी अपना स्तनपान करा सकती हैं, फिर चाहे वो सार्वजनिक स्थल हो या आप यात्रा कर रही हों।

इसलिए माँ के दूध के अलावा कुछ भी शुरू करने से पहले किसी स्वास्थ्य विशेषज्ञ की सलाह अवश्य ले लें। गर्भावस्था के दौरान और प्रसव के बाद, संतुलित आहार से यानि ऐसा आहार जिससे पर्याप्त मात्रा में दूध उतरता रहे लेने से माँ के दूध की पर्याप्त आपूर्ति बनाए रखने में मदद मिलती है। शिशु के जन्म से लेकर जब तक आप उसे दूध पिलाएँ, अपना आहार–विहार और आचार विचार ठीक रखें। याद रखें, इस सबका शिशु के स्वास्थ्य पर प्रभाव पड़ता है।

शिशु को दूध पिलाते समय स्वयं प्रसन्न मन और एकाग्रचित्त होकर अपना ध्यान शिशु पर ही केन्द्रित रखें। इस समय शिशु के प्रति ममता, करुणा और वात्सल्य का भाव मन में रखें। नन्हा सा शिशु माँ के अमृत तुल्य दूध की बूँदें गटक कर बनता है, एक संपूर्ण परिपुष्ट मनुष्य। इसलिए अपने शिशु को आधुनिकता या व्यस्तता का रोना रोकर आप अपने अमृत तुल्य दूध से वंचित न करें। **शिशु के लिए माँ का दूध एक आदर्श आहार है।** यह सुरक्षित, स्वच्छ, सुपाच्य, सर्वश्रेष्ठ पौष्टिक और उचित तापमान पर प्रकृतिप्रदत्त पोषक आहार है। यह भ्रम और कोरी कल्पना है कि स्तनपान कराने से स्तन ढीले हो जाते हैं और शारीरिक सुंदरता नष्ट हो जाती है, बल्कि जो स्त्रियाँ स्तनपान नहीं कराती हैं उन्हें स्तन–कैंसर होने की संभावना अधिक रहती है।

माँ के स्तनों में दूधवृद्धि के नुस्खे

माँ को अगर पर्याप्त दूध नहीं होता, तो इससे बच्चे कमजोर हो जाते हैं। उनका विकास ठीक से नहीं होता है। शिशु को दुग्धपान कराने वाली माँ को स्तनपान के दौरान आहार में हरी साग-सब्जी, फल, फलों का रस और दूध का समावेश अवश्य करना चाहिए। इससे स्तनों में दूध की वृद्धि होगी। अगर माँ के स्तनों में दूध न आता हो तो निम्न घरेलू नुस्खों का प्रयोग श्रेयस्कर होगा।

- उड़द की दाल में घी डालकर उसका भरपूर सेवन करने से दूध की मात्रा में वृद्धि होगी।
- अरहर की दाल में यथेष्ट घी मिलाकर पिलाने से स्त्री के स्तनों में दूध की मात्रा बढ़ जाती है।
- स्त्रियों में दूध कम उतरता हो तो उन्हें अपने भोजन में मूँग की दाल तथा दलिया सम्मिलित करने से दूध की अत्यधिक वृद्धि होती है।
- पपीते के पके फलों को खाकर ऊपर से दूध पीने से स्त्रियों के स्तनों में दूध की वृद्धि होती है। इसके लिए कच्चे पपीते की सब्जी खाना भी लाभदायक है।
- नाशपाती, अंगूर, चीकू, पका पपीता, गाजर का रस, प्याज का रस, चीनी के साथ भुना जीरा सेवन करने से दूध बढ़ता है। भुने चने को गुड़ या शहद के साथ खाएँ।
- स्तनों पर सुबह शाम एरंड का तेल मलना चाहिए।
- 50 ग्राम काबुली चने रात को गाय के दूध में भिगो दें, सुबह चने निकालकर चबा-चबाकर खाने तथा दूध को गर्म करके पीने से स्तनों में दूध की वृद्धि होती है।
- चावल और दूध की खीर बनाते समय सफेद पिसा जीरा 10 ग्राम मात्रा में डालकर खीर पकाएँ। यह खीर प्रतिदिन खाने से स्तनों में दूध वृद्धि होगी।
- जीरे को भिगोकर, पीसकर उसका हलवा खाने से स्तनों में दूध वृद्धि होगी।
- नियमित चुकन्दर के सेवन से माताओं को दूध में वृद्धि होगी।
- पपीते के दूध की 5 बूँदें, शहद 5 ग्राम मिलाकर नियमित सेवन करें। यह माँ के दूध में वृद्धि करता है।
- माता के स्तन में कम दूध उतरने की दिशा में केशर को पानी में घिसकर स्तन पर लेप करने से दूध अधिक उतरने लगता है।
- खरबूजे के सेवन से दूध पिलाने वाली माताओं का दूध बढ़ता है।
- बिदारीकन्द 6 ग्राम, चीनी 6 ग्राम मिलाकर चूर्ण बना लें। फिर इसे अर्ध-गर्म दूध में मिलाकर कमजोर स्त्रियों को पिलाएँ। इससे शरीर हृष्ट-पुष्ट हो जाता है। छातियों में खूब दूध आता है।
- 6 ग्राम अजवायन का नियमित सेवन करने से स्तनों में दूध की मात्रा बढ़ जाती है।
- मुलेठी चूर्ण 50 ग्राम, शतावर 200 ग्राम कूटकर रखें। प्रतिदिन 20-20 ग्राम यह औषधि, पाव भर दूध एवं इतना ही जल मिलाकर उबालें। जब आधा दूध शेष बचे तो छानकर रुचि अनुसार शक्कर मिलाकर पीएँ। सुबह शाम दोनों समय सेवन करते रहने पर स्तनों में दूध की मात्रा बढ़ती है।
- सौंफ, मधु, शतावरी और बिदारीकंद को समान मात्रा में पीसकर कपड़छानकर चूर्ण बना लें, फिर इस चूर्ण को 2 से 5 ग्राम की मात्रा में दही के साथ सेवन करें। इसके सेवन से प्रसूता के स्तनों में दूध की मात्रा पर्याप्त पैदा होगी। यह प्रयोग अत्यन्त गुणकारी और लाभकारी सिद्ध होगा।

- तुलसी रस, शहद, नीम की पत्तियों का रस तीनों 6–6 ग्राम मिलाकर प्रसूता को पिलाएँ। इससे प्रसूता का दूध शुरू हो जाता है।
- अगर बच्चे के लिए माँ का दूध पर्याप्त न आए तो तुलसी रस और मकई के पत्तों का रस 10–10 मिली., असगंध का रस और गूदा पाँच मिली. तथा शहद एक सप्ताह तक प्रसूता को पिलाएँ। इससे दूध शुद्ध होगा तथा दूध की पौष्टिकता बढ़ जाएगी और दूध पर्याप्त उतरने लगेगा।
- छोटी पीपल के 5 दाने पीसकर दूध के साथ लें। दूध वृद्धि होगी।
- सफेद जीरा, सौंफ, मिश्री तीनों समभाग में लेकर चूर्ण बना लें। एक चम्मच दूध के साथ दिन में तीन बार लें। खूब दूध उतरेगा।
- अरबी की सब्जी नियमित खाने से दूध में वृद्धि होगी।
- मटर की सब्जी का सेवन और कच्चा मटर चबाने से भी स्तनों में दूध की वृद्धि होती है।
- गुड़ की राब का सुबह शाम सेवन करें।
- रात को गेहूँ भिगोकर रख दें, सुबह उन्हें हाथों से मसलकर गुड़ के साथ खाएँ और ऊपर से वह पानी पी जाएँ। लाभप्रद सिद्ध होगा।
- देशी खांड में जीरा का चूर्ण मिलाकर खाने से शीघ्र और ज्यादा दूध उतरने लगता है।
- शतावर का चूर्ण दूध में हलवा की तरह बनाकर सुबह शाम खाने से माँ के स्तनों में दूध की वृद्धि होती है।
- 50 ग्राम शतावरी और 50 ग्राम मिश्री दोनों को खूब बारीक पीसकर मैदा छानने की छलनी से छानकर शीशी में भर लें। एक ग्राम इसे फाँक कर एक ग्लास दूध पीने से स्त्रियों के स्तनों में दूध की वृद्धि होती है। यह मिश्रण 15 दिनों तक लेना पर्याप्त है।
- सफेद जीरा 20 ग्राम, छोटी हरी इलायची के दाने 10 ग्राम, ककड़ी के बीज और कद्दू के बीज 20–20 ग्राम सबको कूट पीसकर महीन चूर्ण कर लें। इसकी 12 पुड़िया बना लें। रोज रात को सोते समय 1 गिलास दूध में 1 चम्मच पिसी मिश्री घोल लें और 1 पुड़िया फाँक कर ऊपर से दूध पी लें।
- प्रसव के उपरान्त यदि नीम की छाल का उबला हुआ पानी एक सप्ताह तक लेते रहें, इससे प्रसूता का स्वास्थ्य बनेगा और स्तनों में दूध भी पौष्टिक बनेगा।
- नित्य कच्ची या भुनी हुई मूँगफली खाने से अथवा मूँगफली का दूध पीने से दूध पिलाने वाली माताओं का दूध बढ़ता है। इससे बच्चों में प्रोटीन की कमी नहीं होगी।
- 125 ग्राम जीरा घी में सेंककर 125 ग्राम पिसी हुई मिश्री मिला लें। इसका एक चम्मच सुबह–शाम दूध में सेवन करें। स्तनों में दूध की वृद्धि होगी।
- भोजन के साथ कच्चे प्याज का सेवन अधिक मात्रा में करने से माताओं का दूध बढ़ता है।
- सीताफल के गूदे को शहद के साथ स्तनपान कराने वाली माँ को देने से दूध पौष्टिक बनता है।

**सौंफ और गाजर के बीज को बराबर मात्रा में लेकर चूर्ण बना लें।
इस चूर्ण को 5 ग्राम की मात्रा में एक कप दूध के साथ दिन में दो बार लें।
इससे स्तनों में ज्यादा दूध उतरने लगेगा।**

कैसे पता चले कि शिशु पर्याप्त आहार ले रहा है

अधिकतर महिलाएँ यह नहीं समझ पातीं कि उनके शिशु को उचित मात्रा में दूध मिल रहा है या नहीं। यह पता लगाने के लिए निम्न बातों पर ध्यान दें।

- जब शिशु केवल स्तनपान पर ही निर्भर रहता है, तो वह दिन में छह बार या उससे ज्यादा मूत्र त्याग करता है।
- दूध पीने के बाद शिशु आराम से सोता है।
- हर महीने शिशु का वजन 500 से 1000 ग्राम के बीच में बढ़ता है।

इसका अर्थ है उसे पर्याप्त आहार मिल रहा है। 5 महीने में शिशु का वजन जन्म से दुगुना तथा एक साल में तीन गुना हो जाना चाहिए।

भ्रांतियाँ व निवारण

- **स्तनपान कितनी देर बाद शुरू करें?**

उ. अगर प्रसव सामान्य है तो तुरन्त ही स्तनपान कराना चाहिए। और यदि प्रसव सिजेरियन हुआ हो तो जब माँ आरामदायक स्थिति में हो तब स्तनपान कराना चाहिए।

- **क्या प्रत्येक माँ का दूध गुण में समान होता है?**

उ. माँ के खान–पान से दूध की मात्रा कम या ज्यादा हो सकती है पर गुण समान रहते हैं।

- **क्या दूध की मात्रा स्तनों के आकार पर निर्भर करती है?**

उ. स्तन की बनावट व आकार का दूध उत्पादन प्रक्रिया पर कोई प्रभाव नहीं पड़ता है। माँ जितनी बार स्तनपान कराएगी उतना ज्यादा दूध बनेगा।

- **माँ की बीमारी में क्या स्तनपान न कराएँ?**

उ. साधारण बीमारी में स्तनपान बंद नहीं करना चाहिए। पर यदि माँ ऐसी दवाई ले रही हो जो उसके दूध में आती है वह बच्चों को हानि पहुँचा सकती है तब डॉक्टर की सलाह से ही स्तनपान कराना चाहिए।

- **क्या स्तनपान करने वाले शिशु को पानी पिलाना चाहिए?**

उ. चार माह तक शिशु को सिर्फ स्तनपान ही कराना चाहिए। क्योंकि स्तनपान करने वाले शिशु को पानी की जरूरत नहीं होती है ।

- **क्या कमजोर बच्चे को ऊपर का दूध देना चाहिए?**

उ. ऊपर का दूध सिर्फ कुछ विशेष परिस्थितियों में डॉक्टर की सलाह पर देना चाहिए जैसे कि माँ अगर किसी खतरनाक बीमारी से ग्रसित हो।

- **क्या स्तनपान से शारीरिक सौंदर्य कम हो जाता है?**

उ. स्तनपान कराने से शारीरिक सौंदर्य बढ़ता है। गर्भावस्था में जो अतिरिक्त वसा शरीर पर जमा हो जाती है वह नियमित स्तनपान से कम हो जाती है व गर्भावस्था में बढ़ा अतिरिक्त वजन कम हो जाता है। शिशु को अपने स्तन का दूध छुड़वाने के बाद पोषक आहार लेने व व्यायाम करने से शरीर पुनः सुडौल हो जाता है।

■ **एड्स या अन्य खतरनाक बीमारी से ग्रसित महिला क्या स्तनपान करा सकती है ?**

उ. शोधों से स्पष्ट हुआ है कि जिस माँ के दुग्धतंत्र में एड्स के पर्याप्त विषाणु होते हैं उस माँ के दुग्धपान से शिशु को भी एड्स हो सकता है। परन्तु हिपेटाइटिस वाइरस से ग्रस्त माँ स्तनपान करा सकती है।

अतः स्तनपान कराने में सक्षम हर माँ को अपनी क्षमता में विश्वास रखते हुए नया जीवन शुरू कर रहे शिशु को एक अच्छी शुरुआत देनी चाहिए।

■■

29

प्रकृति की अनोखी देन : जुड़वाँ बच्चे

यूँ तो माँ बनना ही अपने आप में बेहद खुशी की बात है, लेकिन जब ये पता चल जाए कि आपकी बगिया में एक साथ दो फूल खिलने वाले हैं तो खुशी का ठिकाना ही नहीं रहता। जुड़वाँ बच्चे कुदरत का एक अनोखा करिश्मा तो है ही मगर इस दोगुनी खुशी के माहौल में माँ को भी दोहरी देखभाल की जरूरत होती है। एक साथ एक से अधिक बच्चों के पैदा होने को चिकित्सकीय भाषा में मल्टीपल प्रेगनेंसी कहते हैं। मल्टीपल प्रेगनेंसी की सबसे सामान्य स्थिति है—ट्विन प्रेगनेंसी परन्तु उसके साथ बहुत–सी सावधानियाँ जुड़ी हुई हैं।

क्यों पैदा होते हैं जुड़वाँ बच्चे

- जुड़वाँ बच्चों का आनुवंशिकता से गहरा संबंध है। अगर आपके या आपके पति के परिवार में जुड़वाँ बच्चे हैं, या अगर आप स्वयं जुड़वाँ भाई या बहन के साथ जन्मी हैं तब इसकी संभावना बढ़ जाती है कि आपके बच्चे जुड़वाँ हों।
- आजकल पूरे विश्व में मल्टीपल प्रेग्नेंसी के ज्यादा मामले इस वजह से देखने को मिल रहे हैं क्योंकि आजकल एसिस्टेल रीप्रोडक्टिव टेक्नॉलजी (ए.आर.टी) का काफी विकास हो गया है और शादी के कुछ वर्ष बीत जाने के बाद स्त्रियाँ आसानी से गर्भधारण नहीं कर पातीं तो ऐसी स्थिति में वे फर्टिलिटी बढ़ाने वाली दवाओं का सेवन करती हैं। इस वजह से भी कई बार उन्हें मल्टीपल प्रेग्नेंसी हो जाती है। इन फर्टिलिटी दवाओं के असर की वजह से अंडोत्सर्ग (ओवेल्यूशन) की प्रक्रिया एक बार से ज्यादा होती है व एक से ज्यादा अंडों का विकास हो जाता है।

अंडोत्सर्ग (ओवेल्यूशन) की प्रक्रिया के दौरान कई बार एक ही अंडा विकसित होने के बाद दो भागों में बँट जाता है। एक ही अंडे के दो भागों में बँटने से आइडेंटिकल ट्विन्स (समरूप बच्चे) का जन्म होता है। इस प्रक्रिया में फर्टिलिटी बढ़ाने की दवाओं का कोई हाथ नहीं होता है।

जुड़वाँ बच्चे के प्रकार

1. समरूप जुड़वाँ (आइडेंटिकल ट्विंस)

प्रकृति के नियमानुसार स्त्री के अंडाशय से प्रायः 1 ही अंडाणु निकलता है जो सिर्फ एक ही नर शुक्राणु द्वारा निषेचित होता है। यह निषेचित अंडाणु ही जाइगोट कहलाता है। जब कभी यह जाइगोट विभाजित हो कर दो समान भागों में बँट जाता है तो ये दोनों भाग अलग–अलग विकसित होकर 2 भ्रूण बन जाते हैं तथा अंत में दो जुड़वाँ बच्चे पैदा होते हैं। जब भी जाइगोट समान रूप से विभाजित नहीं हो पाता है तब बच्चे सिर, पेट, कमर आदि से आपस में चिपके हुए पैदा होते हैं। इनमें से अधिकतर मृत ही पैदा होते हैं। जीवित बच्चों को ऑपरेशन से अलग किया जाता है। गर्भाशय में पलने वाले इन दोनों भ्रूणों की प्लेसेंटा एक या अलग–अलग हो सकती है।

ऐसे जुड़वाँ बच्चे एक ही लिंग के होते हैं। यह एक–दूसरे के हमशक्ल होते हैं और अपने डीएनए को शत–प्रतिशत शेयर करते हैं। इनके हैंडप्रिंट और फुटप्रिंट भी एक जैसे होते हैं। इनकी एंटीजन क्षमता और रक्त समूह समान होते हैं।

2. भ्रातृरूप जुड़वाँ (फ्रैटर्नल ट्विंस)

जब स्त्री के अंडाशय में से एक ही समय पर दो अंडाणु निकलते हैं और वह दो अलग नर शुक्राणुओं से निषेचित होते हैं तो अलग–अलग जाइगोट बनाते हैं और आगे जाकर 2 भ्रूण में विकसित हाते हैं। यह भ्रातृरूप जुड़वाँ कहलाते हैं। इनकी प्लेसेंटा भी अलग–अलग ही होती है। ऐसे बच्चे अपने डी.एन.ए. के पचास प्रतिशत ही शेयर करते हैं, इसलिए इनमें ज्यादा समरूपता नहीं होती। इनका सेक्स एक ही या अलग–अलग हो सकता है। इनमें वे ही समानताएँ होती हैं, जो अन्य भाई–बहनों में होती हैं।

ट्विन प्रेगनेंसी के लक्षण

- पहले तीन महीनों में वजन का बढ़ना सामान्य ही रहता है, लेकिन दूसरे तीन महीनों के दौरान वजन तेजी से बढ़ता है तो यह ट्विन प्रेगनेंसी का संकेत है। जहाँ सामान्य प्रेगनेंसी में इस दौरान 10 से 20 पाउंड तक वजन बढ़ता है, वहीं ट्विन प्रेगनेंसी में 15 से 25 पाउंड तक वजन बढ़ जाता है।
- सामान्य प्रेगनेंसी के दौरान मॉर्निंग सिकनेस की परेशानी तो आम है, लेकिन अगर मॉर्निंग सिकनेस बहुत ज्यादा हो रही हो तो यह ट्विन प्रेगनेंसी का संकेत है।
- पानी की आवश्यकता जरूरत से ज्यादा महसूस हो तो यह भी मल्टीपल प्रेगनेंसी के आसार है।
- एक बच्चे के लिए गर्भधारण करने से ऊर्जा में कमी महसूस होती है और थकान का आभास होता है, लेकिन जब गर्भधारण एक से ज्यादा बच्चों का हुआ हो तो थकान उसी अनुपात में बहुत ज्यादा होती है।

ट्विन प्रेगनेंसी में खान–पान

- आपको जैसे ही मालूम हो तो कि आपको ट्विंस या ट्रिप्लिट प्रेगनेंसी है तो आप पहले ही दिन से अपने खान–पान पर विशेष ध्यान दें क्योंकि आपके बच्चों को अतिरिक्त पोषण की जरूरत होती है।

- प्रोटीन की मात्रा ज्यादा से ज्यादा लेनी बहुत जरूर होती है क्योंकि प्रोटीन माँ व बच्चे के शरीर की कोशिका की मूलभूत इकाई है। समुचित खान–पान का ध्यान रखने से सभी प्रकार के संक्रमणों से बचा जा सकता है।
- सामान्य गर्भावस्था में जहाँ प्रतिदिन 300 कैलोरी की शरीर को आवश्यकता होती है वहीं ट्विन प्रेगनेंसी में 600 कैलोरी प्रतिदिन की आवश्यकता होती है। इसलिए अपने खान–पान में कैलोरी का पूरा ध्यान रखें।
- गर्भावस्था की दूसरी और तीसरी तिमाही में वजन का बढ़ना बहुत जरूरी होता है। इस दौरान हर हफ्ते आधा या एक पौंड (453.6 ग्राम) वजन बढ़ना, सही स्थिति मानी जाती है। पर आपके लिए वजन की क्या आदर्श स्थिति है, यह अपने चिकित्सक से जरूर जान लें क्योंकि यह स्थिति हर स्त्री के संदर्भ में अलग–अलग होती है।
- गर्भावस्था के दौरान भरपूर मात्रा में पानी पीएँ। हमेशा अपने साथ पानी की बोतल रखें। पानी की कमी सभी प्रकार की सावधानियों के बावजूद गलत असर डाल सकती है।
- जुड़वाँ बच्चों की गर्भावस्था के दौरान एनीमिया की शिकायत अक्सर हो जाती है। इसलिए अपनी दिनचर्या में खाने की ऐसी चीजों की मात्रा जरूर शामिल करें जिनमें आयरन की भरपूर मात्रा मौजूद हो। इस दौरान प्रतिदिन 60–80 मि.ग्रा. आयरन की मात्रा शरीर को मिलनी चाहिए।
- एक बार ढेर सारा खाने की बजाय, थोड़े–थोड़े अंतराल पर कुछ–कुछ खाने की आदत बनाएँ।
- मूंगफली, बादाम, मक्खन और दही ऐसी चीजें अपने खाने में शामिल करें जिनमें पर्याप्त कैलोरी होती है और साथ ही साथ विटामिन और मिनरल्स होते हैं।
- तरह–तरह के मिल्करोज पिएँ। इससे कैलोरी मिलेगी और वजन बढ़ेगा।
- सामान्य गर्भावस्था में लगभग 1000 मि.ग्रा. कैल्शियम की जरूरत हर रोज होती है। परन्तु ट्विन गर्भावस्था में हर रोज लगभग 1200 मि.ग्रा. कैल्शियम जरूरी है।
- पहली तिमाही में बच्चे के लिए फॉलिक अम्ल की आवश्यकता होती है। इसलिए अपने खाने में ऐसी चीजें शामिल करें जिनमें फॉलिक अम्ल हो।
- रेशेदार भोजन करना शिशु के पोषण के लिए जरूरी है।
- गर्भावस्था के दौरान भूख कम लगती है, इसलिए जरूरी है कि ऐसा भोजन खाइए जिससे कि आपका वजन बढ़े क्योंकि ट्विन्स प्रेगनेंसी के दौरान वजन बढ़ना अत्यन्त आवश्यक है।
- अपने चिकित्सक से परामर्श करके भोजन के अतिरिक्त आयरन, विटामिन, कैल्शियम और फॉलिक अम्ल के सप्लीमेन्ट जरूर लें क्योंकि भोजन से आपके शरीर व बच्चों को यह सब चीजें भरपूर मात्रा में प्राप्त नहीं हो रही होती हैं।

प्रसव के समय

मल्टीपल या जुड़वाँ बच्चों की गर्भावस्था के दौरान प्रसव के वक्त कई तरह की विषम परिस्थितियाँ बनने की संभावना रहती है।

- सामान्य गर्भावस्था की अपेक्षा जुड़वाँ बच्चों के दौरान आपको चिकित्सक से ज्यादा संपर्क में रहना पड़ता है क्योंकि आपके ब्लड प्रेशर की नियमित रूप से जाँच, भ्रूणों के विकास की निगरानी व जुड़वाँ बच्चों के रक्त संचार संबंधी जानकारियाँ व जाँचें अत्यन्त आवश्यक हो जाती हैं।

- आजकल चिकित्सा विज्ञान के क्षेत्र में 'सेलेक्टिव डिलीवरी' की तकनीक विकसित हो चुकी है अर्थात् मल्टीपल गर्भावस्था में अगर कोई एक बच्चा अविकसित या किसी गंभीर बीमारी से ग्रस्त है तो उसे निकाल दिया जाता है बाकी दो बच्चों का प्रसव कराया जाता है।
- दोनों बच्चों की वृद्धि के बारे में जानने के लिए अल्ट्रासाउंड बार-बार कराना पड़ता है।
- अंतिम तीन महीनों में विशेष सावधानी बरतें। इस तरह की गर्भावस्था में ज्यादातर निर्धारित समय से पूर्व प्रसव की संभावना रहती है। क्योंकि स्त्री के गर्भाशय के लिए एक साथ दो या उससे ज्यादा बच्चों का भार वहन कर पाना बहुत मुश्किल होता है। जुड़वाँ बच्चों के लिए, ज्यादातर सीजेरियन ही किया जाता है, लेकिन प्राकृतिक प्रसव कहीं ज्यादा सुरक्षित है। गर्भ में बच्चे किस स्थिति में हैं, इसी बात पर यह निर्भर होता है कि उनका प्रसव किस तरीके से हो। अगर जुड़वाँ बच्चों में से एक का सिर नीचे की तरफ हो, तभी प्राकृतिक तरीके से प्रसव का प्रयास किया जा सकता है।

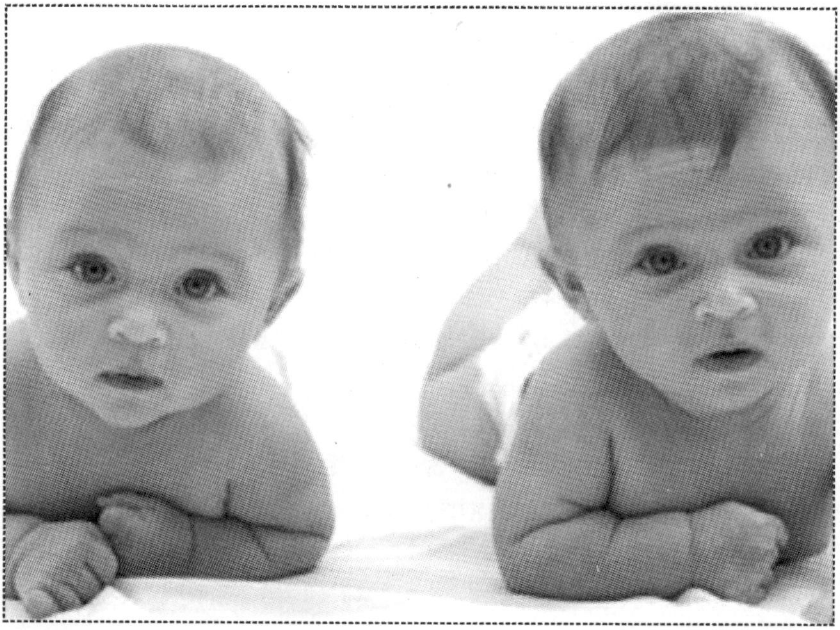

* Two offspring – Twins
* Three offspring – Triplets
* Four offspring – Quadruplets
* Five offspring – Quintuplets
* Six offspring – Sextuplets
* Seven offspring – Septuplets
* Eight offspring – Octuplets (First born in 1998, in USA)
* Nine offspring – Nonuplets (In 1999, by a Malaysian mother, most babies in one birth)

30

गर्भावस्था और मधुमेह (डायबिटीज)

मधुमेह का कारण—शरीर के पोषण में सबसे अहम भूमिका होती है ग्लूकोज की। गर्भावस्था के दौरान शिशु अपना पोषण ग्लूकोज के रूप में प्लेसेंटा से प्राप्त करता है। प्लेसेंटा शिशु के लिए कुछ हार्मोन का निर्माण करता है जिसमें से एक एंटी इंसुलिन होता है। कभी-कभी इस एंटी इंसुलिन का निर्माण प्लेसेंटा अधिक मात्रा में करने लगता है, जिससे ग्लूकोज ब्लडस्ट्रीम से कोशिकाओं तक नहीं पहुँच पाता। इस अवस्था में पैन्क्रियाज पर्याप्त मात्रा में इंसुलिन बनाना बंद कर देता है। जब ब्लडस्ट्रीम में बहुत अधिक ग्लूकोज बनाने लगता है तो इस स्थिति को मधुमेह कहते हैं।

मधुमेह होने के कारण

- जिन्हें गर्भपात हुआ हो।
- जिनके पूर्व में उत्पन्न बच्चे मधुमेह के मरीज हों।
- वंशानुगत रोग के रूप में पहले से परिवार में मौजूद हो।
- मोटापे की वजह से।
- जिन स्त्रियों को भविष्य में मधुमेह होने की संभावना होती है, उनमें गर्भावस्था के दौरान ही मधुमेह के लक्षण उभरने लगते हैं।
- जिन महिलाओं के निशान में ग्लूकोज पाया जाए।

गर्भावस्था के दौरान मधुमेह की परिस्थितियाँ

1. मधुमेह से ग्रस्त महिला का गर्भवती होना—मधुमेह से ग्रस्त महिला अगर गर्भवती होती है, तो उसके शिशु में मधुमेह होने की संभावना बढ़ जाती है। लेकिन अगर गर्भधारण सुनियोजित ढंग से, अपनी डॉक्टर की देख-रेख में, ध्यान रखकर किया जाए और गर्भावस्था के दौरान सावधानी रखी जाए तो बच्चा नॉन डायबिटिक होने के साथ ही साथ स्वस्थ भी जन्म लेगा।

2. गर्भधारण के पश्चात् महिला को डायबिटीज (मधुमेह) होगा तो इसे गेस्टेशनल डायबिटीज कहते हैं और यह गर्भावस्था के आखिरी तीन माह में होता है। प्रायः सभी स्त्रियों को इसी प्रकार का मधुमेह होने की संभावना हो सकती है, जिसकी वजह होती है गर्भावस्था के दौरान परिवर्तित हार्मोन व्यवस्था।

बच्चों को जन्म से मधुमेह रोग किस परिस्थिति में होता है—माता मधुमेह से पीड़ित है तो बच्चे को इस रोग की संभावना होती है। परन्तु अगर माता और पिता दोनों मधुमेह से पीड़ित हैं तो यह संभावना बहुत अधिक बढ़ जाती है। इसके लिए माता-पिता का नानइंसुलिन डिपेंडेंट डायबिटिक होना जरूरी है।

क्या करें

- डॉक्टर से सलाह करके ही गर्भधारण करें। शुरुआत से ही वह आपको विटामिन्स की दवाइयाँ दे सकती है। विशेषकर फॉलिक अम्ल की, जिससे बच्चे को जन्मजात विकृति से बचाया जा सकता है।
- रक्त शर्करा को गर्भधारण के 5–6 महीने पहले से ही नियंत्रित करें, जिससे बच्चे को होने वाली परेशानी से बचाया जा सके। अन्यथा बच्चे के विकारग्रस्त होने की संभावना अधिक हो जाती है।
- रक्त शर्करा को गर्भावस्था के दौरान नियंत्रित रखने की कोशिश करें। नियमित रूप से शुगर लेवल (रक्त शर्करा) चेक करें और साथ ही साथ अपने नाश्ते और खाने का समय निश्चित करें।
- शर्करा स्तर को नाश्ते और खाने के पहले और बाद में चेक करें।
- कुछ मीठा हमेशा अपने साथ रखें, जैसे—कैंडी, किशमिश या संतरे का जूस।
- अगर किसी स्त्री को टाइप 2 डायबिटीज है और वह उसे नियंत्रित करने के लिए गोलियाँ ले रही हैं तो उसे वह बन्द कर देनी चाहिए क्योंकि यह गर्भावस्था में प्लेसेंटा द्वारा और बच्चे के जन्म के बाद माँ के दूध के द्वारा बच्चे के शरीर में पहुँचकर उसे नुकसान पहुँचा सकती है। इसकी जगह आप इंसुलिन के इंजेक्शन लीजिए क्योंकि इंसुलिन प्लेसेंटा की दीवार पार नहीं कर सकता अतः बच्चे को नुकसान नहीं पहुँचाएगा।

डायबिटीज के कारण शिशु को होने वाले खतरे

- बच्चे को जन्म के शुरुआती दो–तीन दिन में जॉन्डिस (पीलिया) होने का खतरा रहता है।
- जन्म के समय बच्चा श्वास की समस्या से भी पीड़ित हो सकता है।
- बच्चे को ब्लड ट्रांसफ्यूजन करना पड़ सकता है।
- जन्मजात हृदय रोग।
- काडल रिग्रेशन (शरीर का निचला हिस्सा पूर्ण रूप से विकसित न होना)।
- नवजात शिशु को जन्म के समय ही कुछ कमी होने के कारण तुरन्त उसका सर्जिकल ऑपरेशन करना पड़ सकता है।
- एनन सिफेली (सिर का पूर्णतः विकसित न होना)
- गुदाद्वार व मलाशय का बंद होना।
- शरीर के सभी अंगों का उल्टा पलटा होना। (सीटस इनवर्टस)
- शिशु की गर्भ में मृत्यु।
- हाइपोग्लाइसीमिया (शर्करा की कमी)।
- हाइपोकैल्शियम (कैल्शियम की कमी) से मूर्च्छा की संभावना।

टाईप–1 डायबिटीज के कारण गर्भवती माँ को होने वाले खतरे

- गर्भावस्था के दौरान तथा उसके कुछ समय पश्चात तक इंसुलिन का ही उपयोग करना चाहिए।
- शिशु के अन्दर अंगों का निर्माण होता है। अतः इस दौरान सूक्ष्मतर नियंत्रण आवश्यक है। सूक्ष्मतर नियंत्रण के दौरान जानलेवा हाइपोग्लाइसीमिया यानि शर्करा की कमी से बचें।
- प्री एक्लेम्पसिया यानि शरीर पर अत्यधिक सूजन एवं पेशाब में प्रोटीन जाना, कई बार मिरगी के झटकों के साथ एथ्लेम्पसिया या टॉक्सीमिया प्रेग्नेंसी को जन्म दे सकता है जो जानलेवा स्थिति होती है इसलिए जरूरत है कि पेशाब के संक्रमण का तुरंत इलाज करवायें।
- बच्चे को स्तनपान बराबर करायें उसे बन्द न कीजिए।
- गर्भपात रोकने के लिए नियमित जाँच कराएँ और आराम करें।

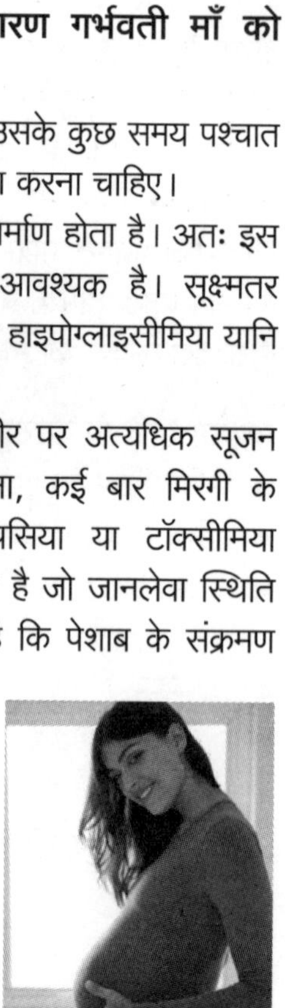

टाईप–2 डायबिटीज के कारण गर्भवती माँ को होने वाले खतरे

- सामान्य की जगह सिजेरियन डिलीवरी की संभावना।
- उच्च रक्तचाप की वजह से हाथ व पैरों में सूजन आना।
- यूरिनेरी ट्रेक्ट इंफेक्शन होना।
- अगली डिलीवरी में अथवा भविष्य में स्वयं को डायबिटीज होने की संभावना।

गर्भावस्था में मधुमेह का प्रभाव

मधुमेह, गर्भवती स्त्रियों में बच्चे के आकार को भी प्रभावित करता है। रक्त शर्करा अधिक होने की अवस्था में बच्चे को पोषण अधिक मिलता है जिससे वो जल्दी और ज्यादा बढ़ता है। बच्चे के कंधे और धड़ पर सारा वसा जमा होने के कारण बच्चे को प्रसव के वक्त बाहर निकालने में भी परेशानी आती है। ऐसी स्थिति में डॉक्टर को प्रसव वक्त से पहले ही करना पड़ता है।

बच्चे को होने वाले अन्य खतरे

- मस्तिष्क सम्बन्धी विकार व गुर्दा सम्बन्धी रोग से पीड़ित हो सकता है।
- बच्चे को डिलीवरी के दौरान कंधे पर चोट लगने की सम्भावना रहती है।
- बच्चे का जन्म के समय ही ब्लड शुगर लो हो सकता है।
- बच्चे को अधिक मोटापा बढ़ने की सम्भावना रहती है।
- बच्चे को भविष्य में टाईप 2 डायबिटीज होने का खतरा रहता है।

टाईप–2 वाले खतरे तो होते ही हैं, उसके अलावा

- समयपूर्व प्रसव।
- ब्लड में कीटोन्स (हानिकारक अम्ल का बनना)।
- गुर्दे का रोग होना।
- आँखों का खराब होना।
- **बच्चे की सामान्य स्थिति का अनुमान लगाने के लिए किए जाने वाले टेस्ट**—अल्ट्रासाउंड, अल्फाफेटोप्रोटी टेस्ट, अमीनो सेन्टोसिसि, नॉन स्ट्रेस टेस्ट और फेटल मानिटरिंग टेस्ट।

कैसे करें नियंत्रण

- अपने खाने में आलू, चावल, गेहूँ, दूध, अंडा या मीट अवश्य लें। इंसुलिन उपचार के दौरान शक्कर या मीठी चीजों से परहेज करें। इससे निम्न रक्तचाप का खतरा रहता है।

■■

31

अचूक उपचार है स्टेम सेल, आपके बच्चे व संपूर्ण परिवार के लिए

स्टेम सेल

क्या है—शिशु के गर्भनाल की रक्त कोशिकाओं को प्रयोगशाला में सुरक्षित रखा जाता है, इन रक्त कोशिकाओं से भविष्य में बच्चे को होने वाली कई गंभीर बीमारियों का इलाज संभव है।

स्टेम के प्रकार

मुख्य तौर पर तीन प्रकार के होते हैं—

1. गर्भ के तंतुओं से लिए जाने वाले—भ्रूण स्टेम सेल
2. प्लेसेंटा (गर्भनाल) से लिए जाने वाले—कॉर्ड स्टेम सेल
3. रक्त तंतुओं या बोन–मैरो से लिए जाने वाले—वयस्क स्टेम सेल
   (स्वयं से या रक्त संबंधी से जैसे—माँ, पिता, भाई, बहन आदि)

कैसे काम करता है स्टेम सेल और उसका संरक्षण

जिस समय शिशु जन्म लेता है उसी वक्त उसके अम्बीलिकल कॉर्ड यानि कि गर्भनाल से रक्त के नमूने एकत्र किए जाते हैं। मानव शरीर के सिर्फ इसी रक्त में स्टेम सेल्स पाए जाते हैं, जिनमें रोग प्रतिरोधक क्षमता होती है। यही कोशिकाएँ मानव शरीर के सभी अंगों की रचना का आधार होती हैं। इन कोशिकाओं की सबसे बड़ी खासियत यह होती है कि ये मानव शरीर के किसी भी अंग के लिए उसकी जरूरत के अनुसार अलग–अलग तरह की परिपक्व कोशिकाओं का निर्माण कर सकती हैं। हालाँकि शोध प्रक्रिया जारी होने की वजह से वैज्ञानिक अभी इससे किसी भी बीमारी के इलाज का शत–प्रतिशत दावा नहीं कर सकते।

रोगी में स्टेम सेल कैसे कार्य करता है?

इसके लिए पाँच दिन पहले रोगी को ग्रोथ फेक्टर इंजेक्शन दिए जाते हैं। पाँच दिन बाद रक्त में इंजेक्शन के जरिए स्टेम सेल डाली जाती है, जो विकसित होकर रोगी के शरीर की कमी को पूरा करती है। इसके बाद अंग सुचारु रूप से काम करने लगता है।

किन बीमारियों से मुक्ति दिलाता है?

वैज्ञानिक शोध के आधार पर यह निष्कर्ष निकाला गया है कि स्टेम सेल द्वारा स्पाइनल इंजुरी की वजह से होने वाली विकलांगता या शारीरिक असामान्यताएँ, पैरालिसस, पार्किंसन, ब्लड कैंसर, ऑस्टियोथ्राइटिस, अल्जीमर्स एवं डायबिटीज (मधुमेह) जैसी गंभीर बीमारियों के ठीक होने की काफी हद तक संभावना है।

प्रक्रिया स्टेम सेल के संग्रह की

स्टेम सेल के संग्रह के वक्त बहुत सावधानी बरतनी पड़ती है। शिशु के जन्म के दस मिनट के भीतर ही उसकी अम्बीलिकल कॉर्ड (गर्भनाल) से थोड़ा खून एक स्टर्लाइज बोतल में भरकर रख दिया जाता है। यह प्रक्रिया पूरी तरह से सुरक्षित है और इससे माँ और शिशु को कोई तकलीफ नहीं होती है। इसका कोई साइड इफेक्ट नहीं होता। इस रक्त को 36 घंटे के भीतर लैब में पहुँचा दिया जाता है जहाँ उसे पूरी तरह सुरक्षित रखा जाता है।

स्टेम सेल की सुरक्षा

आपके बच्चे की स्टेम सेल की बॉटल किसी दूसरे से बदलना स्वाभाविक है, तब इसे कैसे रोका जाता है। इसके लिए लैब में पूरा ध्यान रखा जाता है। अगर आप स्टेम सेल को सुरक्षित रखना चाहते हैं तो गर्भावस्था के दौरान ही आपको रजिस्ट्रेशन करवाना पड़ता है। तब लैब आपको एक आई.डी. नम्बर देता है और एक स्टर्लाइज बॉटल दी जाती है जिस पर वह नम्बर लिखा होता है जोकि ना मिटाया जा सकता है और ना ही हटाया जा सकता है। ऐसी एक बॉटल आपके प्रसव करवाने वाले डॉक्टर के पास रखवाई जाती है ताकि अगर आप प्रसव के वक्त बॉटल ले जाना भूल जाएँ तो वहाँ डॉक्टर के पास बॉटल हो।

पूर्ण सावधानी के लिए जो व्यक्ति नमूना एकत्र करने जाता है वह भी अपने साथ एक स्टर्लाइज बॉटल ले जाता है। ऐसा करना इसलिए जरूरी है क्योंकि शिशु के जन्म के दस मिनट के भीतर ही स्टेम सेल का संग्रह जरूरी होता है। इसमें कोई गलती ना हो इसके लिए गर्भवती के पूरे परिवार को यह हिदायत दे दी जाती है कि जब भी आप प्रसव के लिए जाएँ तब उसी वक्त तत्काल रक्त का नमूना एकत्र करने वाली संस्था को सूचित कर दें। ताकि वहाँ से नमूना एकत्र करके, उसके तापमान को नियंत्रित रखने के लिए उसे एक खास तरह के कंटेनर में रखकर उसे यथाशीघ्र प्रयोगशाला में पहुँचाया जा सके। स्टेम सेल वर्षों तक सुरक्षित रखा जा सकता है।

स्टेम सेल से सिर्फ स्वयं बच्चे का ही नहीं बल्कि उसके माता-पिता और भाई, बहिनों का इलाज भी संभव है, अर्थात् भविष्य में सम्पूर्ण परिवार की स्वास्थ्य सुरक्षा है 'स्टेम सेल संरक्षण' के हाथ में।

क्या है राशि

- प्रोसेसिंग फीस-27,000 रुपये बच्चे के जन्म के समय गर्भनाल के रक्त संरक्षण की।
- स्टोरेज शुल्क-2,900 रुपये हर साल।
- सालाना शुल्क-21 साल तक देय होता है।
- इसके बाद इसका नवीनीकरण कराना होता है, जो 21 साल तक के लिए है।
- 60,000 रुपये का खर्चा एकमुश्त जमा कराने पर जिसमें प्रोसेसिंग फीस और स्टोरेज शुल्क अलग देय नहीं होता।
- स्टेम सेल प्रत्यारोपण में 6-7 लाख रुपये खर्च आता है।
- 70 लाइलाज बीमारियों के लिए आशा की किरण।

Rent-a-womb to get legal cover

LATEST UPDATES

Critics say it could turn India into a global surrogacy hub

The Center is all set to legalise commercial surrogacy through a bill to be tabled in parliament.

The first of its kind bill to control and monitor cases of surrogacy in the country has been drafted by the ministry of health and family welfare, along with the Indian Council for Medical Research (ICMR).

The Assisted Reproductive Technology (Regulation) Bill and Rules, 2008, has proposed legalisation of commercial surrogacy which was earlier restricted to the relatives of proposed parents who voluntarily agree to surrogacy out of "love and affection" for the couple.

Till date, there has been no law governing surrogacy, only guidelines issued by ICMR, practised neither in letter nor spirit. Surrogacy hitherto is virtually unregulated, and hardly takes place without exchange of money between the proposed parents and the surrogate woman.

Under the ICMR guidelines, the money that a surrogate mother receives is for maintenance and health care. However, the draft bill states under rights and duties in relation to surrogacy, "the surrogate mother may also receive monetary compensation from the couple or individual, as the case may be, for agreeing to act as such surrogate."

—Mayura Janwalkar, Mumbai

What the law will say

- The surrogate mother may received monetary compensation from the couple or individual.
- No woman under 21 years and over 45 years shall be eligible.
- Surrogate mother to relinquish all parental rights over the child.
- The persons who have availed of the services of a surrogate mother shall be legally bound to accept the custody of the child irrespective of any abnormally.
- A foreign couple seeking surrogacy in India, shall appoint a local guardian to be legally responsible for taking care of the surrogate during and after the pregnancy.

Store cord blood now, reap benefits later

Cord blood is a valuable source of stem cells and helps in treating over 80 life-threatning diseases

When Manpreet Kaur (31) and her husband learned that they were expecting twins they decided to do something special for their children.

The couple looked up the internet and decided to preserve their twins' cord blood for future stem cell therapy. "I came across the concept on the internet and decided to go for it to ensure the health of my twins who are now three-and-a-half years old," Manpreet said.

Parents like them are part of a growing tribe of parents who are preserving cord blood for future use.

Cord blood is also called placental blood. It is the remaining blood in the umbilical cord when the cord is cut after birth. This blood is a valuable source of stem cells and a proven resource for treatment of more than 80 life threatening diseases. Stem cells are the body's master cells. They help in the treatment of heart diseases, stroke, diabetes, Alzheimer's and other diseases where cells get destroyed and regeneration is not possible.

Meghnath Roy Chowdhary, MD, Cordlife Sciences India, said cord blood ensure a healthy future for children. He informed that parents with family histories of genetic disorders are also storing cord blood.

—Madhumita Mookerji, Kolkatta

STEM CELL THERAPY OFFERS RAY OF LIGHT TO VISUALLY IMPAIRED

- Corneal epithelial stem cell therapy involves taking master stem cells from a donor or the patient's good eye or from under the lips and culturing and injecting them into the damaged eye.

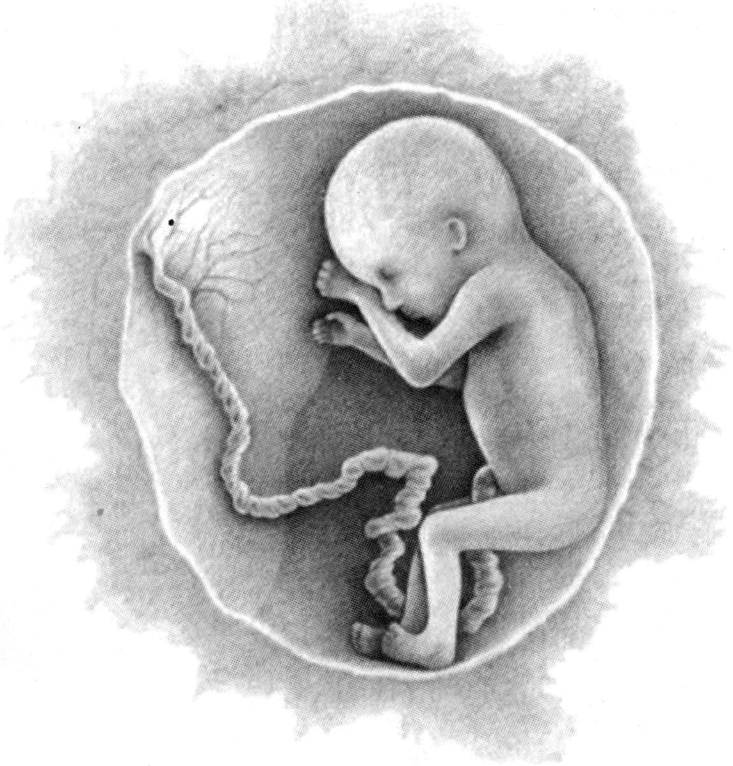

Give her a dream, give her wings, let her fly & conquer the world

SAVE GIRL CHILD

Raveena Tandon, the brand ambassador of the 'Save the Girl Child' campaign (by LUPIN) is to be believed, a mother's indecision is the sole root cause of increasing female foeticide and infanticide in the country.

The Bollywood actress turned social worker accusing the 'mother' for disposing off the girl child in dustbin was ignorant on how an illiterate rural women in Rajasthan under society and family pressure are compelled to abort a girl child.

She said, "I have two adopted girls and I am a biological mother of a girl child. I am proud to be the mother of three girls."

Women should have the courage to stand up for their children. They should have the strength to go against the decision of their family and the society and raise the girl child.

SAVE THE GIRL CHILD

Under this campaign, the most interesting subject discussed was about maintaining mental health of the women during pregnancy period as it is one of the most neglected issues in India. It aimed at creating awareness about female foeticide, infanticide and improving maternal health and ensuring safe delivery.

Is the foetus a human being?

No, says Bombay High Court, while hearing a case relating to an accident claim. The court explained that if a foetus is killed in an accident then compensation cannot be claimed under the existing law. But, in opinion of Dr. Veena Acharya, gynaecologist, foetus is a human being. Talking in medical terms, she says, the heart of a two-month-old foetus beats, though he takes oxygen in the womb through the mother's blood. Generally a foetus takes 36 weeks to take birth. After the completion of 22 weeks a premature baby can survive. Even legally after 20 weeks, abortion is illegal.

3 — is the number of countries that ban abortion under all circumstances. These are El Salvador, Malta and the Vatican City.

2003 — The year in which the People's Republic of China placed official restrictions on abortions for sex selection.

42 mn — is the number of abortions that take place every year around the world.

Testing NINE months

BABY CARE

Doctors says Nikita didn't have to wait till week 27 to confirm her baby's congenital heart problem. Tests as various stages confirm possible anomalies in the foetus.

WEEK 6 - SONOGRAPHY

An ultrasound sonography is conducted after 6 weeks. The sonography, which uses real-time scanners, (continuous picture of the foetus) is used to see the viability of the pregnancy. It checks to see if the child is showing cardiac activity.

Movements such as foetal heart beat and malformations in the foetus can be assessed. Measurements are made to assess gestational age, size and growth in the foetus with the help of the images.

WEEK 12 - DOUBLE MARKER TEST

This test is performed with sonography for high-risk pregnancies. The double marker measures hormones and alpha-feto protein (a protein produced by the baby's liver). These give an indication about chromosomal abnormalities and congenital heart problems.

The nuchal-fold (tissue from the baby's nape is tested) translucency screening test for chromosomal defects.

If the two tests indicate anomalies, the chorionic villus sampling (CVS) is advised.

WEEK 16 - TRIPLE MARKER TEST

It helps in understand the baby's growth and pick up abnormalities that may have been missed earlier.

If the baby shows an abnormality, get the FISH test, which looks directly at the specific area on the 22nd chromosome. The FISH test is carried out through Amniocentesis, (where a sample of amniotic fluid is tested) or the CVS (removing a piece of placenta).

The CVS carries a risk of miscarriage but gives an early and quick diagnosis.

WEEK 20 - 4D ULTRASOUND

Four-dimensional ultrasound or 4D helps access the baby from head to toe for any gross abnormalities.

If complications or birth defects are suspected, a 3D ultrasound is performed. Unlike the level 1 or 2D ultrasound, the 3D provides a three-dimensional image and can be useful for clarifying suspicions early on.

WEEK 24 - 2D ULTRASOUND

The 2D standard ultrasound during the final trimester of the pregnancy helps check the amount of amniotic fluid surrounding the baby, as well as gauging the baby's size, movement and overall sense of well-being.

It also helps determine the time of delivery. Some clinics even offer foetal echo-cardiogram (foetal echo), which helps give a detailed structure of the heart, blood flow and detect heart defects.

This helps doctors to create a paediatric plan for the baby after the birth.

—Sangha Mitra

Famous personalities & their siblings

Sachin-Anjali Tendulkar
Sara, Arjun
*
Mukesh-Nita Ambani
Akash, Anant & Isha
*
Barack-Michelle Obama
Malia, Natasha (Sasha)
*
Shahrukh-Gauri Khan
Aryan, Suhana
*
Boney-Sridevi Kapoor
Jahanvi, Khushi
*
Ajay-Kajol Devgun
Nyasa, Yug
*
Shri Ram-Madhuri (Dixit) Nene
Arin & Riyan
*
Anil-Raveena (Tandon) Thadani
Rashi, Ranbir
*
Jay-Juhi (Chawla) Mehta
Jahanvi, Arjun
*
Goldi-Sonali (Bendre) Bahal
Ranveer
*
Akshay-Twinkle (Khanna) Kumar
Aarav
*
Sanjay-Karishma Kapoor
Samaira, Kiaan
*
Hrithik-Suzane Roshan
Hrehaan, Hridhaan

Modern Names for kids

GIRL	BOY
Adivya	Agasti
Arhana	Ankil
Ariya	Arnav
Atishaya	Aryan
Ayushi	Atulya
Charvi	Bahul
Daksha	Brijesh
Divita	Chandan
Garvita	Darsheel
Gungun	Devaj
Gunjna	Dev(y)ansh
Ilisha	Gangesh
Ira	Gaurang
Janika	Ishaat
Janya	Ishan
Jolly	Japesh
Kakshya	Jeevesh
Kittu	Kshiraj
Kripi	Kunj
Lipi	Maneel
Lavni	Mihul
Mansa	Nakul
Meerja	Neil
Nalini	Niaal
Niyati	Ojal
Pari	Omkar
Parvini	Padmaj
Riddhi	Parth
Sanskriti	Pragun
Saumya	Rijul
Shri	Rishu
Shristhi	Sanskar
Shriya	Shrey
Sia	Swapnil
Siddhi	Tanveer
Tanisha	Tapas
Tishra	Tipu
Tivya	Udit
Uditi	Utkarsh
Yashra	Vaibhav

Important Dates

Date of Last Conceive, Date of Confirm Pregnancy, Routine Check-up, Sonography, Delivery Date & Time & VACCINATIONS etc.

DATE	EVENT
*	....
*	....
*	....
*	....
*	....
*	....
*	....
*	....
*	....
*	....
*	....
*	....
*	....
*	....
*	....
*	....
*	....
*	....

Handy Phone Nos.

Your family Doctor, Gynaecologist, Resident Nurse, Medical Insurance Officer, Auto/Cab, Relatives & Friends

CALL **108** EMERGENCY MEDICAL POLICE FIRE

24 × 7 service

Regular exercise, even walk during pregnancy benefits a pregnant woman.

DIAL **108** for AMBULANCE Services in Emergency

Available in States: Andhra Pradesh, Assam, Goa, Gujarat, Himachal Pradesh, Karnataka, Madhya Pradesh, Meghalaya, Rajasthan, Tamil Nadu and Uttarakhand.

NAME	PHONE NO. / MOBILE
*	....
*	....
*	....
*	....
*	....
*	....
*	....
*	....
*	....
*	....
*	....
*	....
*	....
*	....
*	....
*	....
*	....